文明の進化と情報化

公文俊平
Kumon Shunpei

IT革命の世界史的意味

NTT出版

序　文

新しい世紀の明けた二〇〇一年一月、日本政府は、「五年以内に世界最先端のＩＴ国家」になることをめざして、高度情報通信ネットワーク社会形成基本法（ＩＴ基本法）を施行すると共に、「ｅ－Ｊａｐａｎ戦略」と名づけられた「ＩＴ立国」戦略を正式に決定して、情報化への離陸を開始した。平成一二年度の補正予算にも、社会資本整備中のＩＴ特別対策費として六四三一億円が、またＩＴ技能基礎講習などのＩＴ関連特別対策費として九六四億円が盛り込まれた。

情報化に向けての日本政府の本格的な試みは、実はこれが二度目である。一九九三年の秋に、海外の主要メディアから、情報化の遅れをいっせいに指摘された日本は、翌一九九四年の夏に、総理大臣を本部長とする「高度情報通信社会推進本部」を内閣に設置して対応に努め、一九九五年の二月には、「高度情報通信社会推進に向けた基本方針」が発表され、官民をあげた情報化推進の試みが始まった。その結果、九五年から九六年にかけて、パソコンの普及は順調な伸びを示し、また基本方針の中ではとくに重視されていなかったインターネットの普及も、急速な伸びを示し始めた。

だが、この初回の試みは、九六年後半からの「戦後最大の不況」、さらに九七年に入ってからのアジア経済の混乱で、いったん頓挫してしまった。したがって、今回はいわば仕切り直しをした後の二度目の試みということになる。

しかし、率直にいって、この二度目の試みがどこまで成功するかどうかについては、いささか疑問が残る。疑問は、取組みの主体的な姿勢と、日本を取り巻く客観的な情勢の両面にある。

主体的な姿勢の面でいえば、何よりも、「五年以内に世界最先端のＩＴ国家」となることをめざすという、日本お得意の「追いつき型」の目標が今回あらためて掲げられている点が気になる。しかも日本政府はどうやら、そのための強力な手段として、まだ海外ではほとんど普及していないインターネット・プロトコル（ＩＰ）の新版[1]と、ｉモードを搭載した第三世代携帯電話を考えているようである。つまり、光ファイバーの敷設や高速インターネットの普及をはかることは当然だとしても、日本の情報化の主たる活路は、有線のインターネットを中心に進んできたアメリカのモデルとは異なる、「情報家電」主導型の展開に求めるという狙いが、そこには秘められているように見える。

もちろん、モバイル通信がこれからの情報化において、大きな役割を果たすこと自体に疑問の余地はない。また、アメリカの単なる後追いではなく、独自の経路を進もうとする気概も、それはそれで立派である。しかし、それこそ秒進分歩の勢いで進む情報通信技術の発展の流れは、光通信においては、ＩＰやパケット交換型の通信方式そのものを乗り越える「波長交換」型の方向に進んでいこうとしているようだ。[2] モバイルでは、なるべく多くの伝送路に光ファイバーを使うハイブリッド型のシステムとして、基地局と端末との距離を短くし、無線通信部分では免許不要の周波数帯を十分広くとって、それを多数の利用者が多種多様なサービスを提供するために共同利用する方式を採用する一方、ユーザー側は一台の端末をソフトウエア的にプログラムし直すことで、万能情報通信端末として利用できる「ソフトウエア・ラジオ」を使って、それらの多様なサービスを選択利用する方向が見えてきている。[3] そうだとすれば、民間レベルの競争ならともかく、国家戦略というからには、現時点でのＩＰｖ6や第三世代携帯電話の優位性の先を見通す視点や戦略が不可欠ではないのか。[4]

さらにいえば、日本はなぜ今の時点で、「ＩＴ革命」の推進をはかり、「ｅ－Ｊａｐａｎ」戦略を採用しようとするのだろうか。「ＩＴ」とは、情報技術（Information Technology）の略語であって、英語の単語としては一九八〇年代に広く使われた言葉である。一九九〇年代に入って、コンピュータによる情報処理技術からインターネットに代表される通信技術に衆目が向かうようになると、この言葉は、通信技術とは区別される狭い意味での情報処理技術を意味するような使い方が、ますますはっきりしてきた。したがって、英語の文献に関する限り、「ＩＴ革命」という言い方は、日本に関する報道の中で使われる場合を別にすれば、まず見かけない。一九九〇年代に英語の文献の中で「革命」という言葉をつけて広く使われるようになったのは、まず「情報革命（Information Revolution）」であり、続いて「インターネット革命」、そして近年では「デジタル革命」や「広帯域革命（Broadband Revolution）などである。同様に、「e」は電子、すなわちエレクトロニクスのeであって、これまたコンピュータ産業が主導産業であった時代に生まれた用語法である。たとえば、コンピュータ産業の大手IBMは、いちはやく「e-Business」というコンセプトを提唱し、その普及に努めてきた。ITプロパーの代表的担い手としてのIBMが「e」の使用に誇りを持って固執するのは理解できるとして、独自の路線で最先端の情報社会を実現しようとする日本であれば、その国家戦略には「e」ではない別の字、たとえば「i」をつけてもよかったのではないか。揚げ足取り的な言い方で恐縮ではあるが、私としてはどうもそのような思いを禁じ得ないのである。

次に客観的な情勢だが、ようやく離陸した日本は、たちまち乱気流に突入しようとしている。「無摩擦経済」、「景気変動を過去のものにした経済」などとうたわれた「ニュー・エコノミー」は、昨年来、明らかに変調を来している。米国では、二〇〇〇年の四月にインターネットのバブルが崩壊して、「ドット・コム」企業の株価の暴落や倒産、解雇が相次いだ。一〇月には、通信産業の最大手AT&Tと、それを追っていたワールドコムが、共に従来の合併・統合路線が破綻して、企業分割に追い込まれた。さらにパソコン需要その他情報化投資の減速などもあって、ハイテク企業の業績も期待はずれであったことが明らかとなり、ナスダック市場は完全に低迷状態に入った。全体としてのアメリカ経済も、ほとんど一〇年ぶりに本格的な景気後退局面に入ることが懸念されている。

その中で、かつての「ドット・コム」は「ドット・ボム（破裂する爆弾）」にすぎなかったとか、ベンチャー企業の「インキュベーター（孵化器）」としての役割を果たしてきたと高く評価されていたシリコンバレーが実際に担っていたのは、投資家の資金の「インシナレーター（償却炉）」の役割にすぎなかったのではないかとか、今や「B2C（もともとビジネス・トゥー・コンシューマーを意味する言葉）」とは「バック・トゥー・カレジ」を意味するようになったといった反省さえ見られるようになっている。確かに、ひところの一流ビジネス・スクールの学生たちは、入学するや否や、学業はそっちのけで新しい「ビジネス・モデル」や「ブランド」と称するアイデアをひねり出して、投資家の資金を集めて起業し、最短期間で株式を市場公開して巨万の富を積むことに汲々としていたのである。しかし、実は「企業は一日にしてならず」であって、バブルの崩壊した後、たくましい台頭ぶりを示しているのは、顧客との長期安定的関係の持続や収益性を重視する、「ブリック・アンド・モータル（煉瓦とモルタル）」と揶揄された既存の大企業にほかならなかった。三年前に「eビジネス」のコンサルティング企業として発足した某新興企業は、当初の顧客のほとんどがドット・コムだったものが、昨年にはその比率が五割を切り、今では四％になってしまったという。つまり、事実上すべての顧客は、「eビジネス」への進出をもくろむ既存大企業になってしまったのである。もちろん、そのことは、バブルが去ったからといって、すべてが常態に戻ったことを意味するものではない。

かつての「ブリック・アンド・モータル」は、今や「クリック・アンド・モータル[5]」に変身することで、情報化への対応を果たしつつあるのである[6]。

いったい、どうしてこのような変調が、それも今頃になって生じたのだろうか。バブルの常として、過度に膨張した期待が、いつかは現実に引き戻される時期が到来したにすぎないという見方もあろう。だが、そこにあった現実とは、インターネットへのアクセスの高速・広帯域化やモバイル化を遅らせたまま、またオンライン商取引のための安全確実で廉価なプラットフォームの構築を怠ったまま、やみくもに宣伝・広告に巨費を投じて消費者相手のオンライン・ビジネスの推進に走った根無し草的なドット・コムの姿だった。あるいは、電話の時代は終わったことを予感しつつも、依然として電話の技術やネットワークにとらわれ、競争導入の大義のもとに、長距離電話料金や相互接続料金の果てしなき引下げ競争に走るテレコム業界の姿だった。ＡＴ＆Ｔの四分割方針の発表にあたって、アームストロング会長は、「長距離電話の収益性が悪化すること自体は十分予想していたものの、それがこんなに急速に起こることまでは予想できなかった」という悲痛な反省の弁を述べたが、まさにそれが厳しい現実なのであった。そして今、米国では、電話線を利用した高速インターネット・アクセス・サービス（ＤＳＬ）の展開をめぐって、地域電話会社やデータ通信分野でのＣＬＥＣ（コーバッドやノースポイントのような新興の競争的通信会社）が苦境に立ちつつある。広帯域通信の需要の爆発に対して、供給が対応しきれないのである。注文しても延々と待たされるばかりか、やっとサービスが始まってもしばしば故障に悩まされ、修理はいっこうにはかどらない、直ったもののサービスのパフォーマンスにむらがあって、とても安心して使えない、といった苦情が相次いでいる。これに対し、相対的には優位に立っているCATV用の同軸ケーブルを利用した高速インターネット・アクセス・サービスも、上下の通信速度が非対称なために（下り、つまり受信時の速度に比べて、上り、つまり発信時の速度が極端に遅い）、自分でサーバーを置いて情報を発信しようとするユーザーの期待には応えられないとか、同一の回線を共同利用しているために、加入者の数が増えると、通信速度がたちまち低下してしまうといった問題を抱えている。さりとて個々の家庭やオフィスに光ファイバーを引き入れるFTTH（ファイバー・トゥー・ザ・ホーム）の展開は、遅々として進んでいない。またモバイルについても、このほど四二二の新しいローカルな免許の競売が終わったものの、一加入者あたりの免許料はヨーロッパに比べても高くついたとか、これで直ちにモバイルの展開が進むとは考えにくい、といった指摘もある。何より、放送のデジタル化が予定通り進みそうもないために、アナログ放送に割り当てていた周波数帯の早期の回収が不可能になり、次世代のモバイル通信のために必要な周波数帯域がとれそうもない。

こういった状況から考えると、米国の情報化の進展は、少なくとも「インターネット革命」や「広帯域革命」に関する限り、ここに来て壁にぶつかっているといえるかもしれない。つまり、今回の「調整」は意外に長引く可能性がある。

しかも、それと並んで深刻なのは、「ニュー・エコノミー」の過度の楽観論に対する反動として、資本主義の未来に対する悲観論が台頭していることである。もちろん、その種の議論は、逆の極端論ともいうべきもので、性急かつ皮相な議論にすぎない面もあるが、同時に、これまでのニュー・エコノミー論同様、真理のある一面を突いている点もあると思われる。少なくとも、旧いビジネス・モデルに立脚した資本主義では、利益をあげ続けられなくなってきたということは、かなりの程度いえるのではないだろうか。

というのは、これまでの経済的な「レント」、つまり競争上の何らかの優位に立脚する利潤の源泉、を固定化しようとする従来の試みや仕組みが、今やさまざまな面で揺らいできているからである。たとえば、これまでは独占が容認され、規制の枠組みの中で安定した利益をあげていた業界（電話など）に、競争が導入されることによって新規参入企業が増え、料金の激しい下落と収益性の悪化が起こっている。それに急速な技術革新が輪を掛けている。せっかく大量の資本を投下して設備を構築しても、たちまち新しい技術やサービスが現れて、過去の設備が陳腐化してしまうとなると、単に利益があがらなくなるだけでなく、そもそも回収に長期間を要する大規模な投資の意欲自体が、萎えてしまいかねないのである。

それに加えて、既存のレント源に対する見直しや批判・攻撃が、さまざまな側面で起こっている。「希少」な資源（周波数帯など）の配分は、従来型の「美人コンテスト」方式による配分に代えて、すべからく「競売」をもってすべきだという政策路線の台頭は、その一例である。

その結果、レント分は、最初に一括して国がとってしまうことになる。あるいは、自らの資金を投じて建設した独占的な設備（電話線や光ファイバーなど）の使用権は、妥当な価格で競争相手に対して開放すべきだとか、プロプライアタリーな標準（たとえばウィンドウズのＯＳ）は、そのソースコードを広く開放すべきだといった主張がなされ、政策として採用される。あるいは、企業がそれに抵抗すれば、自前の設備を敷設して市民や企業に開放する自治体が現れたり、「オープン・ソース」方式で新しい標準（たとえばリナックスのＯＳ）を共同で開発し、利用しようとするグループが出現したりする。さらに、著作権や特許権のような「知的財産権」へのあり方自体への批判も、さまざまな形で強まってきた。「コピーレフト」の理念を掲げて、著作権（コピーライト）そのものを否定する「フリーソフトウエア運動」や、事実上著作権を無視したファイル交換を可能にするような各種のアプリケーションの出現と普及、いわゆる「ビジネス・メソッド特許」に対する強烈な批判と反発などがそれである。

あるいはまた、これまでの商取引での交渉力の根拠をなしていた各種の情報（原価、在庫、納期等々の情報）を秘匿するのでなく、積極的に開示することによって、売り手と買い手が仲介業者抜きに直接接触して取引しようとする試み、あるいは仲介する場合でも、すべての情報は開示した上で、適正な手数料の入手だけで満足するビジネス・モデルの採用など、商取引のあり方自体にも変化の波が押し寄せようとしている。これらの動きは、資本主義そのものの死を意味するものではないにしても、明らかにその変質を意味するような新しい動きだといってよいだろう。

新しい動きといえば、一九九九年から二〇〇〇年にかけて、二つの顕著な新しい動きが見られたことは注目に値する。その一つは、新しい市民運動というか、市民のアクティビズムの盛り上がりである。とりわけ、一九九九年一一月、シアトルで開催されたＷＴＯの閣僚会議に対して、グローバリゼーションへの異議申立てをすべく、世界各地から集まってきた数万の人々が繰り広げた「シアトルの戦い」は、その後の一連の市民運動、とりわけインターネットを効果的に利用して活動する、「サイバー・アクティビズム」と呼ばれるようになった活動の嚆矢となった。そうした活動の模様をインターネットを通じて細大漏らさずリアルタイムで報道すると同時に、活動に参加した市民たち自身に発信の場を提供するＩＭＣ（Independent Media Center）も、世界各地に出現してきた。こうした新種の活動家たちのことは、ダボスの世界経済会議に結集する在来型の政治家や経営者を意味する「ダボスマン」に対して、「シアトルマン」の名で呼ばれるようになっている。そして今、途上国を中心として、情報革命が生み出す新しい社会的格差としての「デジタル・ディバイド」への対処やその解消を求める動きが世界的に盛り上がりつつある中で、ダボスマンとシアトルマンたちは、それぞれの立場から途上国の勢力との連帯を求めようとしているように見える。それは、ポスト冷戦期の新しいイデオロギー的対立構造の出現だということさえできるかもしれない。

もう一つの新しい動きは、Ｐ２Ｐ（Peer to Peer）と呼ばれる、相互に対等な関係に立つ人々や機器の間の結びつきを媒介する、各種のアプリケーションの出現である。その中でも、もっとも多くの毀誉褒貶の対象となったのが、MP3の音楽ファイルの交換を媒介するアプリケーションとして、ソフトウエア史上比類がないといわれるほど急速な普及を達成した「ナプスター」だった。それに続いて、「ヌーテラ」、「モジョ・ネーション」、「グルーブ」、「インフラサーチ」、「エイムスター」など、各種のP2P型アプリケーションが次々と発表され、ドット・コム・バブルの崩壊に伴う混乱の中で、唯一投資家の注目を引きつけ続けたのが、このP2P関連のスタートアップ企業であって、二〇〇〇年中に八〇社にのぼるP2Pスタートアップの起業が行われたといわれる。二〇〇〇年の日本では、「IT革命」が流行語大賞を獲得したが、米国にも流行語大賞の制度があれば、「P2P」は間違いなく受賞対象に選ばれたことだろう。

その中で、自律・分散・協調システムとしてのP2Pのコンセプトは、コンピュータのアプリケーションだけでなく、ネットワークのアーキテクチャーからプラットフォーム、情報通信インフラにいたるまで拡大適用され、さらにはビジネスや政治、社会のあり方まで一変させる情報社会の基本理念としての地位を一気に獲得しつつあるかに見える。

もちろん、P2Pが新しいビジネス・モデルの中核としての地位を本当に確立できるのか、まして、いわんや政治や社会のあり方まで、本当にP2P的に再編成していくことが可能なのか、答えはまだ、およそでているとはいえない。それにしても、P2Pのコンセプトは、産業化を超える情報化を支えるシステム理念として、人々を魅惑する力を現に発揮しつつあることは疑いない。それは、いったいなぜなのだろうか。そもそも、産業化を超える情報化、あるいは産業革命と区別される情報革命は、本当に起こっているのか。それが今になって、一種の変調現象を示しているのはなぜだろうか。それでも情報革命は、今後も持続し発展し続けるのか。そうだとしたら、これまでの産業革命と比べて、どこにその新しさがあるのだろうか。それは、従来いわれてきた「近代化」とは質的に異なる社会変化の発生を意味しているのだろうか。また、そうだとしたら、これまでのような「産業化」や「近代化」の過程は、ここで終わってしまうのか。あるいはこれまでの近代化や産業化を支えてきた近代的な国家や企業のような社会制度や、それが営む活動は、なくなってしまうのか。なくなりはしないが、変質が起こるとすれば、それはどのような形で起こると考えられるだろうか。そしてわれわれは結局、いつごろ、どこに行きつくことになるのか。

この本は、私なりに、そうした問いに対する答えを探ってみようとする試みである。答えのすべてではないにしても、一端は示すことができたのではないかと思っている。

【注】

(1) 現在普及しているのは、「IPv4」と呼ばれる第四版だが、今回政府が普及をはかろうとしているのは「IPv6」と呼ばれる第六版である。「IPv6」という、ほとんどの人に耳慣れない言葉は、総理大臣の施政方針演説の中にも取り入れられて、話題を呼んだ。

（2） George Gilder, "Avanex Rocks the Telecosm," GILDER TECHNOLOGY REPORT, Vol. VI No. 4, Apr. 2000.

（3） これは、パケット通信の開発者でもあるポール・バランが提唱している方式である。この方式が普及すれば、周波数は、そもそも希少資源ではなくなってしまう。Paul Baran, "Ending spectrum shortage. Surplus is not an impossible dream, after all." America's Network, Nov. 1, 1997（www.americasnetwork.com/issues/97issues/971101/110197_obdeck.html).

（4） カサンドラ的な予言をするのは、およそ私の意図ではないが、独自の路線を強調しつつ世界の最先端に向かおうとする二〇〇一年の試みは、何となく、「東亜侵略百年の野望」を打ち砕こうとした皇紀二六〇一年（西暦一九四一年）の試みに似ていなくもない。そのような文脈の中では、ＩＰｖ６はかつての「零戦」を、第三世代携帯電話は「戦艦大和」を、これまた何となく想起させるところがある。

（5） 「煉瓦」を意味する「ブリック」をもじって、マウスの「クリック」という言葉に置き換えたもの。

（6） ここであげた例の多くは、Jerry Usheem（Interviewed by Rex Hammock), "Dot-Coms：What Have We Learned?" Fortune, Oct. 2000（www.fortune.com/fortune/2000/10/30/dot.html）による。

文明の進化と情報化◉目　次

装幀　間村俊一

第1章

文明とそのかたち

1　社会の三つの基本的構成要素——主体、文化、文明

この本では、近代文明の進化、とりわけ現在急激に進行している情報化と、それがもたらす近代文明の新しいあり方について、読者と共に考えてみたい。そのためには、まずこの本で使う基本的な用語の説明から始めるのがよいだろう。

まず、システムとして見た人間社会は、「共通の文化と文明を持つ、主体の集まり」だと考えるところから出発しよう。ごく概括的にいえば、その場合の「主体」とは、「社会」を構成している個々のミクロ的要素（個人や組織）であり、「文化」および「文明」とは、「社会」が持つ、もっとも基本的なマクロ的特性である。

社会＝｛（主体）、文化、文明｝

次に、社会を構成しているこれら三つの要素のそれぞれについて、もう少し立ち入って考えてみよう。

図表１－１　自他の分節

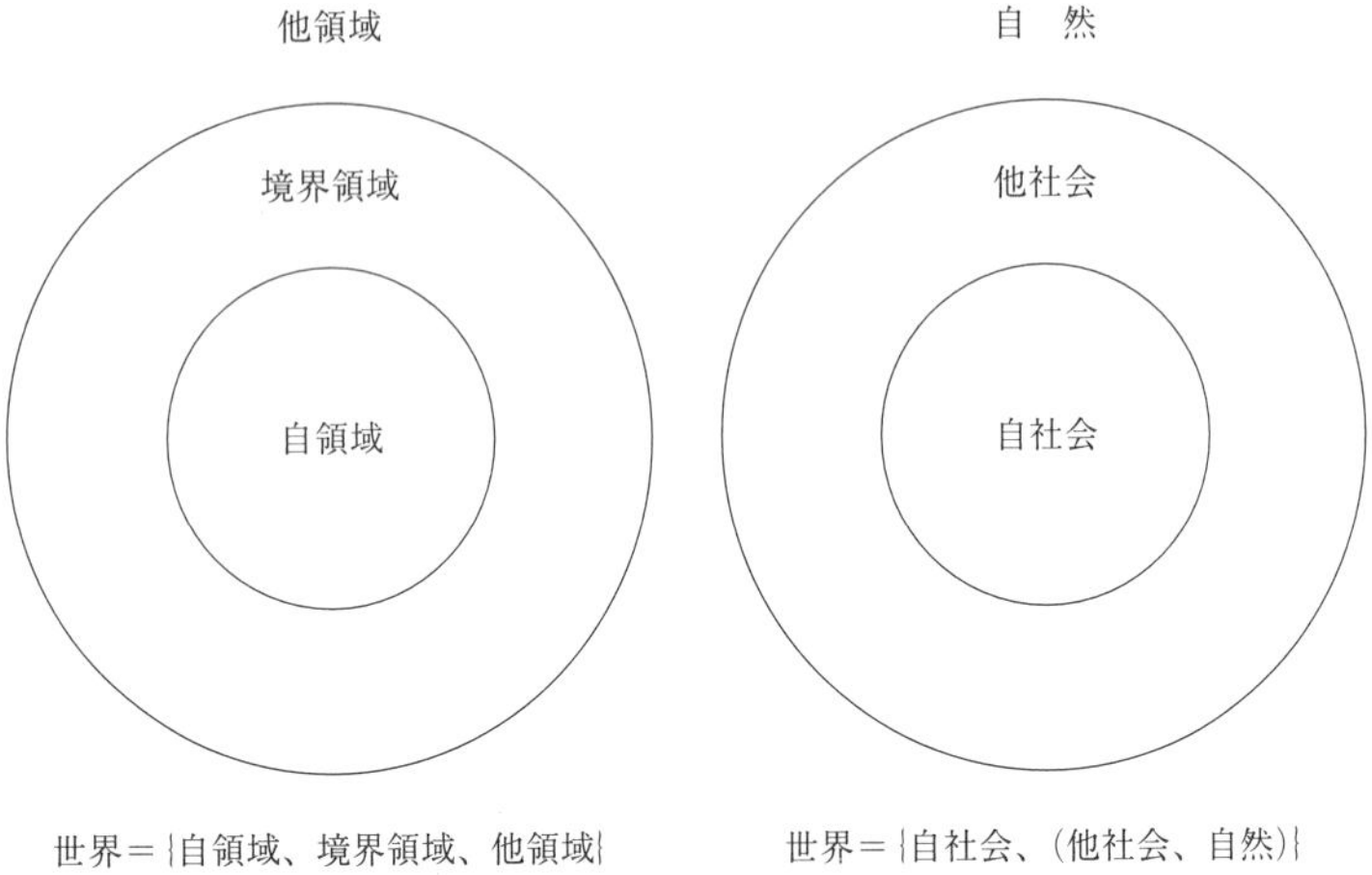

主体

主体[1]とは、次のような基本的特性を持つ存在だと考えておく。すなわち、

1．自他分節：主体は、「世界」を「自己」ないし「自領域」と「他者」ないし「他領域」とに分ける。自領域と他領域との間には「境界領域」がある。[2]

　複数の主体からなる「社会」においては、ある主体にとっての他領域の一部は、他の主体の自領域になっている。また、ある主体にとっての「世界」は、その主体自身が属している「自社会」とその「環境」とに分けられる。「環境」それ自体は、他の社会からなる「他社会」とそれ以外の「自然」とに分けられる。[3]

2．認識と評価：主体の自領域は、「心的領域」と「物的領域」とに分けられる。言い換えれば、主体は、漢字の「惣」という字で表すことがふさわしい統一体なのである。主体は、その心的領域において、さまざまな「観念」の助けを借りて、世界を「認識」し、「評価」する。

主体による世界認識の特徴は、さしあたり次のような点にあると考えておこう。すなわち、主体は、世界をそのさまざまな構成要素、つまり「個物」に分解する。そしてそれぞれの個物について、その諸「属性」（重い、固い、赤い等々）を識別する。個々の属性は、さまざまな「変域」ないし「値域」（1／0という二値、大・中・小やプラス・ゼロ・マイナスという三値、整数値、実数値等々）を持つ「変項」としてまず認識され、ついでその特定の「値」が識別される。こうした一連の操作は、具体的な存在としての個物を、主体の心的領域に含まれている観念のクラス（類）、つまり「概念」の中の、特定の元に対応させる操作にほかならない。つまり、主体は個物を「分類」するのである。(4)(5)

これらの変項の値が、時間や空間といった「座標」との関係で指定されている場合には、それらは、その個物が（ある時点、ある場所で）とる「状態」として認識される。時間の経過と共に生じる個物の状態の変化は、「事象」として認識される。また、二つの個物（ないしその状態）の間の関係は、もっとも典型的には、二つの変域集合の元相互間の対応関係として認識される。(6)

多くの場合、個物は、それを構成している要素的な個物（モノ）と、それらの間の関係

（コト）とに、さらに細かく分解できる。そのようなモノおよびコトの集まりとして認識されている複合体としての個物のことは、「事物」と呼ぶのが適切だろう。

主体による世界（ないしそれを形作る事物）の「評価」とは、一群の事物あるいはそれらの状態に、望ましさの順序をつけることである。以下では、「主体の評価の対象となる事物」のことを、「財」と総称しよう。

3．行為：ラッセル／アコフの「産出関係」(7)という観念を援用していえば、ある時点である事物がとる状態は、それに先立つ時点でさまざまな事物（「産者」）がとる状態の「作用」の結果としての「産物」である。一般に、産出関係は多数の産者と産物との間の関係であると考えられ、個々の主体は限られた時間内に、その全容をすべて認識することはできない。つまり、ある産出関係の産者や産物に関する主体の認識は、常に不完全である。それにしても、一つの社会を構成している主体が、「万物はなんらかの形で相互作用しあっている。とりわけそうした作用の少なからぬ部分は、その主体自身の状態に影響を及ぼす」といった一般的な認識を、知らず知らずのうちに通有していることは、十分あり得るだろう(8)。

事物の中には、主体の「行為」を通じてその状態を変更しうるものがある。主体の行為とは、主体がある産出関係の存在を想定して、その産者の一部に対してある特定の作用状態をとらせること（すなわち、ある特定の仕方でそれを「使用」すること）によって、あ

図表１－２　主体の行為

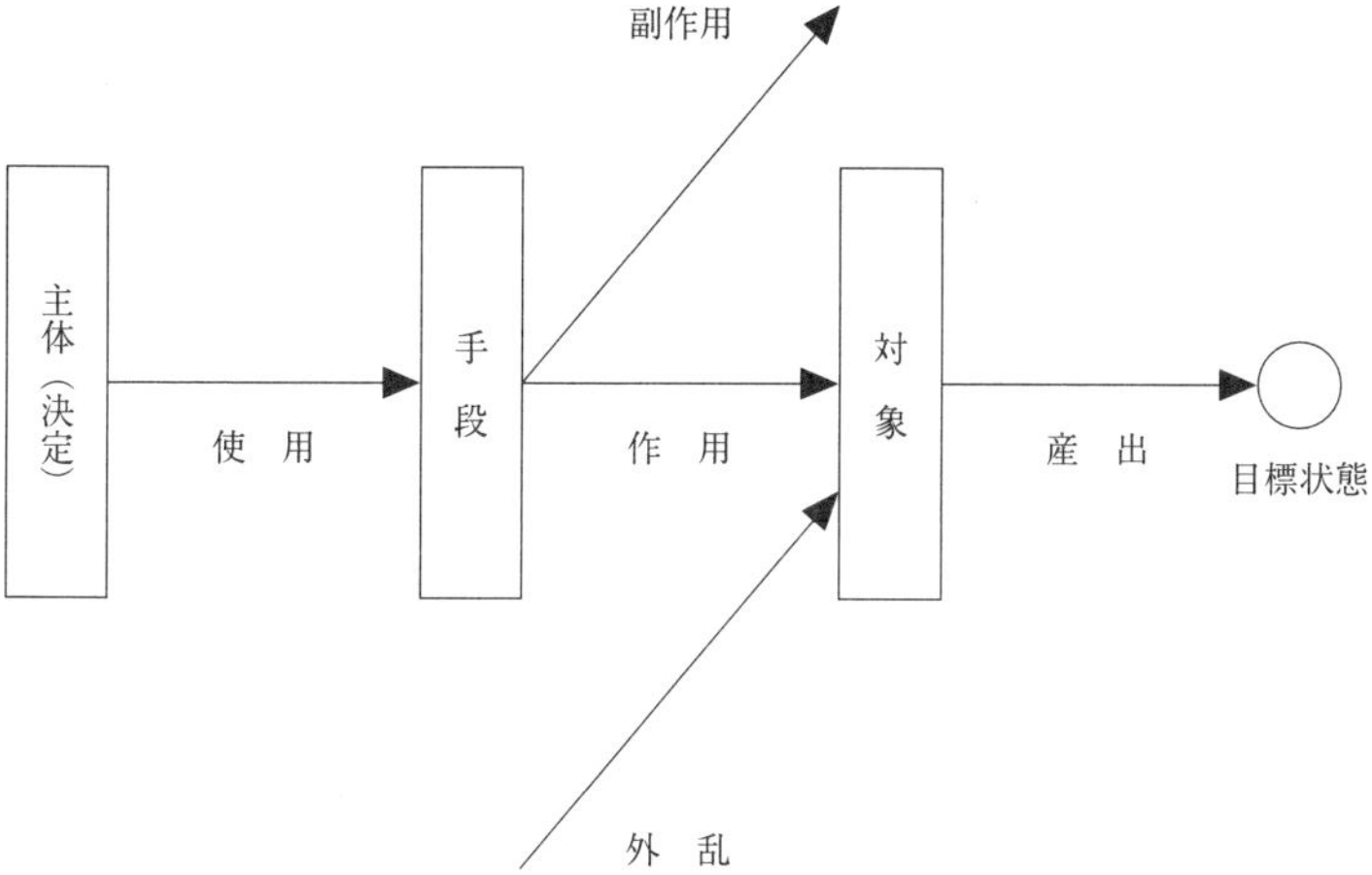

る産物（ないしその特定の状態）の産出を意図することにほかならないのである。意図された産物（ないしその特定の状態）は、行為の「目標」であり、使用される産者は行為の「手段」である。したがって主体の行為とは、主体による「目標追求行動」だということもできる。このような見方からすれば、主体の行為は、主体の心的領域における手段の使用の選択・決定と、物的領域における決定の実行とからなっているといえよう。

4．財：主体がその状態を評価の対象としている事物、つまりその主体にとっての「財」の中には、主体の行為を通じてその状態を変更できる財、すなわち「目標財」がある。また、主体がそれを使用できる財、すなわち「手段財」がある。「目標財でも手段財でもある財」は、狭い意味での「経済財」と呼ぶのが適切だろう。なぜなら、この意味での経済財は、それを手段として使用できるばかりでなく、それ自体の状態を変える──たとえば増やしたり、その質を改善したりとか──できるからである。他方、「目標財でも手段財でもない財」は、狭い意味での「環境財」と呼ぶのが適切だろう。なぜなら、この意味での環境財は、主体にとっての評価の対象となっている財である──つまりその存在自体がプラスあるいはマイナスの価値を持つものとして主体の関心の対象になっている──にもかかわらず、それを使用することもできなければ、その状態を主体自身の力ではどうにも変更できないからである。(9)

5．自由と責任：任意の状況のもとで、主体が取りうる行為にはさまざまの選択の範囲がある。つまり、主体は可択的な行為の中から選択を行う「自由」を有している。主体は、自分にとって実行可能なさまざまな行為を、それが生み出すと期待される産物を主体の目的に照らして比較評価しつつ、何らかの選択原理に基づいて選択、実行する。したがって主体はまた、間接的にではあるが、主体の行為の産物として出現するはずの可能的なさまざまな世界状態の間から選択を行う「自由」をも、有していることになる。

他方、主体は、自分自身のほかにも自分と同じような性質を持つ他の主体が、自分の外に、あるいは内に、あるいは自分を含む形で、世界の中に存在していることを知っている。ある主体の行為は、世界の中に新たな事象を生起させたり新たな状態を生み出したりする

図表１－３　財の分類

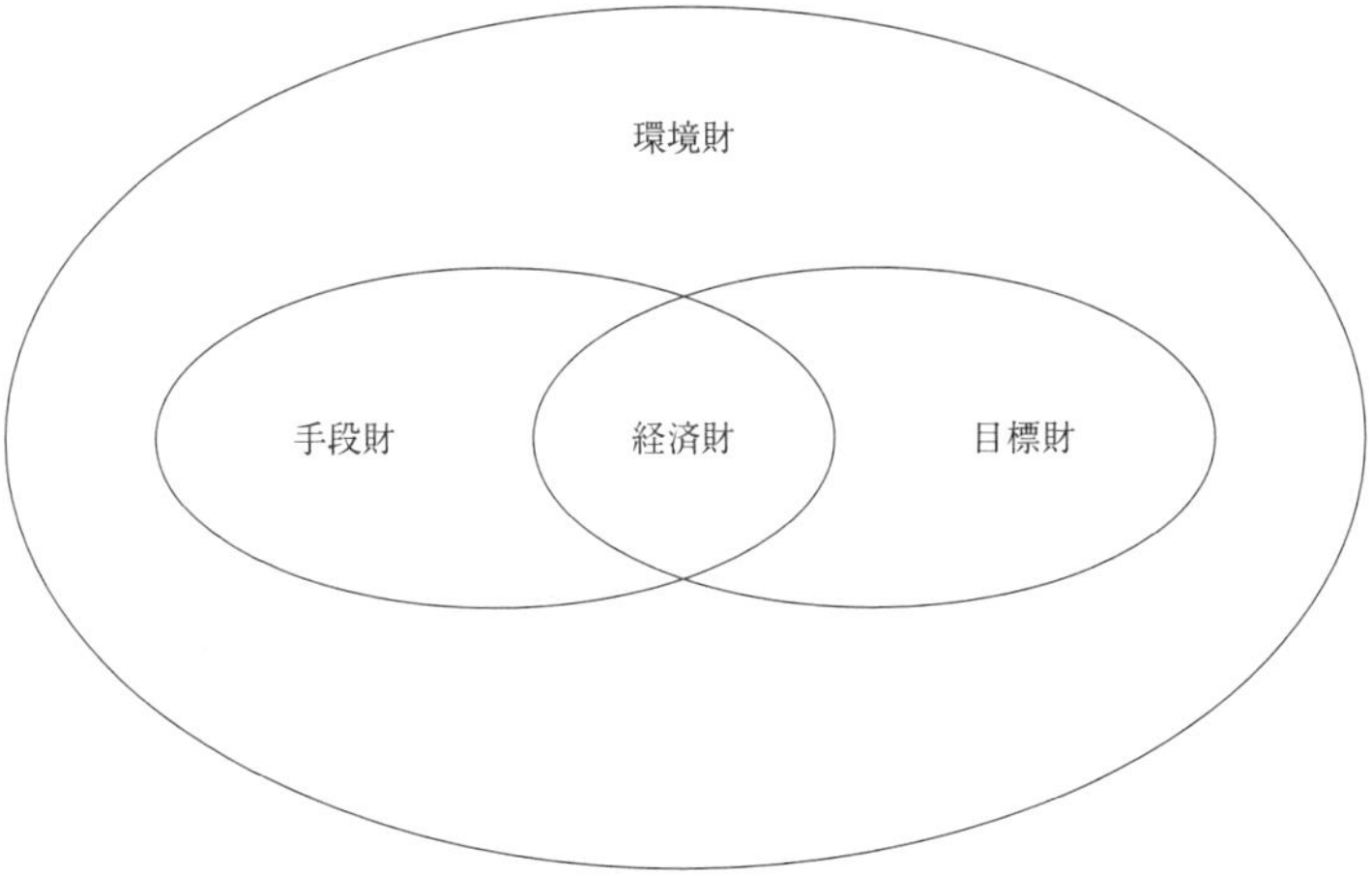

が、そのことは他の主体の眼から見た世界の状態が、その他の主体自身の意図とは、さしあたり独立に変化することをも意味する。つまり、主体の行為は、他の主体にとっての「外部効果」を持つことが普通である。その意味では、主体は、自らの自由を行使することによって、他の主体に対して外部効果を及ぼすことの「責任」を問われることになりかねない。あるいは、自分に外部効果を及ぼしている他の主体の責任を追及することになりかねない。

6．自己認識と自己再組織：主体は、自分が上述のような意味での特性を併せ持つ存在であることを自覚していて、しばしば自らの認識や評価の枠組みやそれに基づく行為の選択の仕方自体を反省し、修正しようとする。すなわち主体は、「自己認識」と

「自己再組織」の能力を持っている。

なお、複数の主体が集まって構成している全体（つまり「社会システム」）が、それ自身一個の主体として機能しているもの、あるいは一個の主体の構成要素の中に主体が含まれているもののことを、以下では「複合主体」と呼ぶことにしよう。その場合には、社会システムは、それ自体が複合主体であるものと、それ自体は主体とは見なせないものとに大別されることになる。(10)

2　文化と文明

さまざまな主体が行う認識や評価の内容は、個々の主体ごとにさまざまでありうるという意味では、「主観的」なものである。しかし、主体の行為の中には、相互の認識や評価の内容の（とりわけその枠組みとなるような、個々の事物やその変項や変域の分類の仕方の）共通化つまり「通有」を目標とする行為、すなわち「コミュニケーション」が含まれている。コミュニケーションが有効に行われている社会では、「間主体的」ないし「客観的」な認識や評価が広く成立し、その社会が持つ文明や文化の基盤となっていると考えてよいだろう。

ところで、文明や文化という概念をどう理解するか、つまりどう定義する[11]かは、人さまざまといいたいほどに多種多様である。しかし、この本での文脈からすれば、文明と文化は、生物学でいう生物の表現型と遺伝子型の区別と似たような区別をしておくのが有用だと思われる。すなわち、まず、文明については、それが社会集団をなしている諸主体の生存のための装置群となっているという意味で、

文明＝社会を構成している諸主体が、意識的に構築し定型化している文物（知識、思想、制度のようなソフトウエアと、物財のようなハードウエア）の総体

と定義しておこう。[12] そして文化は、

文化＝社会を構成している諸主体が無意識的に維持し伝達していく行為の選択・実行原理、ひいては文明の構築・運用原理（世界観や価値観）の総体

と定義しておこう。[13] つまり、文化は一つの社会の成員が通有する暗黙知の一部だと考えるのである。この意味での文化は、その担い手にとっては、あたかも人が呼吸している空気のような、通常は意識にのぼらない特質であって、注意深い反省を通じて初めて、その一端が自覚的に捉えられるにすぎない。ともあれ、以下この本では、文明を構成しているもろもろの要素のことを「文明素」と呼び、文化を構成しているもろもろの要素のことは「文化子」と呼ぶことにしよう。

文明の構成原理としての文化、なかんずくその個々の構成要素としての「文化子」は、生物学とのアナロジーでいえば、「遺伝子型」にあたる。それに対し、システムとしての文明を構成する個々の要素としての「文明素」は、「表現型」にあたるだろう。[14]

それでは、個々の文化子を観察したり同定したりすることは可能だろうか。将来、脳のニューロン・ネットワークの解析が可能になればともかく、現時点では、遺伝子の化学的な構造を

明らかにするのと同様な意味での文化子の観察や同定は、まず不可能だろう。それならば、生物学者が遺伝子の特質を、それが規定している表現型の特質に引き寄せて、たとえば「髪の毛の色を決める遺伝子」などといったりするのと同じように、文化子の特質は、文明素の特質に引き寄せて記述するのがもっとも手っ取り早そうだ。

しかし、梅棹忠夫が繰り返し強調しているように[15]、文明学は生態学に対応する。つまり、それは、個々の有機体のレベルでの種の表現型（形態学）を問題にしているのではなく、いってみれば生態系の表現型とでもいうべきものを問題にしているのである。そうだとすれば、同じことは文化学についても、当然妥当しなくてはならない。

その意味では、文化学がまず注目すべき文明素としては、言語の用語法の特質があげられよう。つまり、ある文明（ないしその分肢）が共通に使用している言語の特質の中に、文化の特質を求めるのである。たとえば、先の注（8）で言及した日本語独特の受身形は、日本人の世界観においては万物が相互作用しあっており、その結果が「私」を取り巻く世界状態にさまざまな形で影響を及ぼしていることを示している。また、行政改革論議などにさいして、決まり文句のようにいわれる「変化への対応」は、日本人の間では他者制御よりは自己制御、自己改革にまず向かいがちな、適応型の行動が多いことを示している。もちろん、自己改革をしないでがんばり続け、「嵐の過ぎ去る」のを耐えて待つのも、対応行動の一つの形である。また日本人のいう「自己」には、自分と一体視されている「モノ」（愛車等）もしばしば含まれてい

るのも、日本の文化子の一つとしてあげてよいだろう。(16)

さて、以上のような文明と文化の定義に基づいて考えれば、文化の方が、文明に比べて相対的に変化しにくいだろう。同時にまた、文化は意識的、政策的に変更することが事実上不可能だろう。とはいえ文化もまた、未来永劫変化しないというものではなくて、いつどのようにしてかはともかくとして、時間の経過の中で、やはり何がしかの程度は変化してきているように思われる。それでは文明や文化の変化は、どのような要因によって規定されているのだろうか。あるいは、先に見た「産出関係」の言葉を使うならば、文明や文化の「産者」は、何なのだろうか。

まず現在の文明については、過去の文明それ自身(つまり「歴史」)によって規定されている面が強いだろう。あるいは、個々の文明素に着目すれば、同じ文明の中の他のさまざまな文明素のあり方の如何によって大きな影響を、いわば「内生」的に受けているだろう。現存する総体としての文明を形作っている個々の文明素は、まったく孤立しているのでない限り、何がしかの程度、相互補完性を持っていると考える方が自然である。でなければ、孤立した文明素は、失敗に終わった多くの改革の試みが示しているように、時間の経過の中で急速に淘汰されてしまうだろう。

現在の文明を規定しているその他の要因としては、先に「文明の構築・運用原理」だと定義した「文化」の存在が大きいことはいうまでもないだろう。だがそれ以外にも、「環境」要因、すなわち当該文明にとっての社会環境としての他文明や自然環境の存在も、当然考えられる。西欧文明に接触した幕末・明治期の日本文明が大きな影響を蒙ったことは周知の事実である。異なる気候条件が文明のあり方にさまざまな影響を及ぼすのも、十分ありうることである。またそのほかには、「政策」要因、すなわちさまざまな主体の行為、とりわけ文明の変革それ自体を目標とする行為は、その後の文明のあり方に少なからぬ影響を及ぼすだろう。(17)

同様に現在の文化の特性の説明にあたっては、過去の文化(「伝統」)を持ち出すことが、恐らくもっとも手軽な仕方だろう。それ以外の「環境」や「文明」要因の影響は、恐らく何がしかの程度があるとは想像されるものの、単なる断定以上の説得力を持つ影響の仕方の具体的な解明となると、容易なことではない。われわれの意思(「政策」)に、文化を変える力——とりわけ意図した通りにそれを変える力——があるかどうかは、はなはだ疑わしい。逆に、文化子が遺伝子の「突然変異」に似た変化をある種偶然的に起こすかどうかは、ほとんど想像の域を出ないだろう。何といっても、われわれはまだ、ここで定義した意味での文化自体の特性を、高い客観性を持って同定したり、体系的に分類整理したりする方法さえ、確立し得ていないのである。

3　文明の分類図式

そこで、とりあえずは文明に着目して、その大まかな分類を試みよう。分類の基準としては、文化の特質にかかわるものと、行為の技術の進化段階にかかわるものとの二つを採用しよう。

文化の特質にかかわるものとしては、当該文明が、「未来志向型」であるか「過去志向型」であるかという基準をとる。つまり、文明を記述する変項の一つとして、主体の時間志向性という二値の変項を採用する。ここで、未来志向型というのは、世界には常に、より新しいもの、より優れたものが生まれ、社会の状態は未来に行くほどよくなっていくという信念（文化子）を持つ文明である。逆に過去志向型というのは、天が下に新しいものはないか、もしもあれば、それは過去のものに比べて劣ったもの、堕落したものにすぎないのであって、社会の状態は、輝かしい知的突破を達成した過去の「黄金時代」から遠ざかるほど劣悪になっていくという信念（文化子）を持つ文明である。行為との関連でいえば、未来志向型の文化を持つ文明は、社会的に共通認識された手段（たとえば「富」とか「権力」）の獲得を重視しがちであって、目標の選択は、個々の主体の自由に委ねがちだろう。つまり、未来志向型の文化を持つ文明は、進歩主義や自由主義を信奉する傾向が強く、行為の技術を新しい段階に進化させる力を持っている。あるいは、次々に技術面での突破を繰り返していく力を持っている。逆に過去志向型の文化を持つ文明は、社会的に規定された共通の目標ないし戒律に即した行為を、より重視しがちである。つまり、過去志向型の文化を持つ文明は、保守主義や反自由主義を信奉する傾向が強いが、少なくともその出現の当初においては、既存の情報や知識を大きく統合して知の新段階への突破を達成する力を持っている。

また行為技術の進化段階にかかわるものとしては、道具や言語の使用をもたらした「人類革命」がその入り口となった「採集・狩猟段階」に始まり、一連の「農耕・牧畜革命」が起こり文字の使用も始まる「農耕・牧畜段階」、および一連の「軍事・産業・情報革命」が継起する「軍事・産業・情報技術段階」という三つの値を持つ変項を採用してみよう。(18)

同様に、体系化された知識についても、その進化段階を想定できると考えてみよう。そして、体系化された知識の進化段階を示す変項としては、「呪術(原始宗教)」に始まって、「宗教(高度宗教)」に進み、さらにそれがより高度化された「智識」にいたる三つの値を持つものを採用してみよう。そこから得られる文明の分類枠(タクソノミー)は、2×3×3=18の文明型を持つものとなる。(19)

しかし、この枠組みは、分類枠の数が多すぎるだけでなく、文明のダイナミックな進化——たとえば、一つの文明が、行為技術の新段階への突破や、知の新段階への突破に成功するといった可能性——を示すには必ずしも適切ではない。そこで、この枠組みを、文明をそのどれか一つの枠の中に入れてしまうための箱としてではなく、文明がその出現から消滅にいたる過程

の中で通過していく場所を示す地図のようなものだと考え、次の二つの仮定を置いてみよう。すなわち、

1. 未来志向型の文明は、行為技術の新しい進化段階に向かって突破する力を持つが、知の段階での突破はできない。また、突破によって歩み入った行為技術の新段階の中では、早晩発展の限界に達して、衰退消滅する。

2. 過去志向型の文明は、知の新しい進化段階に向かって突破する力を持つが、行為技術の段階での（若干の発展はともかく）新たな突破はできない。また、突破によって歩み入った知の新段階の中では、保守あるいは復古が追求されるために、さらに新たな知の段階への進化は不可能で、全体としては衰退の一途をたどる。

と仮定しよう。その場合には、文明の種類としては、次の六つが考えられることになる。それらを、

未来志向型文明：
始代文明（採集・狩猟革命に成功する文明。知の段階は呪術以前）
古代文明（農耕・牧畜革命に成功する文明。知の段階は呪術）

現代文明（軍事・産業・情報革命に成功する文明。知の段階は宗教）
過去志向型文明：
呪術文明（呪術革命に成功する文明。行為技術段階は採集・狩猟）
宗教文明（宗教革命に成功する文明。行為技術段階は農耕・牧畜）
智識文明（智識革命に成功する文明。行為技術段階は軍事・産業・情報）

とそれぞれ名づけることにして、それらの相対的位置関係を、次の三つの図（図表1－4、図表1－5、図表1－6）によって示してみよう。図表1－4は、文化の特質×技術の進化段階という平面の上に、諸文明を位置づけている。他方、図表1－5は、文化の特質×知の進化段階という平面の上に、図表1－6は、技術の進化段階×知の進化段階という平面の上に、それぞれ諸文明を位置づけている。どの場合にも、各文明の進化経路は、一本の矢印で示されている。

これら三つの図の背後にある私のイメージを述べてみよう。

まず未来志向型の文明は、（始代文明を例外として）衰退の淵にある過去志向型の文明の周辺地域に出現する。それらは、知的には（とりわけ目的に関する知識の面では）同時代の過去志向型の文明の圧倒的な影響下に置かれながらも、行為技術や手段の面では、新段階への突破を成し遂げる。技術進歩の波は繰り返し訪れるが、無限に続くわけではなく、ある時点で発展

図表1－4

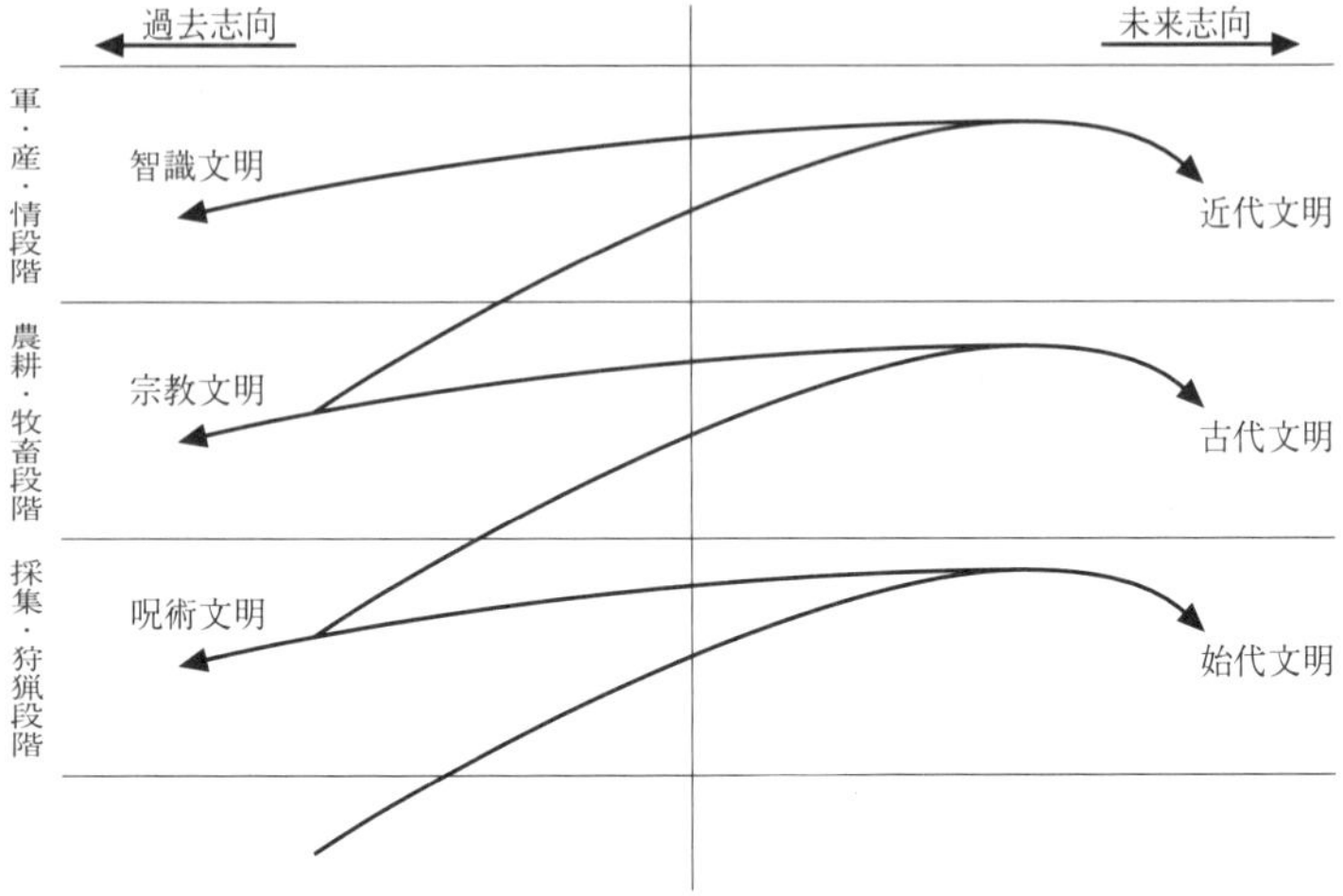
過去志向
未来志向
軍・産・情段階
農耕・牧畜段階
採集・狩猟段階
智識文明
宗教文明
呪術文明
近代文明
古代文明
始代文明

図表1－5

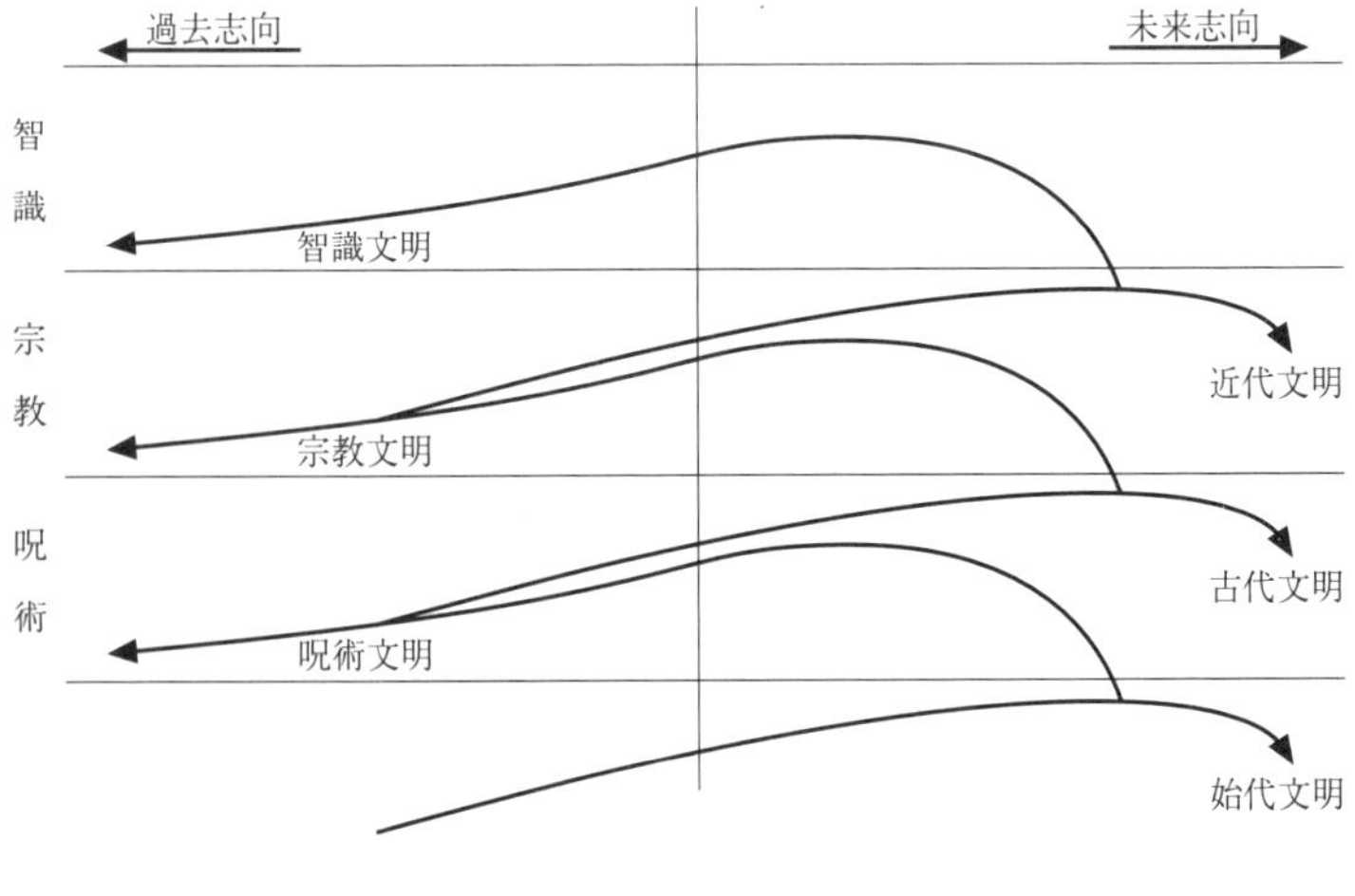
過去志向
未来志向
智識
宗教
呪術
智識文明
宗教文明
呪術文明
近代文明
古代文明
始代文明

図表１－６

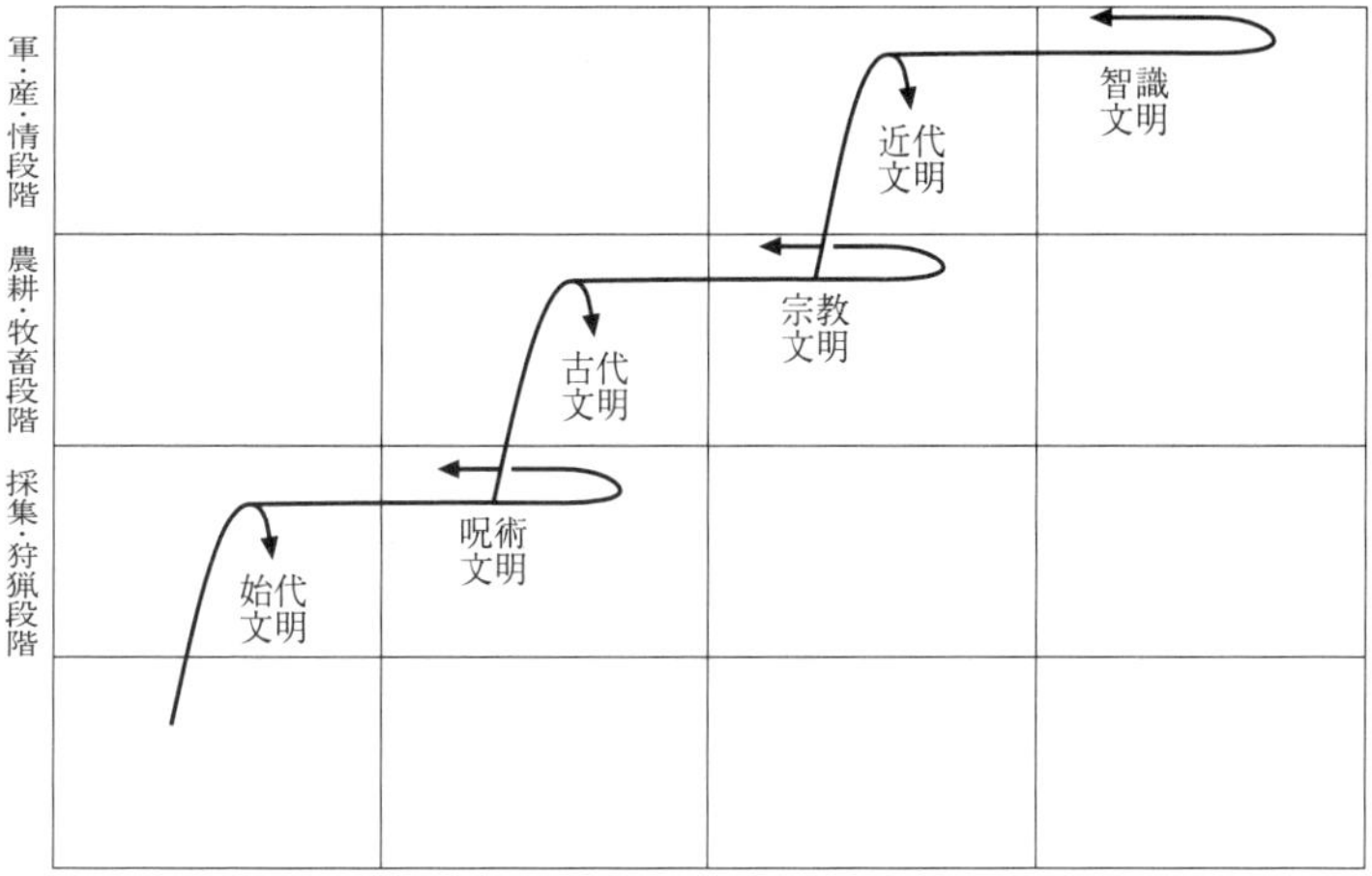

の限界に達し、急速に衰退・消滅する。衰退の原因としては、不断に拡大していく文明の規模が、自然環境の制約に直面して資源の枯渇や環境の汚染を引き起こすことや、異なる文化を持つ社会にまで拡大した文明がコミュニケーション不全症候群に悩まされることなどが考えられる。[20]

これに対して過去志向型の文明は、発展の限界にさしかかった未来志向型の文明の中で、新たな知的統合による知の新段階への突破をめざす意識革命の結果として出現してくる。そして、未来志向型の文明の成果を、過去の輝かしい遺産として、何らかの統一原理によって整理・統合する[21]と同時に、それを超える新たな発展の可能性を抑制することで、文明の形としては比較的速やかに一定の完成を見て「黄金時代」に到達するが、その後は、その状態を守成することに汲々としつつも、基本的に衰退の一途をたどると考えられる。

　さらにいえば、過去志向型文明が、新しいものをそれと認めない、あるいはそれに価値を見出さないのは、文化的な信念の問題であって、現実には、新しい発展、とりわけ散発的な技術進歩が、この型の文明においてもさまざまな時期にさまざまな形で自生したことは疑いない。しかし、それは新しい技術段階への全面的移行というにはほど遠いものにとどまった。なお、宗教文明諸国が近年試みている産業化の例にも見られるように、過去志向型の文明においても、新しい技術段階への移行は絶対に起こり得ないわけではない。だがそれは、自生的な突破としてではなく、突破を成し遂げた未来志向型の文明の成果の模倣ないしは移植としてのみ可能なように思われる。また、衰退の傾向に抗して新しい展開が意図的に追求される場合には、それは、イデオロギー的には、未来への突破ではなく、過去の栄光の「復古」あるいは「維新」としてのみ許容され得た。一〇～一一世紀以降、それ自体としては明らかに未来志向型の近代文明の一分肢としての進化をとげてきたと見ることができる日本文明が(22)、一九世紀後半において行った、近代文明のもう一つの分肢としての西欧文明の模倣による再突破の試みが「明治維新」と呼ばれたのも、この文明が、思想的にはシナ宗教文明の圧倒的な影響下にとどまっていたことを示している。

4 宗教文明と近代文明

先の三つの図に示した文明のタクソノミーに含まれる、六つの個別文明のそれぞれは、さらにさまざまな「分肢」を持っていると考えてみることができる。たとえば、ここでいう「宗教文明」は、「古典古代文明」と呼ばれることもあり、その淵源を、ユーラシア大陸(旧世界)の中心部(梅棹忠夫の「文明の生態史観」にいう「第二地域」)において古典古代にいっせいに開花した、いくつかの「高度宗教」ないし「有史宗教」に持っている。梅棹はそれを、図表1-7に見られるように、ヒンズー教に立脚するインド文明、イスラム教に立脚するオリエント文明、道教に立脚するシナ文明、ギリシャ正教に立脚するスラブ文明の四つの分肢に分けている。他方、ユーラシア大陸の西と東の周辺部にあたる「第一地域」には、「近代文明」がそれぞれほぼ並行的に出現し、進化してきたと見る。すなわち西欧文明と日本文明である。この梅棹の見方を借り、さらに新大陸にも近代文明が伝播したと考えるならば、宗教文明には四つの主要分肢を、近代文明には三つの主要分肢を区別することができる。[23]

これに対し、「文明の衝突」論で話題をなげたサミュエル・ハンチントン[24]は、現存する世界の主要文明を七つないし八つに分けている。すなわち、(1)西欧文明、(2)東方正教会文明、(3)中華文明、(4)日本文明、(5)イスラム文明、(6)ヒンドゥー文明、(7)ラテンアメリカ文明と、(8)アフ

図表1－7　梅棹の「文明の生態史観」

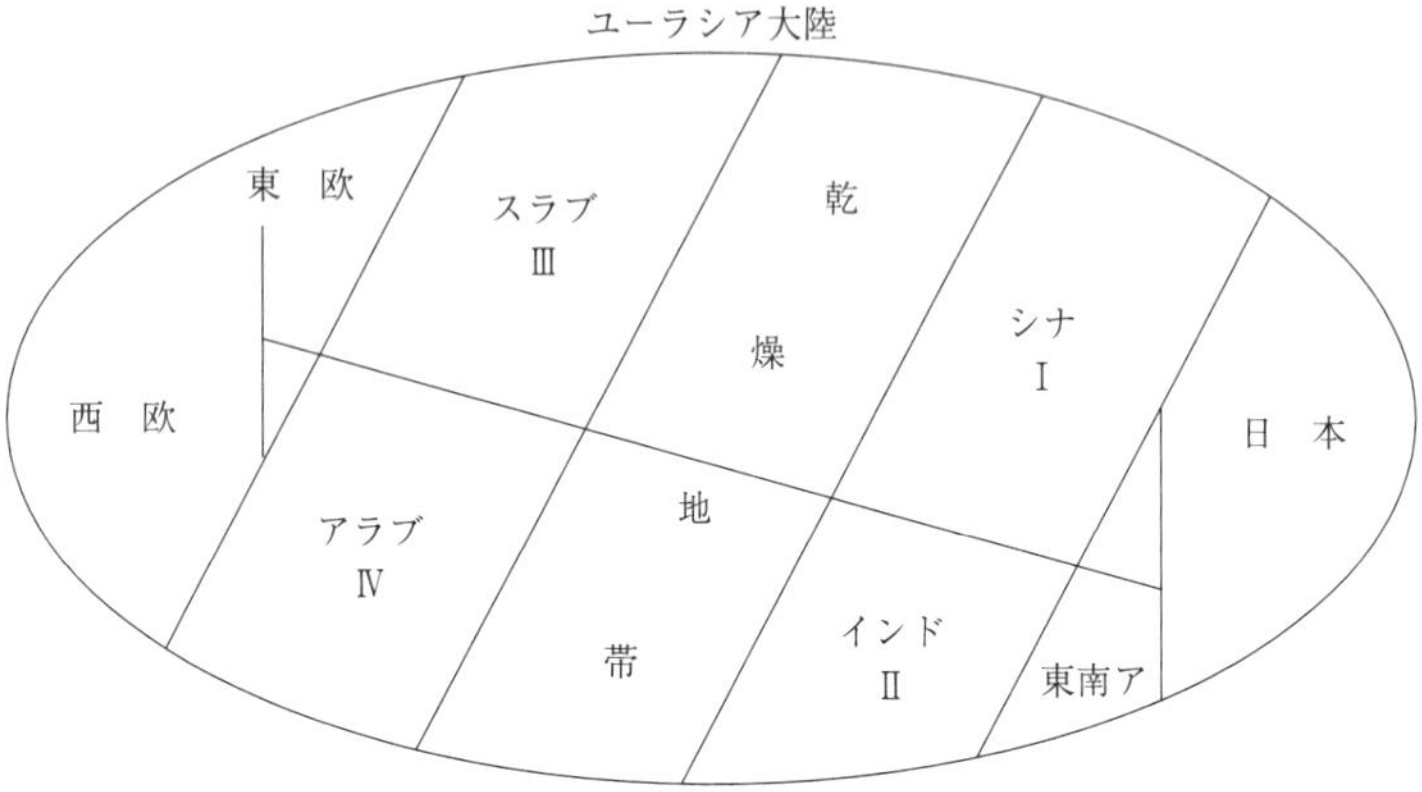

（注）　第二地域＝Ⅰ：道教（シナ）、Ⅱ：ヒンドゥー教（インド）、Ⅲ：ギリシャ正教（スラブ）、Ⅳ：イスラム教（アラブ）。

リカ文明である。[25] これを見れば、ハンチントンもまた、右に見た宗教文明の四大分肢にあたる文明(2)、(3)、(5)、(6)を、それぞれ区別していることは明らかである。他方、ハンチントンは、新大陸の文明については、北米を西欧文明と一括する一方で、ラテンアメリカ文明を独自の文明として区別している。また、私の枠組みを使っていえば、アフリカ文明は、恐らく「呪術文明」の一分肢に、ラテンアメリカ文明は、先の注(22)にもふれたように、北米近代文明の小分肢と見なすか、あるいはそこには依然として近代文明とは異なる文明が支配的だとするならば、恐らく「古代文明」の一分肢に、含めるかすることができよう。いずれにせよ、ハンチントンに欠けているのは、日本文明を西欧文明とならぶ「近代文明」の一分肢と見る視点である。同じくまた、東方正教会文明や中華文明、イスラム文明、ヒンドゥー文明を、「宗教文明」の諸分肢と見る視点である。そのために、彼のいう「文明の衝突」の本質が、私の用語でいえば「近代文明と宗教文明の衝突」にある点が、ぼやけてしまっている。

なお、この点との関連でいえば、現存する社会が持っている文明（や文化）は、ここで考えているような「純粋種」というよりは、さまざまな文明が多層的にたたみこまれた「雑種」型の文明（や文化）であると見る方が、より実態には近いかもしれない。実際、近代文明の典型のように見られるアメリカにも、宗教文明の影響（たとえばキリスト教原理主義）は根強く残っている。日本社会も儒教や仏教の影響を色濃く残している。いやそればかりか、より古層にある呪術文明・文化の影響力も、いまだに小さくないのである。

戦後の日本がようやく高度成長期にさしかかりつつあった一九五〇年代半ばの日本で提唱された梅棹の「文明の生態史観」は、日本の文明を西欧文明に比肩しうる近代文明の一分肢として捉えた点で、画期的な見方であった。それは当時の日本人を感奮興起させた。しかし、梅棹理論は、宗教文明と近代文明の間の相互作用についてはとくに何も述べていない。これに対し、ユーラシア大陸の南方の海洋に注目しつつ、「近代化革命」の発生の機縁を論じたのが、沈滞の淵に沈んでいた一九九〇年代の日本で、『日本文明と近代西洋』（川勝［一九九一］）や『富国有徳論』（川勝［一九九五］）、『文明の海洋史観』（川勝［一九九七］）などの一連の著作を通じて精力的な論陣を張った川勝平太であった。

図表1-8はこの川勝の理論を私なりに図式化してみたものである。図の上部にあるのがユーラシア大陸で、ここには当然、梅棹のいう四大宗教文明圏がある。川勝はそれに加えて、南のインド洋からシナ海、あるいは東南アジアに広がる多島海地域にも、ある種の高度な文明があったと主張する。宗教文明圏の本来の周辺部は、ユーラシア大陸の西や東のはずれではなくて、むしろこの南方多島海地域だったというのである。

すなわち、ここに、宗教文明圏からまず人が流れ出てくる。食い詰めたためか野心を持ってかは知らず、シナ文明からは「華僑」が、インド文明からは「印僑」が、彼らの持つ宗教(文明)と共に流れ出てくる。そしてもともと人口が少ないオリエントからは、もっぱらイスラムの教えがやってくる。そして、そこに交易のルールやシステムが生まれた。そこには、西洋や日本から見て非常に興味深い文物(川勝の言葉でいえば「物産複合」)、たとえばコショウ、茶、金などがあったので、そこと交易をしようということで、一四〜一六世紀の「大航海時代」には、東洋からは琉球人や日本人(倭寇)が、西洋からはポルトガル人、スペイン人、オランダ人、イギリス人が、海賊とも商人ともつかないような形でやってくる。

川勝理論の面白いところは、しかし、しばらくすると日本人もヨーロッパ人も、多島海文明との交易からは手を引いてしまったという事実に注目するところにある。彼らは、わざわざ輸入してこなくてもそれと似たような、あるいはもっと優れた文物を、自分たちの手で、作り上

図表1－8　文明の海洋史観

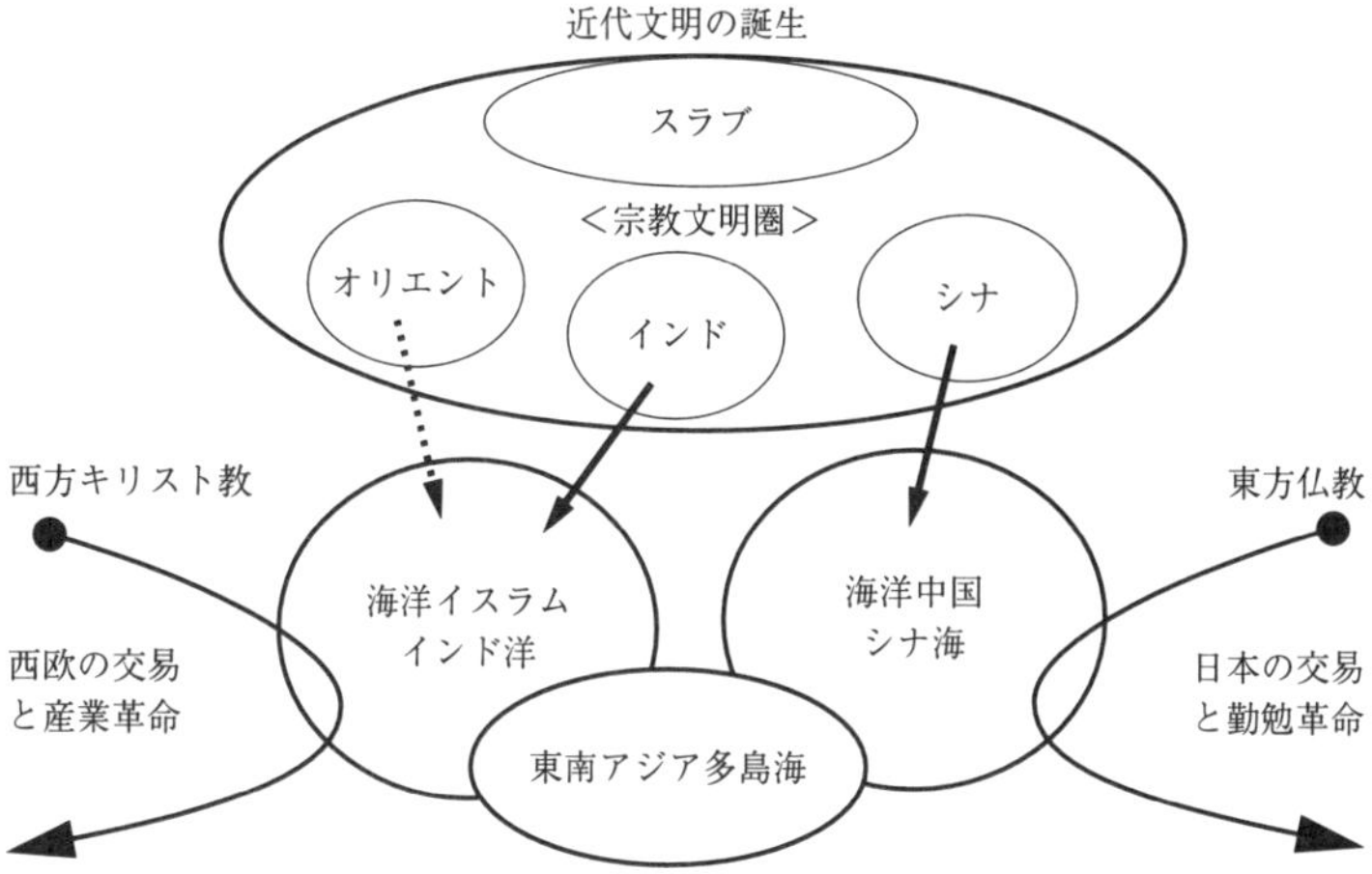

げてしまった。ヨーロッパ人はそれを機械の力を借りて行い、「産業革命」が起こった。日本人は、機械ではなくて頭や手を使って、高度な技術や金融のシステムを作り上げた。これが、最近では経済史学界の通説にもなった「勤勉革命」にほかならない。そして日本人は、日本列島の上に高度な文明を発展させる(26)ことで満足していたのに対し、ヨーロッパ人の方は産業革命が生み出した軍事的・経済的なパワーを持って、一八世紀から一九世紀にかけて再びアジアに舞い戻ってきて、そこを植民地にしようとした。

以上が、私の理解した川勝理論のエッセンスである。ヨーロッパと東アジアが南アジア多島海地域との間に行った交易が、産業革命や勤勉革命の契機となったという川勝の立論は、なかなか卓抜だといえよう(27)。

5　近代文化のコアとしての近代主義

この本での関心の中心は、近代文化に立脚する近代文明の進化過程の中に、現在進行中の「情報化」ないし「情報通信革命」を位置づけることにある。そのような関心からすると、「近代化」それ自体の出発点を川勝のいう西欧の「産業革命」や日本の「勤勉革命」に求めるのは、遅きに失するように私には思われる。正確にいつのころからかはともかくとして、近代化は、「近代文化」とでも総称できるような一連の文化子が西欧や日本の社会に出現した、より古い時代、たとえば日本でいえば平安末期の武士の台頭や、ヨーロッパでいえば、ローマ帝国の周辺から王権が独立し封建諸侯化していく時代から始まったと見なす方がよいのではないか。つまり、私はそのような文化変異の結果として、軍事革命や産業革命のような技術革命において突破を達成する文明が次第に形作られていったのであって、その逆ではないと考えてみたいのである。

それでは、未来志向型の文化の一種である「近代文化」の中核にはどのような文化子があると考えられるだろうか。私は、次の三つの文化子からなる「近代主義」がそれだとしてみたい。すなわち、

1. 進歩主義
2. 手段主義
3. 自由主義

こそが、近代文化の三本柱だといいたい。それらは、過去志向型の文化の一種である「宗教文化」とでも呼ぶべき文化――つまり「宗教文明」の中核にある文化――の持つ特性とは、対極にある特性である。

ここで「進歩主義」とは、「自分たちが住んでいる世界の過去は、より貧しく、より暗く、より遅れているのに対し、未来は常に、より明るく、より輝かしく、より進んでいる。世界の状態は時と共により改善される方向に向かって不断かつ無限に変化している」という信念をさす。「手段主義」とは、「そのような進歩・発展は、適当な手段を選択し使用すれば実現できる、つまりわれわれ自身が進歩を作り出すことができる、進歩は誰か他人によって与えられるものでなく自分たちで作り出すものだ」という信念をさす。「自由主義」とは、「進歩の達成のためのもっとも有効な手段は、思想や行動の自由であって、人は自由に思考し行動しさえすれば、目標の実現にとって最善の手段を見つけ出して、もっとも良い進歩をもっとも急速に達成できる」という信念をさす。もちろん、これらの信念の全面的な正しさについては、経験的な根拠もとくになければ、理論的な必然性もない。そして、こうした基本的信念（文化）を持っていない文明は、世界中にいくらでもある。「宗教文明」はその最たるものである。

さてここで、この本での私の基本的な立場を述べておこう。

それは、日本に住むわれわれが、その中で生きているいわゆる近代文明、およびそれを支えている近代文化は、まだまだ終わらないと考える立場である。これまでもしばしば、早くは昭和の初期から、「近代の超克[28]」ということがいわれたし、一九七〇年代にもまたまた「ポストモダン」論が台頭を見たが、にもかかわらず、「近代」は一向に終わりそうもない。それどころか、近年では「情報革命」と呼ばれるような社会変化が起こっていて、技術や経済の発展が、まさにわれわれの眼前で、日々大変な勢いで進んでいる。その限りでは、進歩の速度はむしろ加速している。なるほど、これまでのような、いってみれば手放しの楽観的進歩主義にはさまざまな面からの反省が加えられているとはいえ、冷戦の終焉と共に、あるいは情報革命の本格化と共に、手段主義や自由主義の信念体系は、ますますその影響力を強めているように見える。「近代主義」は今後、より成熟した、より謙虚でしなやかな信念体系に変貌していくにせよ[29]、その過程で近代文明は、少なくともここ当分は、まだまだ事実として発展していくのではないか。

【注】

（1） 最近のシステム理論、とくに複雑系の理論にあっては、ここでいう「主体」にあたるものとして「エージェント」という言葉が用いられることも多い。

（2） 境界領域は、その内部には何も存在しない領域、つまり境界線としてイメージできると考えてもよいが、自領域と他領域のどちらにも属する「共通領域」や、どちらにも属さない「中間領域」からなると考えてみることもできよう。

（3） 一つの社会を構成する複数の主体は、ここでいうような「世界」の区分をほぼ同じくしているが、それは、それらの主体が通有している「文化」の働きによるものだと考えられる。

（4） たとえば、日本語にはごく普通に見られる「象は鼻が長い」という形式の言明（つまり認識結果の言語的表現）は、「象」という個物の属性を表す変項の一つである「鼻」に注目して、その値が「長い」という認識を表現していると解釈できる。

（5） これは、概念そのものをより下位のクラスに分解したり、より上位のクラスに統合したりする、いわゆる「タクソノミー」（分類枠）とは、異なる種類の作業である。

（6） たとえば、「僕はウナギだ」というような、これまた日本語では日常的に見られる形式の言明は、レストランで何人かの人々のグループが、メニューの中からそれぞれ料理を注文しているといった状況を前提として、注文者の集合と料理の集合との間の対応関係（という直積集合）の元の一つが指定されていることの表現だと解釈できる。

（7） Ackoff／Emery［1972］を参照。

（8） このような認識の通有が現にある社会で見られるとすれば、それは、本章の2で定義するような意味での「文化子」の一つだということができる。日韓文化の比較研究をしている呉善花さんが驚いたように（呉［一九九五］）、日本語には、「子供に先立たれる」とか「社員に辞められる」から、さらには「雨に降られる」とか「朝顔に釣瓶を取られる」といった類の――直接には英語の受け身形にはならないような――受け身的表現がきわめて多い。そのことは、日本社会の中に、人間以外のさまざまな事物をも主体のように見なしたり、それらの挙動が主体に及ぼす作用に敏感に反応したりする文化子が存在していることを、強く示唆している。

(9) 事物の認識と同様、財の評価や分類も、とりあえずは個別主体ごとに相違しうる主観的なものにすぎないが、共通の文化を持つ社会システムのメンバーの間では、何がどのような意味で財であるかといった事柄については、間主観的な共通の認識や評価が成立していることが普通だろう。しかし、その場合でも、主体の立場や能力に応じて、特定の事物が手段財や目標財になったり、ならなかったりすることはいくらでもある。たとえば、東京都の大気は、ほとんどの都民や東京都がその状態の如何に関心を持つという意味では、都民や東京都にとっての財である。しかし、個々の都民がその状態を変更することは困難だという意味では、東京都の大気は都民にとっての目標財とはなり得ない。しかし、東京都という主体にとっては、それが目標財と見なされる可能性は十分にある。

(10) それ自体が複合主体である社会システムの典型例は、後の議論を念頭に置いていえば、国家や企業、あるいは智業である。他方、非主体型の社会システムの典型例は、国際社会や市場、あるいは智場である。

(11) 概念の定義とは、さまざまなタクソノミーによって相互関係が与えられている既存の概念体系の中に、ある概念を位置づけることにほかならない。

(12) この定義は、文明とは「装置群と制度群を含んだ人間の生活システムの全体」をさすとする、梅棹忠夫の定義（梅棹［二〇〇〇‐1］二六頁）をもとにしている。梅棹は、もともと生態系の一部であった人間が、巨大な大脳とそれが行う精神活動を発達させることによって、人間＝自然系というシステム（生態系）から、人間＝装置・制度系というシステム（文明系）への移行が起こったという。ここでいう装置群とはハードウエアであり、制度群とはソフトウエアだと言い直してもよかろう。また、制度群には、宗教・思想や科学・技術のような制度化された情報・知識コンテントも、当然含まれているだろう。

(13) ここでも梅棹の定義をまず参照するならば、梅棹の与えている文化の定義には、二通りのものがある。一つは、文化を「［人間の］精神面への［文明の］プロジェクション」、つまり「文明のなかにいきている人間の側における、価値の体系」（梅棹［二〇〇〇‐1］二二頁）だとする定義である。いま一つは、全体としての言語とその個々の単語という アナロジーを文明と文化の関係にあてはめて、文化は「ひとつひとつの単語」（同四五頁）のようなものであって、社会科学としての文明学が生物学における生態学に対応するとすれば、文化学は形態学に対応する（同七四頁）という見方である。

しかし、文明学を生態学に対応させるのはいいとして、文化学を形態学に対応させるのはどんなものなのだろうか。少なくともそれは、文化を「人間の側における価値の体系」だとする見方とは整合しない。私としては前者の定義により親近感を覚える。そして、「人間精神が存在し、人間精神が発動をしてなにものかをつくり、そのつくりあげたものと人間とがシステムをくんで生活してきた」（同二三頁）という言明に深く共感しつついえば、存在し発動している人間精神の特質、つまりある文明の中で人間が通有する価値観や世界観こそが、「文化」と呼ぶにふさわしいものではあるまいか。それが、本文に示したような文化の定義、すなわち、文化は文明の人間精神への投影であると同時に、文明そのものの構成原理でもあるとする定義を、私があえて採用した理由である。

(14) この「文明素」こそが、梅棹の第二の定義における文化にあたるものである。

(15) 梅棹［二〇〇〇-1］参照。

(16) それぞれの言語における言葉の使い方の特徴から、その言語が使われている社会が持つ文化の特徴を引き出す研究、つまり文化子を発見しようとする研究が、系統的に行われてほしいものである。

(17) 現在あるいは未来の文明のあり方がどのような要因によって規定されているかを論ずる「文明論」には、上述した諸要因のどれを重視するかによって、「歴史的」、「内生的」、「文化論的」、「環境論的」、「政策論的（あるいは政治的）」などと呼ばれるさまざまなアプローチがある。もちろん、それらのアプローチを総合した説明の枠組みが作れることが一番望ましいのだろうが、単なる列挙という以上に、立ち入って諸要因間の相互連関とそれが文明のあり方に及ぼす総体効果を明らかにするのは、容易なことではない。

(18) 最初の二つの技術進化段階を区別することの妥当性については、ほとんど異論はないだろう。第三の技術進化段階としては、産業革命だけに着目する人が多い。あるいはそれに軍事革命を加える人もあるが、「情報革命」については、アルビン・トフラー（トフラー［一九八二］以来、それを、採集・

狩猟と農耕・牧畜の段階に続く段階への契機となる「第三の波」と見なす見方が圧倒的であり、近年の「情報革命」は、軍事革命と産業革命に続く同一技術段階の中での第三の波にすぎないと見る私のような立場は、まだ全くの少数派である。

(19) 採集・狩猟以前の技術段階や、呪術以前の知識段階も含めるとすれば、分類枠の数は、2×4×4＝32となる。

(20) たとえば、シナ大陸の古代文明が直面した森林（燃料）資源の枯渇や、聖書のバベルの塔の神話が象徴している大規模社会でのコミュニケーション不全などが思い浮かぶ。

(21) たとえば、古代エジプト文明が発見し蓄積していた幾何学の諸定理に、証明を与えると共に体系化した教科書を編纂し、それが一〇〇〇年以上にわたってそのまま使用され続けたギリシャ宗教文明の知的突破の例が思い浮かぶ（伊東［一九八八］参照）。

(22) いわゆる中世以降の日本文明（イエ文明）を近代文明の一分肢と見る視点については、梅棹の「文明の生態史観」に加えて、私の『情報文明論』（公文［一九九四］）第八章をも参照されたい。これに対し、私たちの「文明としてのイエ社会」の共同研究（村上・公文・佐藤［一九七九］）では、近代化＝産業化という定義を採用していたために、「文明としてのイエ社会」自体を近代文明の一分肢と見なす視点には立てなかった。

(23) 梅棹［一九五七］参照。なお、梅棹は後に（梅棹［一九八九］）、西欧近代文明の小分肢として東欧文明を、日本近代文明の小分肢として東南アジア文明を追加しており、図表1-7は、それに従っている。この拡張を新大陸にも適用するならば、新大陸の近代文明は、主分肢としての北米文明と、そこからの小分肢としてのラテンアメリカ文明に分けることができるだろう。

(24) ハンチントンの議論の要点は、彼の最新著（ハンチントン［二〇〇〇］）に手際よくまとめられている。

(25) 前掲書二四-二五頁。

(26) 江戸時代の日本は、西欧近代文明との第一次の邂逅を経た後で、グローバル化（海外進出）、ガン（銃器）の使用、ゴッド（唯一神）への信仰という「三つのG」にあたる文明素を放棄して、再び日本

図表1－9

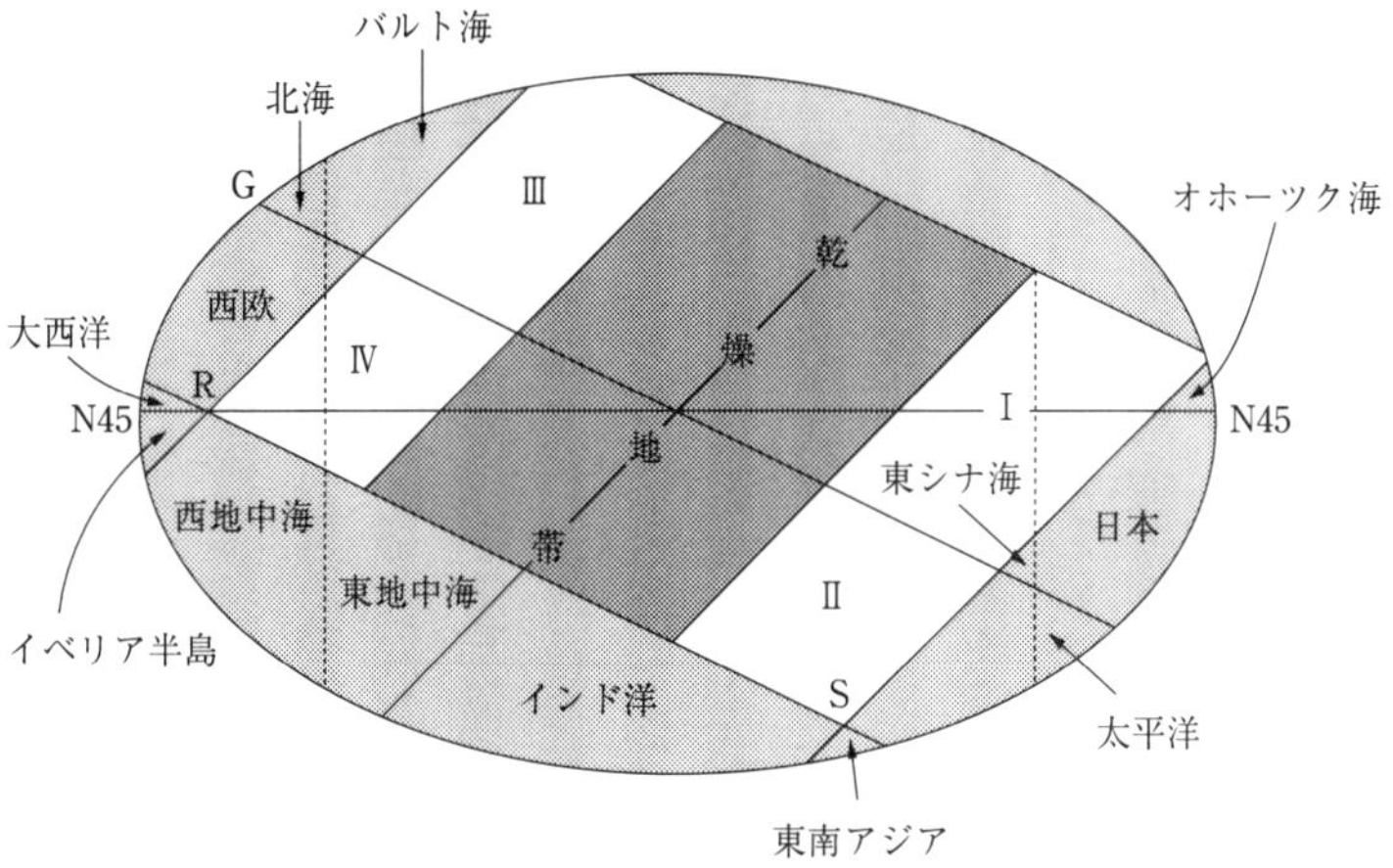

固有の近代化の途に回帰したばかりか、江戸時代の後期には一種の智識文明の構築すら志向していたといえるのではないだろうか。しかし、その過程は、一九世紀半ばに起こった西欧との第二次邂逅によって中断された。そして日本には、「三つのI」とでも呼ぶことが適切な文明素が伝播してきた。すなわち、インペリアリズム（帝国主義的対外拡張）、インダストリアリズム（産業化）、およびIT革命の三つがそれである。しかし、「大東亜戦争」の敗戦を経た日本は、まず最初のIを放棄した。これから二一世紀にかけての日本が、最終的には第二と第三のIをも放棄して、つまり村上のいう「スーパー産業化」路線を放棄して、「トランス産業化」路線、あるいは私のいう「智識文明」の構築路線を採用する可能性は、決して絶無というわけではなさそうだ。

(27) 川勝自身は、自説のエッセンスを梅棹の図式（図表1－7参照）と対比させて、図表1－9のような形で示している（川勝［一九九五］六八頁）。

(28) 昭和初期の「近代の超克」論については、さしあたり広松［一九八九］を参照されたい。

ポストモダン論への最近の反省としてはソーカル／ブリクモン［二〇〇〇］をあげておこう。

(29) ビジネスの第一線にいる経営者が著した未来論（秋元［一九九五］）は、それを予感させる好著である。

第2章

近代文明の進化と情報化

1　主体の政治行為

近代文明の進化過程は、「近代化」と総称される。この過程の本質を一言でいえば、主体の行為能力（目標達成能力）という意味での主体の「パワー」の、それもとりわけ他者（他主体）の行為の制御能力の、不断の増進である。つまり、近代化とは、主体の「エンパワーメント」過程にほかならない。

ある主体による他者の行為の制御とは、自分にとって望ましい行為を他者に行わせたり、望ましくない行為をやめさせたりすることにほかならない。それは、主体が携わる最も広い意味での「政治」行為である。これに対し、「経済」とは、もっとも広義には、第1章の1で定義した意味での「手段財」の使用一般をさす。しかし、より狭くは、「経済財」（の存在状態や主体間の分配状態）の制御を目標とする行為をさす。政治行為も経済行為も、相互作用する複数の主体からなる社会にあっては、主体が日々携わる、もっとも普遍的な行為である(1)。

政治行為は、三組の種類のものに大別できる。すなわち、(1)脅迫・強制、(2)取引・搾取、(3)説得・誘導である。それぞれについて手短に説明しておこう。

まず、ある主体（自分）が、他主体（相手）に対して、かくかくの行為を実行（ないし断念）してほしいという希望を伝達することを「要求」と呼ぶならば、「脅迫」とは、「自分の要求を容れてくれなければ相手を攻撃する」という意図の伝達（コミュニケーション）である。ただし、ここで「攻撃」とは、相手にとっての世界状態の悪化を目標とする行為（つまり、相手の損になるような行為）を自分が実行することを意味する。そして「強制」とは、相手の希望や意図の如何を問わず（多くの場合、相手の行為能力を喪失させるような攻撃行為を通じて）、自分の希望を実現することを目標とする行為をさす。

次に、「取引」とは、「自分の要求を容れてくれれば相手に協力する」という意図の伝達である。ただし、ここで「協力」とは、相手にとっての世界状態の改善を目標とする行為（つまり、相手の得になるような行為）を自分が実行することを意味する。そして「搾取」とは、自分がもともと覚悟していたよりも低いレベルの協力で、相手との取引に成功することを意味する。つまり、相手からすれば、自分からもっと多くの協力を引き出せたにもかかわらず、その機会を逸してしまうことを意味する。

最後に「説得」とは、「自分の要求を容れることそれ自体が、相手にとって得になる」、つまり、相手の世界状態の改善につながることを示そうとする意図の伝達である。それに対し、「誘導」とは、自分が相手にさせたい、あるいはやめさせたいと希望している行為を相手が自発的に実行あるいは断念したくなるような状況を、相手の周囲に作り出すことをいう。相手が自分の説得に応ずることで、結果的に自分の希望も実現されるとすれば、相手は自分に説得されると同時に誘導もされていることになる。

以上の説明からもわかるように、脅迫は強制と不可分の関係に立つ。自分の脅迫が相手に容れられなければ、その信憑性を保証するためにも、自分としては強制に訴えざるを得なくなる。でなければ、以後誰も自分の脅迫を真に受けなくなるだろうからである。他方、搾取は取引につきものである。ある取引が可能になる条件に幅があるとすれば、幅の両端のいずれかで取引が行われない限り、取引当事者の双方が、取引にさいして何がしか相手に搾取されたのではないかという疑惑（というか正しい認識）を、持たざるを得ないだろう。同様に、私の説得に応じた相手は、ことによると私の真の狙いは私自身の目標を実現するための誘導なのではないかという疑念――しかも、その私の目標の中には、相手の状態の改善ということは実は含まれておらず、したがって相手は単に騙されているのではないかという疑念――を抱く場合もありうるだろう(2)。

脅迫・強制のパワーは、もっとも端的には、暴力、つまり軍事力の保有や行使として発現する。他方、取引・搾取のパワーは、取引の代償として経済財の提供や、その使用の代行などが提案される場合が恐らくもっとも多いことを考えると、経済力ないし産業力と不可分の関係に立つだろう。これに対し、説得・誘導のパワーは、主体の知力ないし情報力と最も密接に関連しているだろう。この本では以下、軍事力を脅迫・強制力と、産業力を取引・搾取力と、情報力を説得・誘導力と、事実上同一視することにしよう。

2　近代化の三つの波

この本での最も基本的な仮説の一つは、「近代化は、互いに継起し複合していく、軍事力、産業力、および情報力のエンパワーメントの波の形をとって進んでいく」というものである。同じことを、「近代文明の進化は、（近代）軍事文明、（近代）産業文明、（近代）情報文明という三つの波の継起的複合の形をとる」と言い直してもよい。

この仮説は、さしあたり次の図表2‐1のように図示してみることができる。近代文明とそれを構成している三つのエンパワーメントの波の出現自体は、領邦的な権力体の自立化（封建化）、政治的に自立した地域相互間の経済的結合（商業化）、自立した諸地域を含む全体としての文明圏内での知的な卓越と交流をめざす試み（人文化）などの形をとって、恐らくほぼ同じ時期に、同時並行的、かつ緩やかに起こっている。たとえばヨーロッパの場合は、六世紀から一五世紀にいたる一〇〇〇年ほどの期間に、日本の場合は一〇世紀から一五世紀にいたる五〇〇年ほどの期間に。しかし、個々の波の本格的な立ち上がりは、ヨーロッパの場合は、一六世紀の半ば以降、ほぼ二〇〇年の間隔をおいて継起的に起こった。日本の場合は、事態はより複雑であって、まず軍事化の波がヨーロッパとほぼ同時期に出現したところで、一六世紀の中葉、ヨーロッパ近代文明との第一次の「邂逅」が生じ、ヨーロッパの軍事力の一つの中核（鉄砲）

図表２－１　近代化とその三つの波

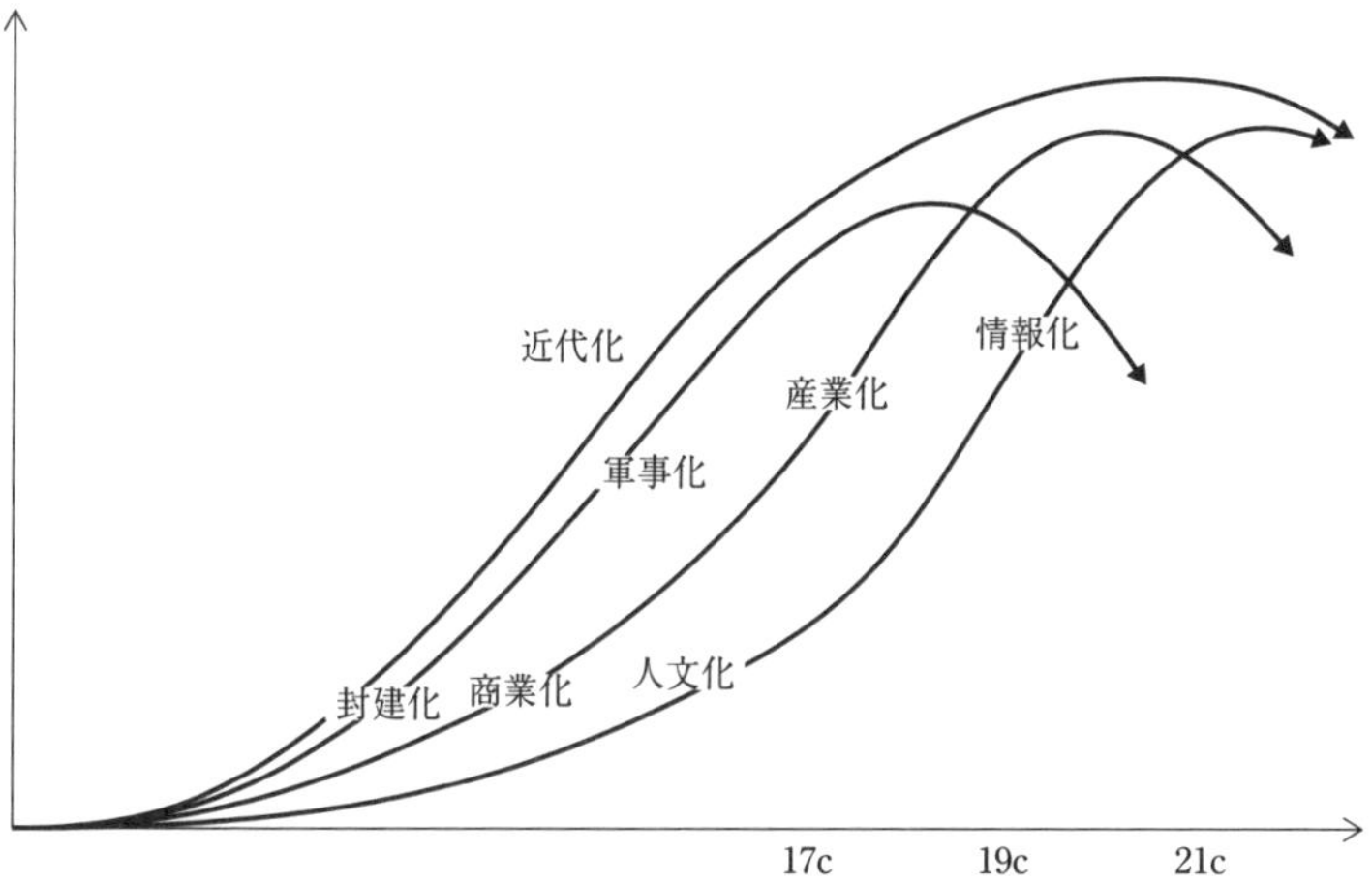

が日本にも伝播した。またヨーロッパが宗教文明から受け継いでいた情報力の一部（一神教）も、同じころ日本に伝播した。しかし、日本はこの二つ共に、ほどなく捨て去り、[3] 同時に海外進出の動きも抑制して、国内での自生的な経済発展（速水融のいう「勤勉革命」）を出現させた。しかしその過程で、軍事化に続いて産業化の波を立ち上げたヨーロッパとの第二次の邂逅が生じ、それ以降の日本の近代化過程は「西欧化」の過程としてのコースをたどることになった。日本は、西欧がそれぞれ約二〇〇年かけて達成した軍事化と産業化の立ち上げ過程を、それぞれ約一〇〇年で模倣することに成功し、近代化第三の波にあたる情報化の立ち上げについては、ほぼ同時期にそれを遂行しつつある。

　以下、近代化の三つの波を考えるにあたっては、ヨーロッパ（およびアメリカ）で生じた動きをモデルとして見ていくことにしよう。

近代化の波は、それぞれ、それを推進する原動力ともいうべき種類のパワー（核パワー）を持ち、その保有や行使に関する「権利」[4]をみずからのものとして自覚し主張する主体群（核主体）と、その自覚的なメンバー（下位主体）、およびそれらの核主体を構成要素とする広域的な社会システム（それ自体は主体と見なせないようなシステム）を生み出す。それぞれの核主体は、それにふさわしい活動空間を見出して、独自の産物の大量産出を試みると同時に、広域的な社会システムを舞台として、それぞれの波に独自の目標（抽象・一般化された核パワーの追求と行使）の実現をめざす「社会ゲーム」のプレヤーとなる。

それぞれの波が進行していく中で、主体や広域的システムのあり方、および社会ゲームのルールや利得、戦略などが制度化されていく。それと共に、ゲームが効果的に普及した場合に実現することが期待される社会秩序の抽象理念化もまた進行する。また、それぞれの波において基本権として自覚され、制度的に確立した権利を補完する役割を果たす、新しい種類の権利の必要も意識されるようになる。

そこでまず、図表２－１の三つの波のそれぞれについて、その基本的な特徴を概観しておこう（まとめについては五七頁の図表２－２を参照されたい）。

軍事化の波

近代化の第一の波は、宗教文明帝国（西欧のローマ帝国や日本の律令国家）の周辺における領邦的権力体の自立（および自律）の試み、すなわち「封建化」の試みから始まった。だが、第一局面の進化を加速させて本格的に立ち上げたのは、一六〜一七世紀を中心に起こった一連の「軍事革命」（軍事的エンパワーメント）であって、これを通じて、近代的な「主権」意識をもち、それを神聖視する「国家」（近代主権国家）とその「国民」、および主権国家にとっての活動の舞台となる「国際社会」が、共進化をとげていく。国際社会（あるいは人間にとっての新たな活動領域としての「地政学的空間」）は、主権国家がプレヤーとなり、一定のルールに従って行われる社会ゲームである「威のゲーム」の場となった。

威のゲームにおける主体間の相互行為の範型は、「闘争」であり、その目標は「(国)威」すなわち、抽象的・一般的な脅迫・強制力の増進と発揚であった。そのためには、具体的・個別的な脅迫・強制力としての「領分」（領土および領民）を、戦争（主権国家による軍事力の行使）を通じてまず入手し、外交を通じてその保有を国際的に正当化した。つまり、領分は国際的に認知される「国威」に転換された。この意味での「領分」とは、一定の手続きによるその割譲（つまりそこに及ぶ主権の放棄ないし移転）の可能性が前提されている、主権国家の保有にかかる土地や人民にほかならない。つまり、言葉を換えていえば、主権国家は、地政学的空間の中に、いまや割譲や入手が可能な事物（可譲物）と見なされるにいたった自国の領土を広げ、それを自国の領民で満たそうとするのである。他方、主権国家のメンバーとなった一般の人々、つまり国民の第一の義務（かつ権利）は、国軍の兵士として戦争に参加すること（国民皆兵）になった。また国家の統治機構としての政府の役職につく権利や資格も、次第に多くの人々に与えられていった。そのような観点からすれば、軍事化というエンパワーメント過程の中核を形作ったのは、国民を自国の正規兵とする「国軍化」[5]と、自国の土地や人民を相互割譲可能なものとする「領分化」の二つだったということができよう。

威のゲーム自体は、国際社会を場として分散・分権的に行われたが、個々の主権国家はその領土の中では、武力の保有や使用を集権的に管理しようと努めた。各国の国民にとっての「平和」（ないし安全）は、その属する国家が威のゲームに勝って国威を増進すると共に、国内での武力・暴力の保有や行使を効果的に統制することによって達成されると考えられた。とはいえ、国家がその手中に軍事力を集中した上で、国家の内外に対するその行使を専制的に行われたのでは、その国民の安全や福祉は必ずしも保証できない。そこで、国家が排他的に保有し行使すると主張する主権それ自体を、そのメンバーである国民の制御下に置こうとする「主権在民」思想の台頭やその現実化の試み、つまり国家の「民主化」の試みが、威のゲームで優位を占めた近代主権国家の間では、広く行われ成功するようになった。その過程で、最初は国家主権を一身に具現する国王の「臣民」としての意識や行動様式を持つところから出発した近代国家の国民たちは、次第にみずからが主権者であるという自覚を持つ、「公民」へと成長していった。その結果として、今日では、少なくとも国内の平和と安全に関する限り、民主主義的な主権国家による集権的な統治のシステムの有効性は、広く認められている。ただし、国民は、仮に民主主義的な多数決に基づいたにせよ、国家が侵してはならない一連の権利、すなわち「人権」を保有していて、国家はそれを尊重しなければならないという考え方が、近年ではますます強くなってきている。つまり、国家主権を補完するものとしての国民の「人権」の観念が、第一の波の成熟と共に、確立していくのである。

他方、威のゲームの国際的な正統性は、二〇世紀にいたってゲームのルールを無視（たとえば、世界の征服をもくろむとか、戦時国際法を遵守しないとか）するプレヤーが続発することによって、次第に失われていった。侵略戦争が国際的な犯罪と見なされるようになると、威のゲームはもはや社会ゲームとしては成立し得なくなる。それは同時に主権国家が持つとされた主権性の動揺をもたらす。今後は、戦争が根絶されたり、主権国家が消滅したりすることはあり得ないにしても、戦争や主権国家自体の性格は大きく変質していかざるを得ないだろう。(6)

産業化の波

戦争と同様、商業も、人類の歴史と共に古い。しかし、近代化の第二の波としての「商業化」は、発生と進化の途上にあった封建的権力体の間をつなぐ商業活動の試みとしてまず始まった。一二世紀におけるヨーロッパの「商業革命」は、商業活動が異文明であるイスラム文明との間にまで拡大したことを示している。一五世紀から一六世紀にかけてのイギリスでの「プロト工業化」(7)も、産業化に向けての流れ自体は、いわゆる産業革命よりもずっと早くから始まっていることを示している。

しかし、この第二の波を本格的に立ち上げたのは、一八世紀の後半以来一気に加速した一連の「産業革命」(経済的エンパワーメント)であって、これを通じて、近代的な「私権」としての「私有財産権」を神聖視する「企業」(近代産業企業)とその「市民」(企業の従業員および企業の製品の消費者としての人々)、および産業企業の活動の舞台となる「世界市場」が、共進化をとげていく。世界市場(あるいは人間にとっての新たな活動領域としての「工学的空間」)は、産業企業がプレヤーとなって、一定のルール(商法や民法など)に従って行われる社会ゲームである「富のゲーム」の場となった。このゲームにおける主体間の相互行為の範型は、「競争」であり、その目標は「富」すなわち、抽象的・一般的な取引・搾取力の蓄積と誇示であった。そのためには、具体的・個別的な取引・搾取力としての「商品」を、機械および雇用労働力の利用を通じて効率化された大量生産(産業企業による経済力の行使)過程を通じてまず安価に入手した上で、市場でのその販売を通じてその有用性を社会的に正当化した。つまり、具体的・個別的な商品は、市場で売られることによって「富」に変換されるのである。この意味での「商品」とは、一定の手続きによるその譲渡(つまり、それに及ぶ所有権の移転)の可能性が前提されている産業企業の所有にかかる財やサービスにほかならない。言葉を換えていえば、産業企業は、工学的空間の中を人工物、すなわち自らの生産した財やサービスで満たそうとするのである。現に、産業社会に生きるわれわれの生活は、ほとんど全面的に各種の人工物に取り囲まれているといっても過言ではないほどである。そのような観点からすれば、産業化というエンパワーメント過程の中核を形作ったのは、生産過程の「機械化」と、生産物や生産要素（労働力を含む）の「商品化」の二つだったということができよう。[8]

産業企業のメンバー[9]となった一般の人々、つまり企業の従業員の第一の義務（かつ権利）は、生産・販売者として企業活動に従事することになった。もちろんこれらの人々は、同時に近代国家の国民でもあるわけだが、その両面の意味を込めた「シティズン」（市民ないし公民）という呼び名も、近代産業社会では広く通用するようになっていった。

富のゲーム自体は、世界市場を場として分散・分権的に行われたが、個々の産業企業はその中では、経済力の保有や、とりわけ使用を集権的に管理しようと努めた。産業社会の市民、すなわち各企業の従業員および企業の生産する商品の購入者にとっての「繁栄」（ないし豊かさ）は、その関係する企業が富のゲームに勝って富を蓄積すると共に、社会全体としての富のゲームの円滑な進行が保証されることによって達成されると考えられた。

しかし、主権国家およびその国民の観点からすれば、分権的な社会ゲームとしての富のゲームの自由を認めることが、社会ないし国家・国民の繁栄につながるという保証は必ずしもなか[10]った。むしろ独占の発生や、貧者と富者との間の富や所得の格差、階級分裂の固定化などが懸念された。その対策として考えられた一つの方式は、武力と同様経済力もまた、主権国家の集権的・計画的な保有と使用に委ねるという「社会主義」的解決であった。しかし、二〇世紀の経験を通じて、この方式の有効性のなさが明らかになった。今日では、産業活動は私的所有権を認められた企業の分権的なゲームに委ね、主権国家は、そのゲームのルールの強制者となる一方、富や所得の部分的再分配、あるいは景気や雇用の部分的なコントロール、および国民生活の安全や環境の保全を目的とした企業活動の規制に携わるという補完的な役割に徹することの有効性が、広く認められるにいたっている。また近年では、企業の経営そのものに対して、企業の株主や株主の委託を受けた経営者だけでなく、企業の従業員や、企業の生産・販売する商品の買い手としての市民も、利害関係と共に発言権を持っているとする「産業民主主義」、ないし「産業市民主義」的な考え方が有力になりつつある。それと同時に、「私有財産権」は単に「国家主権」との関係で一定の制約を受けるばかりでなく、主体を取り巻く自然・社会環境との関連でも、やはり一定の制約に服さなくてはならないとする「環境権」の主張も、広範な支持を得つつある。これは、産業社会に先立つ軍事社会において、国家主権を補完する権利としての「人権」の伸張が見られるにいたった過程と、軌を一にしているということができよう。

他方、富のゲーム自体の世界的な正統性に対しては、二〇世紀の後半にいたって企業の多国籍化など富のゲームの世界化が一段と進む中で、さまざまな疑問が出され始めている。とりわけ近年、第三次産業革命としての「情報産業革命」の開始や、近代化の第三の波としての「情報化」の本格的立ち上がりに伴って、そうした疑問はさらに深刻なものになりつつある。[11] しかし同時に、個々の主権国家による経済（あるいは富のゲームの場としての市場）に対する補完的な制御の有効性に対しても、それ以上に深刻な疑問が出されている。とはいえ、今日までのところ、商取引そのものの正統性までが疑問視されているというわけではない。もちろん、情報化や情報産業革命の進展と共に、主権国家だけでなく産業企業のあり方もまた、大きく変化していかざるを得ないだろう。しかし、威のゲームの非正統化が進んだほどには、富のゲームの非正統化は進まないだろう。[12] それどころか、これから二一世紀にかけての第三次産業革命や第一次情報革命の進展に伴って、富のゲームは、変質と成熟化を伴いながらも、さらに広くかつ深く普及していくと考えられる。

情報化の波

商業と同様、情報や知識の創造と普及を専門とする職業や組織の発生も、ほとんど人類の歴史と共に古いといってよいだろう。しかし、近代化の第三の波としての「人文化」は、発生と進化の途上にあった封建的権力体の境界を超える知的な卓越性と、交流をめざす活動の試み（たとえば西欧の場合でいえば、六世紀のベネディクト修道会の結成や一二世紀の大学の出現）として始まり、一四世紀以降のルネサンスや宗教革命、一五世紀の印刷革命、さらには一七世紀の科学革命へと引き継がれていった。

しかし、この第三の波の本格的立ち上がりをもたらしたのは、一九五〇年代以来加速した「情報革命」（知的エンパワーメント）であって、これを通じて、公権としての国家主権や私権としての私有財産権とは性格が異なる、いわば「共権」とでも呼ぶことが適切な「情報権」[13]を神聖視する「智業」（近代情報智業）[14]と「智民」（智業のメンバーおよび智業の働きかけの対象としての人々をさす。英語では「ネティズン」）、および智業の活動の舞台となる地球智場が、共進化をとげていくだろう。個人や組織にとって、知力ないし情報力が、これまでの軍事力や経済力に勝るとも劣らぬパワーとなりうることは、すでに広く認められ始めている。「地球智場」[15]（あるいは人間にとっての新たな活動領域としての「智的空間」ないし「サイバースペース」[16]）は、情報智業がプレヤーとなって、一定のルール（たとえばＮＰＯ法のような）に従って行われる社会ゲームである「智のゲーム」の場となるだろう。現在爆発的に拡大しているインターネットの本質は、それが果たす地球智場としての機能にある。つまり、インターネットこそ、ここでいう地球智場の具体化にほかならないのである。

智のゲームにおける主体間の相互行為の範型は、威のゲームのような「闘争」でもなければ、富のゲームの場合のような「競争」でもない。それは「共働」とでも呼ぶことがふさわしい、相互の信頼を基盤とする説得・誘導である。そして、智のゲームの目標は、「智」すなわち、抽象的・一般的な説得・誘導力の獲得と発揮にある。そのためには、具体的・個別的な説得・

誘導力としての「通識」[17]を、創造（情報智業による知力の行使）を通じてまず入手し、普及を通じてその有用性を社会的に正当化しなければならない。つまり、具体的・個別的な通識は、智場で受け入れられることによって抽象的・一般的な「智」に変換されるのである。この意味での「通識」とは、一定の手続きによるその普及ないし通有の可能性があらかじめ前提されているところの、情報智業の創造にかかる知識や情報にほかならない[18]。つまり、言葉を換えていえば、情報智業は、「智的空間」の中をみずからの創造した知識や情報で満たそうとする、あるいはそれらの知識や情報が具象化あるいは具能化した「バーチャル・リアリティ」や「アーティフィシャル・ライフ」で、いうならば産業社会の人工物に対応する「仮工物」とでもいうべきもので満たそうとするのである。そのような観点からすれば、情報化というエンパワーメント過程の中核を形作るものは、情報処理通信過程の「ビット化」ないし「デジタル化」と、それによって生み出される情報や知識の「通識化」の二つだということができよう。

また、ここでいう「智のゲーム」は、知の超分散システムともいえる「地球智場」[19]を場として、超分散・分権的に、あるいは最近の流行語でいえばP2P（ピアツーピア）的に、行われることになるだろう。個々の情報智業は、知力の保有やとりわけ使用を、他の智業（あるいは政府や企業）や智民（あるいは国民や市民）たちとの間に形成される各種の社会的ネットワークを通じて共働的に管理しようと努めるだろう。智民すなわち各智業のメンバーないし諸智業が普及の対象とする通識の通有者にとっての「愉しさ」は、その属する智業が智のゲームで優れた成果をあげて智を獲得すると共に、社会全体としての智のゲームの円滑な進行が保証されることによって達成されると考えられる。

しかしながら、主権国家およびその国民の観点、あるいは産業企業およびその市民の観点からすれば、超分散的な社会ゲームとしての智のゲームの自由を認めることが、みずからの愉しさの実現につながるという保証は必ずしもない。むしろ知的独占の発生や、地域間、世代間、職業間等にわたる情報貧者ないし「愚者」と情報富者ないし「賢者」との間の知識や情報の格差、あるいは階級分裂（最近の言葉でいえば「デジタル・ディバイド」）などの、発生と拡大、あるいは固定化が懸念されるようになる可能性がある。[20] 超集権的な情報管理社会（ジョージ・オーウェル『1984年』）の悪夢は、そのもっとも極端なものである。[21]

情報化の初期に見られる「デジタル・ディバイド」の拡大は、「賢者」の側に加わりたいという意欲をかき立てることによって、一面において情報化そのものを推進する誘因として機能するだろう。他面ではそれは、「愚者」としておとしめられたくないという意欲をかき立てることによって、情報化の進展（少なくとも急速な進展）に反対してその動きを押しとどめようとする既存の組織（国家や企業）やそのメンバー（国民や市民）の「新ラダイト」型の反対運動を刺激すると同時に、情報化を積極的に進めていく中で格差の縮小ないし解消をめざそうとする智業や智民の活動の誘因ともなるだろう。情報化を強引に推進しようとする流れが、それを力ずくでも押しとどめようとする流れと対立する結果が、産業化の初期に見られた「市民革命」に匹敵する「智民革命（ネティズン革命）」を誘発しないとも限らない。あるいはまた、智民たちは、情報化に名を借りた智場（インターネット）の性急な市場化や一攫千金を夢見るネット資本主義者たちの台頭に反対して、むしろ新ラダイトたちと連合戦線を組もうとするかもしれない。いずれにせよ、後により詳しく見るように、智民たちの「政治化」の動きはとどまることがなく、遅かれ早かれそれは、智民たちによる情報権の確立から情報社会の「ガバナンス」の要求や試みとなって、大きく展開していくだろう。

他方、より遠い将来には、軍事社会での主権の制限としての人権擁護や、産業社会での所有権の制限としての環境権の擁護に似た、情報社会での情報権の制限としての「身体権」の擁護の動きも起こってくると思われる。少なくとも、環境を破壊するような企業活動の自由には何らかの制約が加えられてしかるべきだという認識が広がってくるのとまったく同じように、人間の身体の破壊につながるような「言論の自由」や「布教の自由」ないしは「説得の自由」には、何らかの制約が加えられてしかるべきだという認識も、二〇世紀後半以来達成された「洗脳」面でのエンパワーメントの大きさとその危険性とが自覚されるにつれて、智民たちの間に広く通有されるようになっていくだろう。

それはともかく、軍事化によって軍人貴族（武士階級）や傭兵の軍隊が国民軍に転換し、産業化によって特権的な商人や職人の営んでいた商工業が、広く一般市民の営む活動となったように、情報化は、知識や情報の創造や普及を、一部の知識人やマスメディアの営みから一般智民の営む活動へと転換させるだろう。これまでの産業社会の市民は、物的生活では生産者用機械だけでなく消費者用機械（乗用車や家電製品）の積極的な使用者となったにもかかわらず、情報生活では受動的な「カウチポテト」にとどまっていた。知識や情報の創造と普及は、専門家としての学者や芸術家たちによって、市場やマスメディアをプラットフォームとして行われていた。しかし、情報化の進行は、軍事において一般国民が果たし、経済活動において一般市民が果したのと同様な役割を、知的活動において一般智民に与えようとしている。言い換えれば、情報社会における「情報コンテント」の圧倒的に多くの部分は、智業や智民たち自身によって創られ、通有される。同時に、その創造や普及の組織も、これまでの大学・研究所やマスメディアのような大組織から、智業と智民による超分散的な知のネットワークに変わっていくと思われる。つまり、情報社会における知識や情報の交流の大原則は、その分散・自律・共働性（P2P性）である。寡占的な知識・情報の生産・流通センターからの一方的な情報提供や、それに特化した情報通信インフラは、消滅してしまうことはないにしても、ごく限られた役割しか果たさなくなっていくだろう。

さらにいえば、智業や智民の社会的機能は、知識や情報の創造や普及・通有にとどまるものではない。あるいは、単なるコミュニケーション（交流）にのみとどまるものではない。さらに進んで、知識や情報を積極的に活用した社会的な目標の達成にも、彼らは共働して携わるよ

図表２－２　近代化の三つの波の特徴比較

	第一の波（軍事化）	第二の波（産業化）	第三の波（情報化）
出現の契機	封建化	商業化	人文化
核パワー	軍事力	産業力	情報力
核主体	主権国家	産業企業	情報智業
メンバー	臣民（公民）	従業員（市民）	ボランティア（智民）
基本権	主権（公権）	財産権（私権）	情報権（共権）
活動空間	地政学的空間	工学的空間	サイバースペース（智的空間）
中核的活動	国軍化と領分化	機械化と商品化	ビット化と通識化
活動空間を満たす物	可譲物	人工物	仮工物
広域社会システム	国際社会	世界市場	地球智場
社会ゲーム	威のゲーム	富のゲーム	智のゲーム
ゲームの特性	負・零和	零・正和	正和
ゲームの理念	平和	繁栄	愉快
秩序	政治秩序	経済秩序	社会秩序
秩序特性	集中・集権的	分散・分権的	超分散・分権的
補完権	人権	環境権	身体権

うになるだろう。つまり彼らは、政府や企業には頼らないで、自分たち自身の力による目標の実現をめざすさまざまなコラボレーション（共働）の組織者ともなるだろう。とはいえ、それは、智業・智民の枠を超えるコラボレーション、すなわち企業・市民や国家・国民とのコラボレーションを排除するものでないことはいうまでもない。むしろ共働は、智業・智民の間だけにとどまらず、企業・市民や国家・国民との間にも、そして一地域や一国の境界を超えてグローバルにも、推進されていくだろう。そうだとすれば、これから普及する智のゲームは、コミュニケーションとコラボレーションの、つまり交流と共働の、両方の側面を併せ持つことになる。

　産業社会においては、商工業以外の社会活動（たとえば医療や教育）の多くが市場をプラットフォームとして営利事業的に営まれるようになったのと同様、情報社会においては、智業以外の社会活動、とりわけこれまでの営利事業の多くも、智場をプラットフォームとして営まれるようになっていくだろう。その意味では、二一世紀の産業活動、あるいは富のゲームは、これまでのような企業間の「自由競争」というよりは、企業間ばかりでなく、さらに国家や智業との間の共働をも基盤とした競争という性格を強く備えるようになるだろう。その意味では、時代は「大競争」ではなくて、「大共働」に向かっているのである。

近代化の三つの波が持つ以上のような諸特徴は、図表2－2のようにまとめてみることができよう。

3　S字波の視点と、その近代化過程への適用

以上が、近代化の三つの波それぞれが持っている特徴のごく大まかな概観である。次に、三つの波が互いに一部重複しつつ継起するダイナミックな展開過程を把握するための概念的な枠組みを準備して、それを近代化過程に適用してみよう。それは、「S字波の視点」とでも呼ぶことが適切な、社会システムの変化過程が共通に示すと思われる性質を捉えるための、一つの基本的な枠組みである。

このS字波が想定する社会変化の過程は、次のような性質を持っている。

1．**原型**：一つの社会あるいは文明を構成する、さまざまな社会的諸要素、すなわち技術や産業、あるいは各種の社会制度などの変化ないし進化は、まず緩やかに「出現」し、ついで急激に「突破」し、最後に（しばしば行き過ぎを伴いつつ）「成熟」にいたる三つの局面を持つ「S字波」の形で起こる（図表2－3）。これがここでの基本的想定である。ひとたび「成熟」に達した後は、それらの要素は、既存の社会・文明のトータル・システムに追加された新たな（そして今や自明かつ不可欠の）構成要素として、しっかりと組み込まれていくだろう。そうでなければ、徐々に衰退し消滅してしまうだろう。

図表2－3　S字波の原型

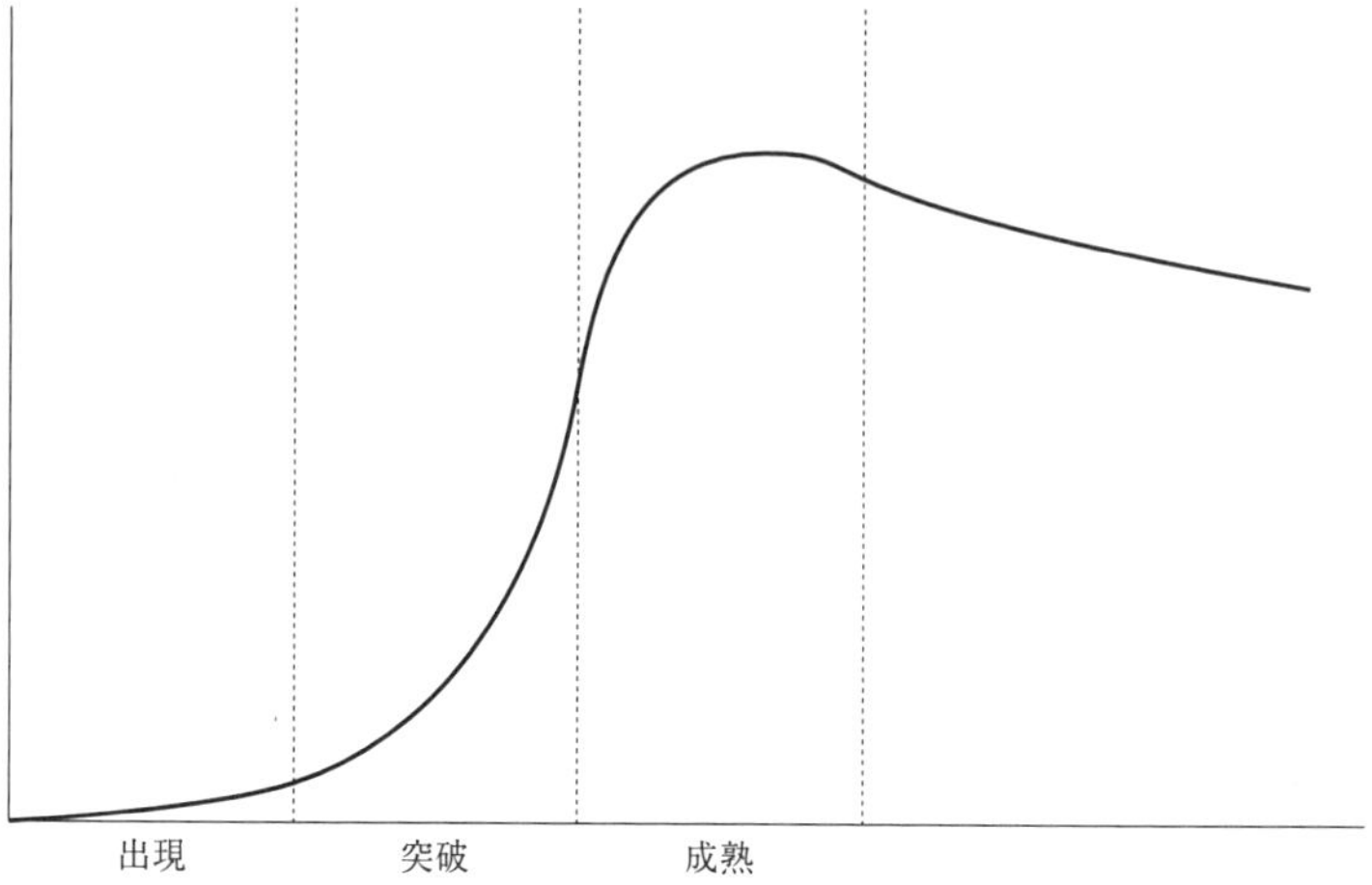

図表2－4　S字波の継起

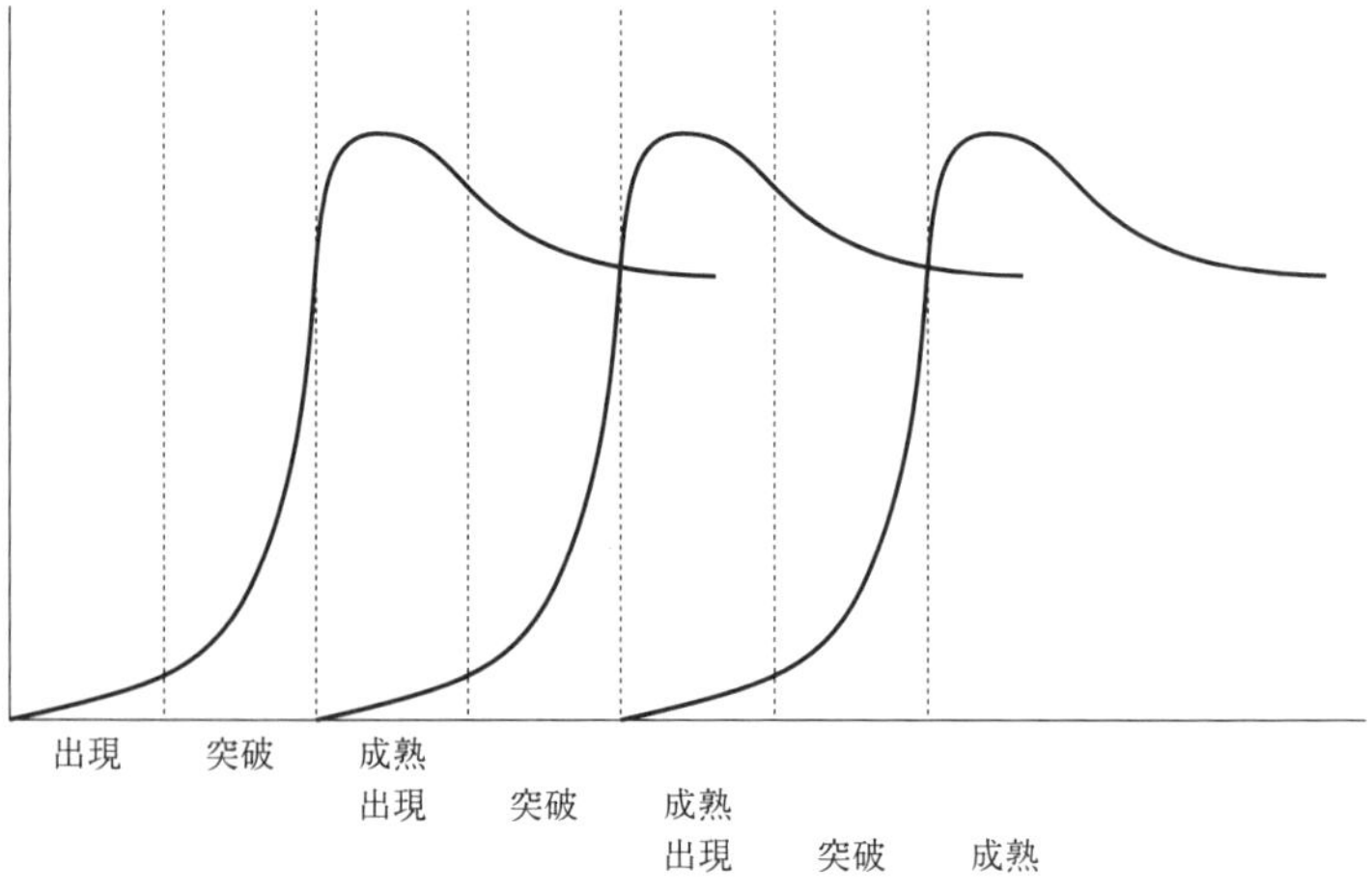

図表 2－5　S字波の連鎖

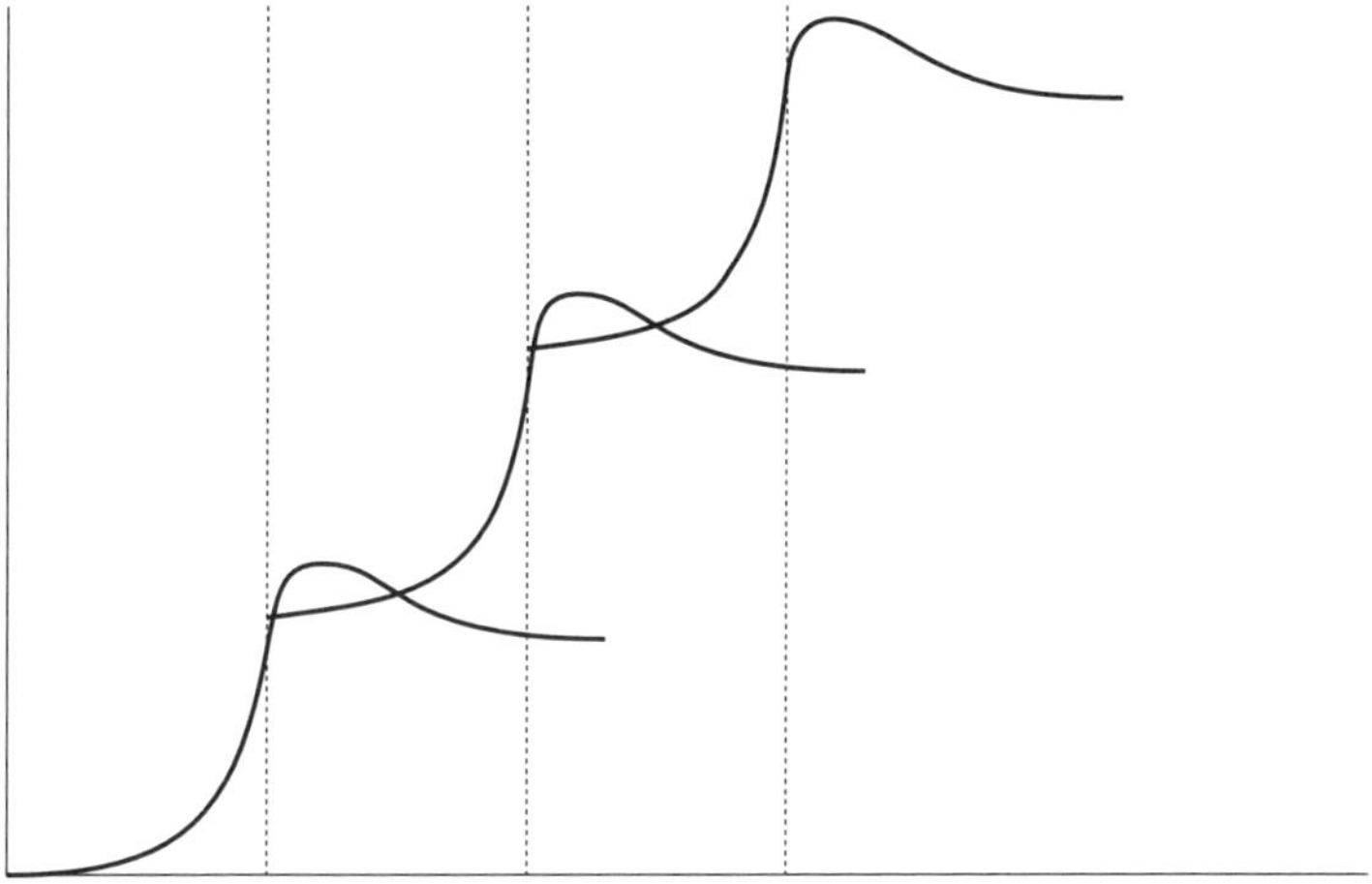

図表 2－6　S字波の分解

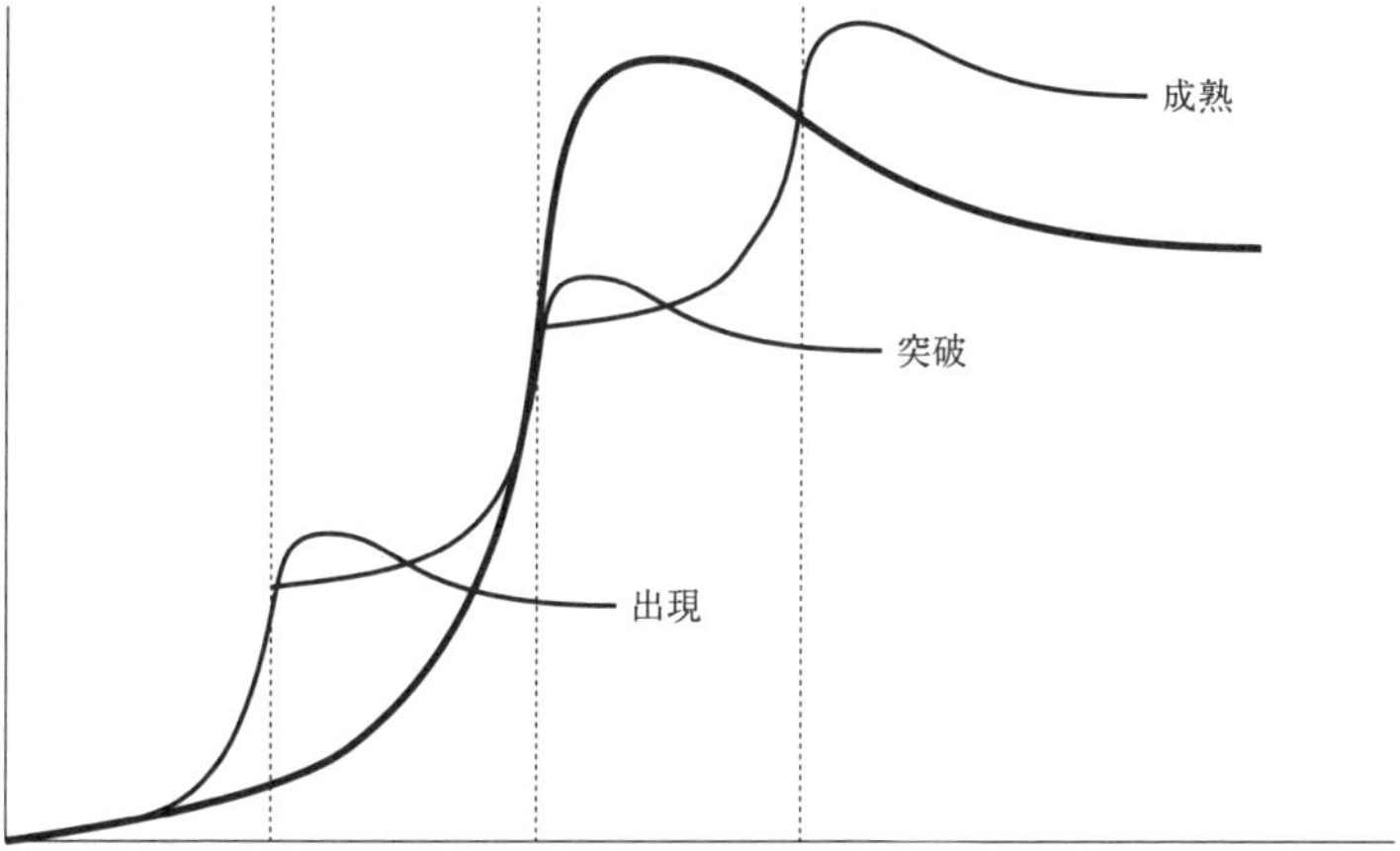

2. **継起**：S字波の形をとって起こる社会変化は、一つだけではない。むしろ、さまざまなS字波が、次々と継起していると考える方が適切だろう。とりわけ、同じレベルの一連の社会変化の場合、あるS字波が成熟局面に入るころ、しばしば新しいS字波が出現する（図表2－4）。

3. **連鎖**：S字波の中には、ある観点からすると同質性を持っているが、他の観点からすると新しい発展だと見ることのできるもの（たとえば、後述する第一次、第二次、第三次の産業革命など）も少なくなく、それらは単なる継起というよりは、連鎖の形で重複していると見なすのが適切だろう（図表2－5）。

4. **分解**：一つのS字波（たとえば産業化のS字波）は、その三つの進化局面（出現、突破、成熟）のおのおのに対応するより小さなS字波の連鎖に分解してみることができる場合も少なくない（図表2－6）。

5. **長波**：なお、一部重複しつつ、互いにほぼ等しい期間をおいて継起する一連の同種のS字波があって、その重複は、前のS字波の成熟局面が後のS字波の出現局面に重なる形をとっているとすれば、継起する一連のS字波を、正弦波のような形で反復する「長波」になぞらえてみることもできるだろう。その場合には、各S字波の「突破」局面が正弦波長波の「上昇」局面に対応することになる。また、各S字波の「出現」および「成熟」局面が、正弦波長波の「下降」局面に対応することになる。そして、長波の上昇局面での社会

図表２－７　S字波と長波の関係

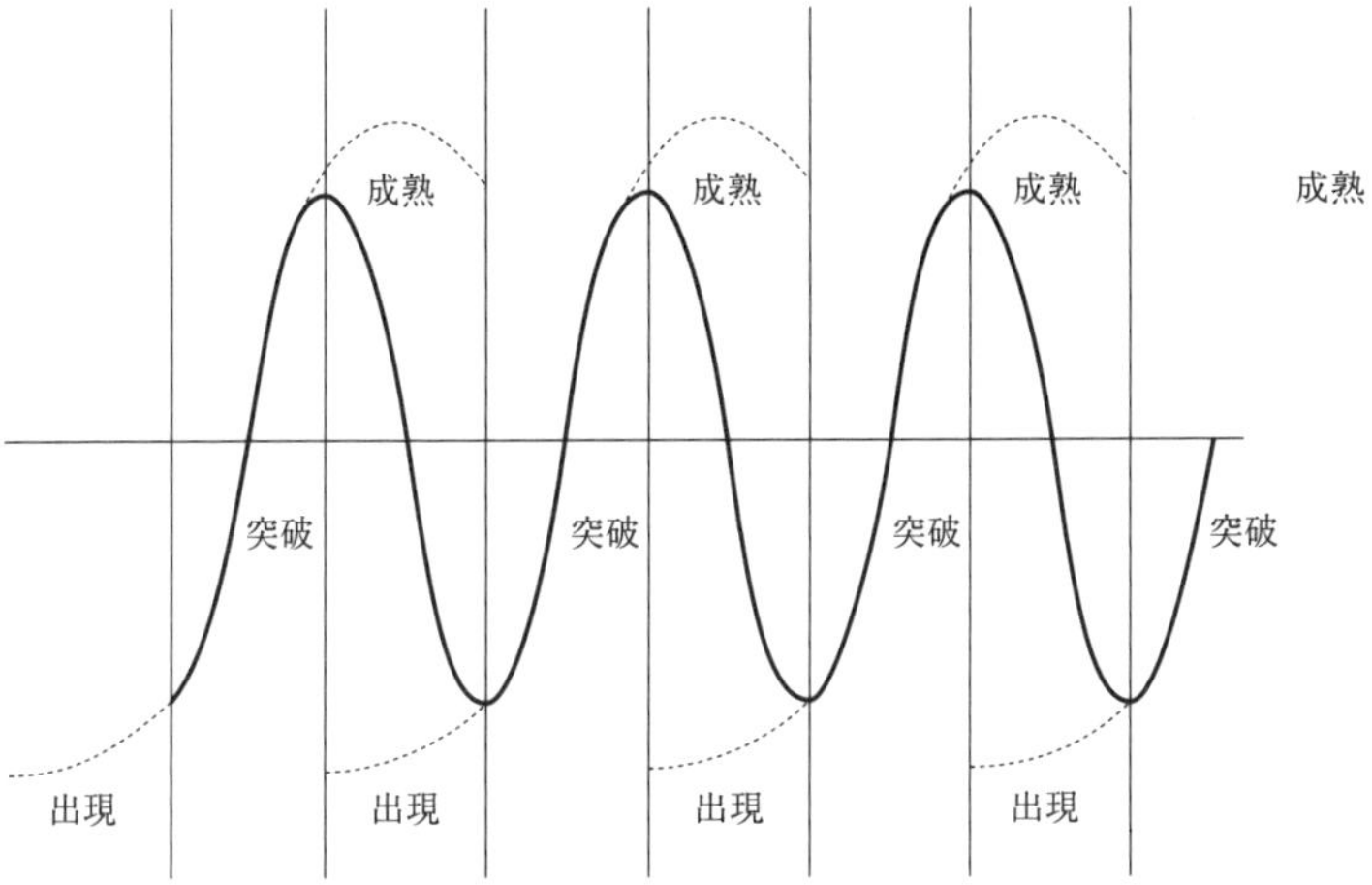

変化は、一つのＳ字波しか関係していないために単純明快な性格を持つ一方、下降局面での社会変化は、旧いものの成熟と新しいものの出現という二面性を有しているために、複雑で理解しにくい性格のものになりそうである（図表２－７）[22]。

というわけで、このような視点に立つと、同一のレベルでの一連の社会変化は、しばしばＳ字波の連鎖の形をとって発生すると見なせることになる。また、あるレベルの社会変化は、それを構成する下のレベルでのいくつかの（典型的には三つの）Ｓ字波の社会変化連鎖に分解でき、それぞれの連鎖の環は、さらにより下のレベルのＳ字波の社会変化連鎖に分解できることになる。つまり、全体としての社会変化過程は、Ｓ字波連鎖のフラクタル的な複合の形で進行し

図表2－8　S字波複合としての近代化過程

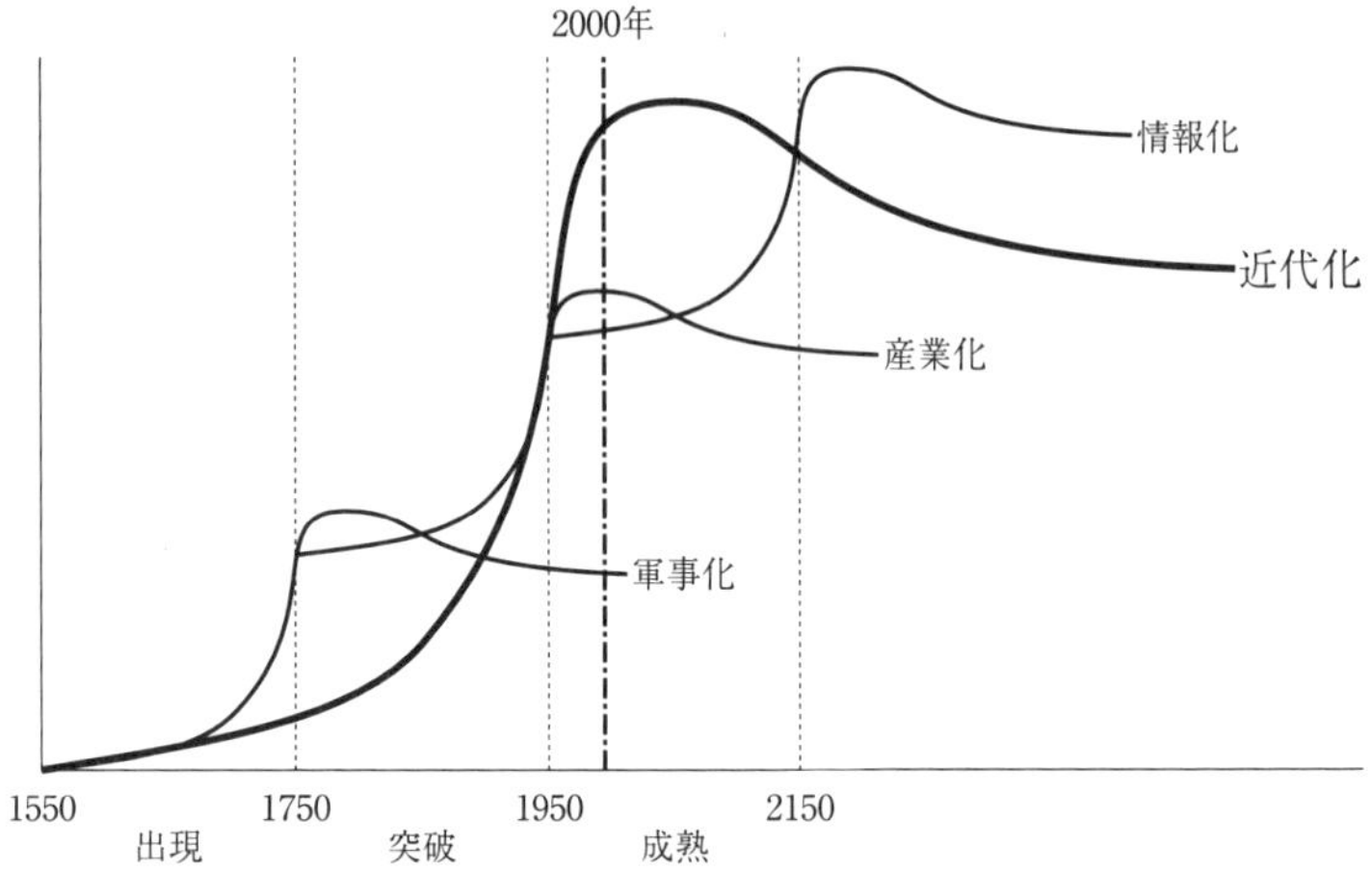

ていると見なせることになる。

そこで、このS字波の視点を、互いにほぼ二〇〇年の間隔をおいて継起したと見られる、近代化の三つの波の本格的な立ち上がりの時期にまず適用して、近代化過程を全体として把握すると同時に、その一部としての「歴史の中での現代」の位置づけを試みてみよう。その結果をもっとも巨視的な形で図示したのが、図表2－8である。[23] この図には、近代化の立ち上がりが一六世紀の中葉から軍事化の波の立ち上がり（の出現過程）としてまず本格化し、その後約二〇〇年ごとに、産業化の波と情報化の波とがそれぞれ立ち上がっているという認識が示されている。現在、つまり二一世紀初頭の時期がこのような近代化過程の中で占める位置は、図中の鎖線によって示されている。すなわち、西欧近代文明（およびそれを模倣して進化してきた日本近代文明）はいま、軍事化によって出現し産業化によって突破してきた全体としての近代化過程が、いよいよその成熟の局面に入ったところであって、それをより詳しく見れば、「産業化の成熟」（すなわち近代化の「突破の成熟」）と「情報化の出現」（すなわち近代化の「成熟の出現」）の局面を同時に経過しつつあるところだというのが、この本の第1章での議論に即して描かれたこの図の示すところである。

なお、図には直接示されていないが、近代化の波そのものと同じレベルにある次の社会変化の波は、この本の第1章での議論に従えば、智識文明化の波になるはずである。言い換えれば、近代文明の成熟局面は、同時に、智識文明の出現にもあたっているのである。

4　産業化のS字波

次に、図表２‐８に概括した近代化の波の、とくに後半部分に焦点を合わせて、S字波の視点をさらに倍率を上げて適用してみよう。

(1)　産業化のS字波

S字波のモデルを、産業化過程そのものに対してあてはめてみると、図表２‐９が得られる。この図は、産業化のS字波それ自体を、その出現、突破、成熟の各局面に対応する三つの小さなS字波に分けて示している。すなわち、一八世紀の中葉以後、ほぼ一〇〇年ごとに出現してきた第一次、第二次、第三次の各産業革命のS字波がそれである。

第一次産業革命では、産業化過程の中核をなす「機械化」と「商品化」は、生産（運輸をも含む）の領域にまず浸透した。石炭を燃やす蒸気機関に動力源を依存する鉄製の巨大な機械が、工場での生産過程に投入された。あるいは、蒸気船や蒸気機関車の形で、工業原料や製品の大量輸送を受け持つようになった。人々はまた、それまでは自家生産していた食料や衣料の多くを、市場から購入するようになった。同時に、家内制手工業過程は、雇用労働力に生産を担当させる工場での機械制大工業過程に変わった。つまり、「生産の商品化」（当世風にいえばアウ

図表２－９　産業化のS字波複合

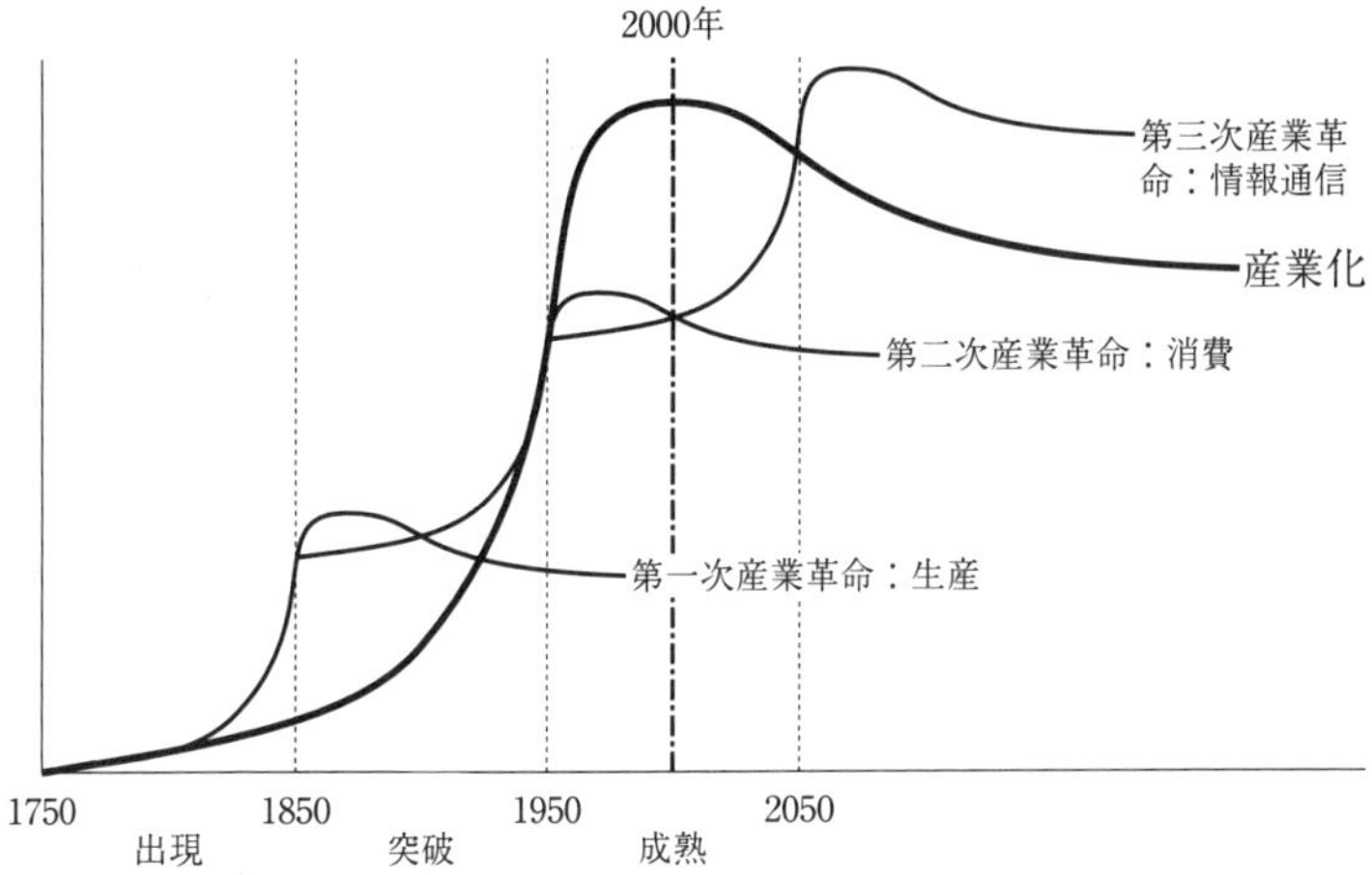

トソーシング）が、製品の商品化と労働力の商品化の両面で、同時に発生したのである。軽工業（消費財産業）の商品化としてまず出現し、蒸気機関による生産過程の機械化によって突破した第一次産業革命は、鉄道と蒸気船の普及、すなわち運輸業の産業化を通じて、大量生産された消費財が世界各地の消費者の手もとまで大量かつ安価に流通することを可能にする中で、その成熟局面に入っていった。

第二次産業革命は、重化学工業の主導によって出現し、石油と電力エネルギーの利用によって突破した。初期（つまり、出現から突破局面にかけて）の重化学工業の製品を主として利用したのは、国家や旧産業（とりわけ米国の農業）のような既存の主体だった。各国は、重化学工業が生み出した、大艦巨砲、機関銃や戦車、航空機、毒ガスの類を競って購入して実戦に投入し、ために戦争の性格は一変した。戦争の大規模化、長期化、総力戦化は、第二次産業革命過程を通じて進行し続けたが、ついに核兵器（およびそれに勝るとも劣らぬ殺傷力を持つと思われる生物・化学兵器）の登場を見るにいたって、戦争を手段とする近代軍事文明の「威のゲーム」の正統性は、決定的に失われるにいたった。[24]他方、米国の農業は、トラクターで耕作して人造肥料や農薬で収量をあげ、コンバインで収穫してトラックで市場に出すというように、重化学工業の成果をフルに利用する方向にいち早く進んだために、家族による大規模農業経営の生産性を急速に向上させることに成功し、世界の穀物市場を制覇する結果となった。

他方、第二次産業革命の成熟局面では、機械化と商品化は、乗用車や家電製品の大量生産・販売を通じて、また教育・医療産業や交通・外食・観光産業などの発展を通じて、消費者の日常生活のさまざまな側面に、広く深く浸透した。二〇世紀の産業諸国に普及した「耐久消費財」とは、言い換えれば消費者用の機械にほかならなかったのである。[25]

とはいえ、産業革命の第一次から第二次への転換の意味を、すべての国や企業が的確に理解して、これに適応し得た、あるいは転換の先頭に立ってこれを推進し得たわけではない。たとえば日本は、日清・日露戦争などにおいて、重化学工業の軍事利用（とりわけ海軍力への利用）にはある程度の適応力を発揮したが、機関銃の利用では遅れをとって、ロシア軍に徹底的に苦しめられた。そもそも重化学工業の本格的立ち上がり自体、第一次世界大戦の軍事景気を待たなくてはならなかった。産業利用の面でいえば、人口肥料の利用はともかくとして、農業の大規模化、機械化は、大幅に遅れてしまった。ようやく戦後になって、農業の機械化と化学化はある程度進展したとはいえ、大規模化は今日まで実現し得ないでいる。

日本にとってのより深刻な問題は、産業化の「消費」過程への拡大という第二次産業革命（とりわけ成熟局面の）の特質を、十分に理解できなかったところにあった。第二次産業革命を円滑に進行させようとすれば、ある時点で、消費者用の機械やサービスの大量生産に転換しなければならなかった。つまり軍需から民需への転換が必要であった。しかも、最先端の消費者用機械を購入して使用できるのは、産業化の先進国の国民であるとすれば、そうした消費者用機械は、途上国に普及させるよりは、先進国に普及させる、なかんずく自国の消費者に普及させることが必要であった。言い換えれば、外需、つまり輸出主導型から内需主導型への転換が必要であった。日本がその必要をようやく曲がりなりにも理解し得たのは、侵略戦争（自国の「生命圏」つまり原料と製品の市場を、海外の途上国に確保しようとした戦争）の失敗というショックを受けた後のことだった。しかし、その場合でさえ内需拡大を重視すべきだという教訓は、今日まで、中途半端にしか学習しきれていないように思われる。(26)

さて、ここで図表2－9にもう一度目を向けてみよう。そして、この図の上での現在、つまり二一世紀初頭の意味するところを考えてみよう。この図は、産業化の大きなS字波でいえば、現在は、それが成熟局面に入ってしばらくたった後にあたることを示している。また、個々の産業革命の小さなS字波でいえば、現在は、

(1) 第二次産業革命が、その成熟局面の後半（爛熟とでもいいたいような局面）にさしかかっているばかりか、

(2) 第三次産業革命も、その出現の局面を経て、いよいよ突破の局面にさしかかっていること、

を示している。そこで、そのおのおのについて、もう少し詳しく検討してみよう。

(2) 第二次産業革命の成熟から爛熟

第二次産業革命の「成熟」とは、すでに述べたように、消費者・家計部門の機械化と商品化（財やサービスの購入）を意味する。

この過程は、産業化の後発国日本では、各種の家電製品や乗用車の普及に始まって、とくに徹底的に進行し、家事の面だけでなく、レジャーの面にも広く浸透した。パチンコ、カラオケ、テレビゲーム（ゲーセン）、アニメ（テレビや映画）などはレジャーの商品化の例であり、いわゆる白物家電の普及や、テレビ・ビデオ、ファミコンなどはその機械化の例だといえよう。

もちろん、その間、すでに一九五〇年代から始まっていた第三次産業革命や第一次情報革命

の同時並行的進行の影響が、第二次産業革命の成熟過程にも及んでいたことはいうまでもない。そしてこの分野では、日本は依然として世界のトップ走者であり続けている。

前者すなわち第三次産業革命の影響は、消費者・家計の利用するサービスや機械のコンピュータ化、ネットワーク化となって現れつつあるし、後者、すなわち第一次情報革命の影響は、それらのパーソナルな（あるいは非ビジネス）利用の形で現れつつある。また、新しく生まれてきたカーナビやケータイ、あるいはパソコンやデジカメないしデジタル・ビデオカメラからさらにはペット型ロボットの普及が、第三次産業革命を主導する新産業の立ち上げや、第一次情報革命を主導する「智業」や「智民」の活動の有力な支援手段となることも、十分考えられる。しかし、それらは決して、それ自体としては第三次産業革命や第一次情報革命の「主流」にはなり得ない。情報革命ないし「ＩＴ革命」の世界的な進展が現実に進んでいることに遅ればせながら気づいた現在の日本では、過去の消費者用機械としての家電製品の成功をそのまま未来に投影したかのような「情報家電」論が、情報革命の今後の展開の方向として喧伝されることが多いが、それは過去（のめざましい成功）にとらわれすぎた議論ではないだろうか。たとえば、第三次産業革命の真の「成熟」は、おそらくはまだこれから何十年もたって、第三次産業革命を代表する新産業や新経営組織が「突破」を完了した後にようやく起こり始めるはずの事態であって、それを第二次産業革命の成熟の直接の延長線上に、いささか性急に期待しようとするのは、社会変化の性格を見誤る危険をはらんでいるのではないだろうか。(27)

(3)　第三次産業革命の突破

第二次産業革命の基本的特質が、産業化（機械化と商品化）の消費過程への拡大であったとすれば、第三次産業革命のそれは、産業化の、情報処理・通信過程へ、さらにいえば人々の思考・コミュニケーション過程への拡大だということができるだろう。今日、「知的財産権」の強化を要求したり、「ビジネス・メソッド特許」ほか各種の特許権の獲得に狂奔したりする企業が増えたことは、明らかに第三次産業革命の進展と密接に関係している。

この意味での第三次産業革命は、一九五〇年代のコンピュータの出現と共に出現した。言い換えれば、第三次産業革命の出現局面を主導してきたのは、コンピュータ産業だった。

第三次産業革命のS字波それ自体を、さらに細かく、「出現」、「突破」、「成熟」の小S字波に分解してみるならば、恐らく「突破」の小S字波の出現を二〇〇〇年代初頭に、「成熟」のそれを二〇五〇年代初頭に、それぞれ想定してみることには、それほど無理がないように思われる。「突破」の小S字波もまた、やはりこれまでは存在していなかった新産業（エディンバラ大学のマーティン・フランスマンはそれを「情報通信産業」と呼ぼうと提唱している）[28]に主導されるだろう。だが、それについては後述する。

以上のようなビジョンをまとめて図示したのが、図表2-10である。

この図をもとに、分解のレベルをさらにもう一段あげてみることもできそうである。すなわ

図表２－10　第三次産業革命のS字波複合

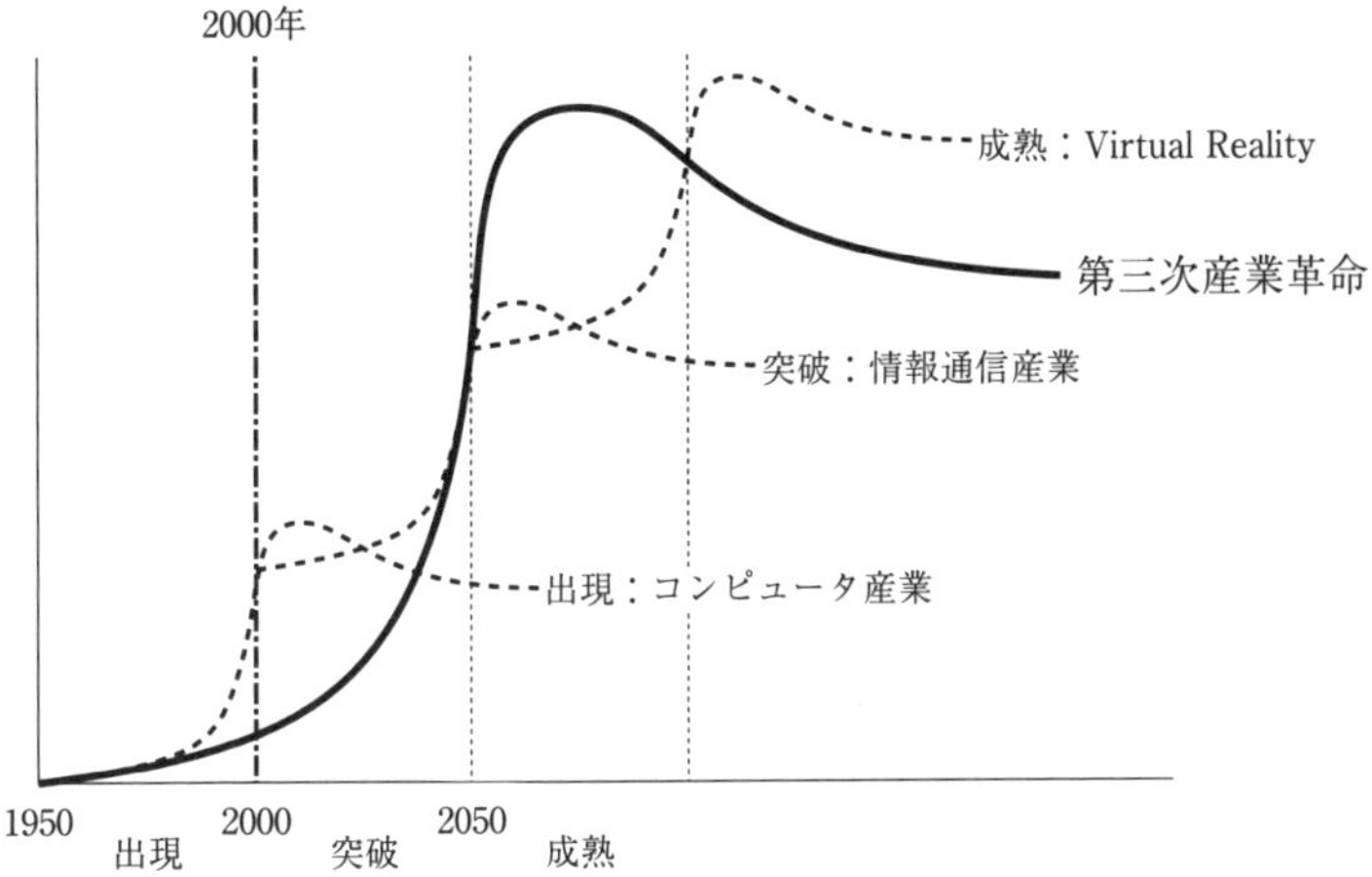

ち、第三次産業革命の「出現」に対応するコンピュータ産業の小S字波は、

(1)　出現の出現：一九五〇年代に出現するメーンフレームのS字波。

(2)　出現の突破：一九七〇年代後半に出現するダウンサイジングのS字波（ICの発明と、それを組み込んだパソコンやワークステーションの普及）。

(3)　出現の成熟：二〇〇〇年代に出現する各種情報通信機器の間のネットワーキングのS字波（クライアント・サーバー・モデルの普及やインターネットの民営化から始まったこの過程自体は、後述する第三次産業革命の突破局面――より正確には突破の出現局面――と少なくとも一部重複している）。

に細分してみることができよう。

そして、二一世紀初頭の現在、第三次産業革命はいよいよ出現から突破の局面に入ろうとしているのだが、ここでもまた、コンピュータ産業の場合について見たのと同様な、新情報通信産業の出現から突破、成熟に対応するより小さな三つのS字波について語ることが可能かもしれない。少なくとも、その第一局面、すなわち[29]

(1) 二〇〇〇年代に始まる「突破の出現」のS字波：全光通信ネットワーク化の波

は、波長分割多重（WDM）通信や、ギガビット・イーサーネット、および広帯域無線LANなどの組み合わせの形をとって、すでにわれわれの眼前にその姿を現しつつある。いまとなってみれば、一九九〇年代のとりわけ後半に喧伝された「インターネット革命」ないし「広帯域革命」は、いわばその前史にあたる過程であったと、解釈できるのではないだろうか。

だが、インターネットの時代の一年は通常の七年にあたる「ドッグイアー」や通常の二〇年にあたる「マウスイアー」だとかいわれるほど変化が速くかつ激しい。新情報通信産業が主導する時代の変化を律する法則は、コンピュータ産業が主導した時代の「ムーアの法則（一八カ月で倍増）」に代わって「ギルダーの法則（一二カ月から三カ月で倍増）」になるとさえいわれるほどである。そういう中では、とくに私のように技術知識の乏しい者には、二五年後や五〇年後の情報通信産業のあり方を予想することはまったく不可能である。したがって、ここではそれは諦めて、次のいくつかの点について読者の注目を促すにとどめておこう。

新情報通信産業への移行

いま始まりつつある第三次産業革命の「突破」局面の性格は、コンピュータ産業の主導したその「出現」局面の性格に比べると、一見読みとりにくいように見える。恐らくその理由は、第二次産業革命の「成熟」局面において、すでにそれなりに高度に発展した電気通信(電話)産業や放送産業が存在していた点にある。そのために、情報通信の領域にこれまでは存在しなかったような「新産業」が出現しようとしていることの意味が、とくに既存の電気通信や放送産業の担い手たちにとってはなかなか理解しにくい。どうしても、既存の電話や放送の延長線上に新主導産業のビジョンを描いてしまいがちになるのである。しかし、新しい「情報通信産業」は、そこでの技術開発の仕組みも、経営の形態や産業の構造も、また産業組織も、すべて既存の電気通信産業や放送産業とは大きく異なっている。ここでは、フランスマンの所論(30)を手がかりに、新産業の性格を、既存の電気通信産業との比較において示してみよう。

フランスマンによれば、一九八〇年代半ばまでの電気通信産業は、回線交換型のネットワーク層を中心に、その上のサービス(電話、ファックス、フリーダイヤル等)層と、その下の機器（交換機や伝送システム、および顧客の宅内機器）層という、三層構造を持っていた。一般に（フィンランドを例外として）、ネットワーク層は独占体としての電気通信事業者が保有し、サービスも独占的に提供していた。他方、機器の提供は、アメリカのように独占的事業者がみずから行う場合と、それ以外の諸国のように、比較的少数の専門的機器製造事業者に委ねる場合とがあったが、概していえば、これら三層の間の関係は、準垂直統合（quasi-vertical integration）型であったということができる。(31)

このような産業構造のもとでは、「技術革新のエンジン」としての役割を果たしたのが独占的通信事業者の中央研究所になったのも当然のことだった。みずからが機器のユーザーでもある独占的通信事業者が基礎研究開発や機器の基本設計を行い、機器製造事業者が応用研究や機器の大量生産を行うという分業が成立していたのである。このような研究開発体制は、比較的有効に機能していた。技術革新のテンポこそそれほど早いものではなかったにしても、技術革新は着実に進んだし、後の新情報通信事業の根幹をなすような各種の技術革新のいくつかも、独占的通信事業者の中央研究所から生まれたのである。(32)しかし、時間の経過と共に、機器製造事業者の独自の技術開発力が次第に増大していったことも事実であった。

このような構造が変化するきっかけとなったのが、一九八〇年代の半ばに日本、欧州、米国でいっせいに行われた、電気通信事業への競争の導入であった。その結果、まず日本の第二電電のような新規参入事業者（NCC）が各国に台頭し、いまや十分強力となっていた機器製造事業者の提供する技術を「ブラックボックス」として購入して、電気通信市場、とりわけ長距離電話市場に参入していった。さらに一九九〇年代には、米国のワールドコムやクウェスト、レベル3、英国のコルトやエナージス、ドイツのマンネスマンなどの「新新」通信事業者が台頭して、より競争的な事業を展開した。旧い技術やネットワークの「負の遺産」を持たないこれらの新興事業者は、新規の投資やグローバルな買収・合併を次々と行って、旧来の電話やファックスのサービスに加えて、各種のデータ通信サービス、とりわけパケット交換型のサービスをも自社のサービス・メニューに「バンドル」[33]しつつ、「設備基盤を保有して、エンド・ツー・エンド、ワンストップ・ショッピングのサービス展開を行う」巨大企業体として急成長してきた。加えて、これらの「新新」事業者は、自社内での研究開発投資をまったく行わず、技術開発から技術者のリクルートにいたるまで機器製造事業者に全面的に依存することで、事業規模や範囲の急拡大を可能にした。つまり、一九九〇年代の電気通信産業の「技術革新のエンジン」は、独占的通信事業者の中央研究所から、専門的機器製造事業者の研究室に全面的に移転してしまったのである。

しかし、この種の「新事業者」や「新新事業者」の台頭とそれを迎え撃つ「既存事業者（インカンベント）」の間の競争は、恐らく過渡的な現象にすぎない。[34]既存の事業者にならぶ競争的新事業者が次々に登場するという形で一見華々しく進んだ電気通信事業の体制改革は、その背後に、電気通信産業そのものの再編成、すなわち第三次産業革命を主導する「新産業」としての「情報通信産業」の出現、具体的にはＩＰネットワークを中心として、その上下に多数のサービス層を持つ産業の出現という、より根源的な変化を秘めていたのである。二〇〇〇年の終わりに見られたＡＴ＆Ｔやワールドコムのような長距離通信事業者の事業分割は、大規模合併、バンドル化路線の失敗を端的に示すものであった。[35]

フランスマンによれば、この情報通信産業は、従来の電気通信産業とは違って、六層の構造を持ち、それぞれの層は別々の企業によって担われている。すなわち、

第六層：顧客層
第五層：アプリケーション・コンテント層（ブルームズバーグ、ＡＯＬ等）
第四層：ナビゲーション・ミドルウエア層（ヤフー、ネットスケープ等）
第三層：接続層（ＩＡＰ、ＩＳＰ）
第二層：ネットワーク層（ＡＴ＆Ｔ、ＮＴＴ等）
第一層：機器・ソフトウエア層（ノーテル、シスコ、ノキア等）

がそれであって、第二層と第三層との間に「ＩＰ（インターネット・プロトコル）インターフエース」が入る。[36] もちろん、ここでのネットワーク層は、これまでのような回線交換型のネットワークではなくパケット交換型のＩＰネットワークによって構成される。[37] そしてフランスマ

郵便はがき

料金受取人払

目黒局承認

2228

差出有効期間
平成15年1月
25日まで

153-8790

226

東京都目黒区下目黒1−8−1
アルコタワー 11F
NTT出版株式会社 行

ご購入区分	1.自分で購入　2.会社・団体で購入　3.受贈　4.その他(		
フリガナ		性別	年
お名前		1.男　2.女	
ご住所	〒 E-mail：　　TEL		
お勤め先または学校名			
職種または専門分野			
購読されている新聞・雑誌			

＊データは、小社用以外の目的に使用することはありません。

図表２－11　新情報通信産業と旧電気通信産業の比較

新情報通信産業	旧電気通信産業
開いた技術革新システム	閉じた技術革新システム
低い参入障壁	高い参入障壁
多数の革新者	少数の革新者
共通知識ベース	分断知識ベース
強い革新誘因	中程度の革新誘因
急速で同時並行的技術革新 新型技術革新（遠く散らばった革新者たちによる同時並行的で協力的な技術革新など）	緩やかで継起的な技術革新： 研究～原型～試験～カットオーバー

ンは、回線交換型のネットワークに取って代わるＩＰネットワークの新しい特質として、次の四点をあげている。

1．このネットワークは、データ伝送ばかりか、音声伝送についても、旧ネットワークより優れている。

2．新ネットワークが採用する通信プロトコル（ＴＣＰ／ＩＰ）は、技術的に異なる各種のネットワークの間をつなぐ架け橋の役割を果たす（それは、輸送のコンテナー化と同様な効果を、通信に対して及ぼす）。

3．ＴＣＰ／ＩＰは、第三から第五にいたる新サービス層のためのプラットフォームとなるばかりでなく、それらの層の一つ、あるいはいくつかに特化した「設備を持たないサービス提供事業者」という新しい事業分野の出現を可能にする。その結果、一九八〇年代以降のコンピュータ産業に見られたのと同様な、「垂直特化」型の産業構造が可能になる。

4. 新情報通信産業のすべての層に、コンピュータのハードウエアとソフトウエアが入ってくることで、情報処理と通信の一体化が行われる。

その結果として、新情報通信産業の技術革新システムは、旧電気通信産業のそれとは質的に異なったものになる。(38) フランスマンは、この点について、図表2-11のような対照表を示している。

新情報通信サービス

次に、これからの主導産業となる情報通信産業を構成する各層の特質について考えてみよう。第三次産業革命もまた産業革命である限りは、産業化の基本的特質である機械化と商品化という二つの傾向がここでも貫徹することはいうまでもない。そのことは、第三次産業革命が「突破」の局面に入って、主導産業がこれまでのコンピュータ産業から情報通信産業に交代しても、変わるはずはない。

つまり、情報通信産業の主導する局面では、ありとあらゆる事物(場所や個物)が自動情報通信機械となって、情報通信機能を発揮するようになるだろう。これまでは、「通信」といえば当然人間相互間の、文字や音声あるいは画像を通じた通信であって、それを通信機械や、通信サービス産業が部分的に代行すると考えられてきた。ビデオ画像をオン・ディマンドでふんだんにとろうとしても、通信帯域やコンピュータの処理能力が圧倒的に不足している、といった嘆きもそれを前提としていた。逆に、人間がコミュニケーションに割ける時間は、たかだか一日の何分の一でしかないのだから、通信産業に対する需要の大きさにはおのずと限度があって、そんなにやみくもに帯域を増やしてみても、需要なんかでてくるはずがない、という悲観論も同じ前提に立っていた。しかし、日本の村井純やカナダのビル・セントアーノーが常に強調するように、これからはありとあらゆる事物や場所（人体をも含む）に通信装置が組み込まれて、相互間での通信が時々刻々行われるようになり、その結果に基づいた評価や意志決定、行為の代行が行われるようになる。そのほとんどは、人間の意識にはのぼらない、あるいは人間の注意を喚起することのない機械間の通信であって、それに比べると、人間相互間の通信は、動画像の通信まで含めたところで、ほんの九牛の一毛にしかあたらないウェートを占めるにすぎない。われわれはいま、そのような意味での社会の通信能力の爆発する入り口に立っているのである。

社会の通信能力が爆発的に増大する過程で、情報通信機能を専門に担当する多種多様な情報通信デバイスは極端に小型化して、事物の内部に埋め込まれたり、ソフト化してネットワーク上に載せられたりするようになるだろう。(39) 加えて、各社会的主体（個人や組織）の情報通信行為のますます多くが、商品サービス化して他主体にアウトソースされるようになるだろう。言い換えれば、これまでには見られなかったような新しい種類の情報通信サービスが、ビジネスとして提供されるようになるだろう。もちろんそのことは、各社会的主体が自分自身では情報通信行為を行わなくなるということを意味しない。逆である。各主体の携わる行為のますます多くの部分が情報通信行為になる一方で、その一部が、どんどん機械化し商品化していくのが、これからの時代の姿になるだろう。[40]

そうだとすれば、情報通信の伝送路となるネットワークや、それに含まれる各種のデバイスも、機械間の情報通信や、ビジネスとしての情報通信の増大に対応できるように、高速・広帯域化すると同時に高貯域（storewidth）化していかなくてはならないだろう。ジョージ・ギルダーは、そのような時代の情報通信の新技術パラダイムを、「スペクトロニクス」のパラダイムとして定式化しているので、彼の説くところを手短に紹介しておこう。

ギルダーは、コンピュータ産業主導から情報通信産業主導への局面の転換を、いち早く予想していた。それは、一方では通信の広帯域化によるコンピュータの空洞化を意味する。この空洞化は、情報通信デバイスが持つストーレッジ（貯域）の大容量化によってさらに加速される。[41]他方ではそれは、通信の全光化を意味する。それに伴って、メッシュ型に設置された高密度多重（DWDM）光幹線網上で、個々の波長（λ）間の「波長回線交換」が復活するからである。[42]ギルダーはいう。

ネットワークコンピューティングの時代には、帯域とならんで貯域が重要になる。いまやウェブのページだけでも、三〜四億ページにのぼり、毎日一〇〇万ページずつ増えている。有名なポータルのエキサイト・コムは、二年もしないうちに四九テラバイトのストーレッジを使った。アマゾン・コムは六カ月で四二テラを使い、さらに急速に増え続けている。メール・コムは、四五日で二八テラ使った。

この面では、フラッシュ・メモリーの進化の速度を、ハードディスク・ドライブのそれが追い越した。ギルダーの『マイクロコズム』[43]での予測は大はずれに終わったのだ。過去一〇年、後者の能力増大速度は、コンピューティング・パワーのそれを五〇%上回ってきた。

こうしてコンピュータは自立的計算エンジンであることをやめ、テレピュータあるいはテレストアーになる。(中略)それに続いて発展する分野が、二〇〜五〇ギガのコントローラーつきディスク(これがテレビキラーになる)と、それが可能にする、写真、テレビ・ショー、ドキュメンタリー、文書、カタログ販売、レコード・アルバム、コンサルティング、テレビ会議、マルチメディア求愛、新聞、バーチャル・モール・クルーズ、オフィス・アプリケーション、などのサービスだ。そしてこれからは、こうしたストーレッジ機器が、ある程度のプロセッシング能力を備えて、コンピュータを介さずにネットワークに直接つながるようになっていく(中略)その結果、サーバーが王で、クライアントが貴族で、ディスクが周

辺機器というこれまでの階層関係は崩壊する。（中略）

これで、ストーレッジは、サーバーのハードやOSあるいはファイル・フォーマットにしばられなくてもよくなる。データはHTMLの後継者としてのXML（extehsible markup language）で書かれ、JAVAでアクセスされるようになる。ネットワークは一〇ギガビットイーサーとWDMになる。ネットワークでの通信速度が、コンピュータ内のI／Oの速度を上回ってくると、後者は前者に吸収されていくのだ。コンピュータの一体性は空洞化し、ディスクドライブやプリンターやキーボードやプロセッサーは、ネットワークのどこにあってもよくなる。そして情報インフラの核心は、ストーレッジの倉庫と、その中のオブジェクト指向でマルチメディア中心のデータベースになる。（中略）新ミレニアムのスマート・ソリューションは、ダム・ネットワークとステューピッド・ストーレッジになる。この両者をパラダイム的に「浪費」することで、人は光速と寿命の限界を突破しようとするのだ。

ギルダーはさらに、新パラダイムのもう一つの側面としての全光通信による「波長回線交換」の復活については、次のように述べている。

新パラダイムをもっともよく体現しているのは、三六の光学特許を持つ三八歳の技術者のサイモン・カオが率いるアバネックス社と、同社の対称多重・非多重装置パワーマックスだ。

この装置は、多数の異なる波長を持つ信号源からのさまざにに異なる速度のビットストリームを一つにまとめて、一本の光ファイバーに載せて一方の端から送り出す。他方の端で、それを別々の波長に分解して、それぞれの目的地に送る。それは、（中略）WDMで始まった静かな革命を完成させ、パケット交換のこの三〇年の進歩を逆転させ、回線交換のエレガントな贅沢さを復活させる。それもいまや光のパワーのおかげで何百万倍にも高めてである。パワーマックスの背後には、今日のネットワークをまったく作り替えてしまう新原理がある。

情報革命が光化の段階にいたった今日、基準となる豊饒さは、半導体から帯域に移った。それと共に、ネットワークの世界にも再逆転が起こり始めた。もはや、過去三〇年のように帯域の節約に汲々とすることはない。これからは、一レーンのビットストリームにできるだけ大量の情報パケットを詰め込もうとする企業ではなく、帯域を浪費して各レーンは能力以下で使われている、ゆったりしたマルチレーンのハイウェーを構築しようとする企業が勝つだろう。これからのネットワークが必要としているのは、そのおのおのが端末間の回線として機能しうる、アドレス可能な何百万色もの赤外線ビームの集まりになる。IPがなくなることはないにしても、それが処理されるのはネットワークの縁においてのみとなる。[44]メッセージをパケットに切り刻んで、時分割多重で同一のレーンに流し込むことは、もはや不必要になる。波長回線がそれに取って替わるのだ。[45]

最初のうちは、その終点はインターネットのハブやデータセンターに置かれたジュニパー社かシスコ社の巨大なルーターになるだろう。しかし、やがて波長回線は着実に前進して、大都市のネットワークの中や、大企業の構内間に、最後には個々の企業から近隣にまで到達するだろう。（中略）

結局、帯域の浪費によって、光通信には通常の意味での交換が不要になる。それぞれの波長を「電話番号」のように使い分けることが可能になるからだ。しかも、一つの番号だけでテレビ会議がやれるほど大容量の送信が可能になるのだ。

インターネット上のメタサービス

ＩＰネットワークの上でレヤー別に提供されるようになる各種の情報通信サービスのあり方と、それが情報通信産業の構造に及ぼす影響については、ケビン・ワーバックの「ＭＳＰ（メタサービス・プロバイダ）」論が、示唆するところが多い。そこで、彼の所論のエッセンスも要約紹介しておこう。[46]

ワーバックは、情報通信ネットワーク上での通信サービスを提供するキャリアーや、コンテント・プロバイダの大手にとって、インターネットの急激な拡大が生み出すボトルネックを解消するための、新しい種類のネットワーク・サービスが緊急に必要とされるようになったという視点から、ＭＳＰの台頭について論じている。

ワーバックによれば、インターネットの急激な成長に対処するには、通信帯域や機器の情報処理能力を増やすだけではとうてい足りない。ユーザー数やトラフィック量が激増しただけでなく、いまや多くのユーザーが広帯域のパイプを持つようになりつつあるからである。とりわけ難問は、彼らの多くが同時に同じサイトにアクセスしようとする場合に、これをどう処理するかである。それに対する最初の答えが、アクーマイ社が先頭を切って始めた「コンテント分散サービス」であって、単に「インターネット・データ・センター」に置かれるホスト・サーバーの能力や数を増やすだけは、通信需要のピーク時への対応方式としては費用がかさみすぎるために、このコンテント分散サービスがにわかに注目を集めるようになってきたのである。

この新サービスは、既存のインターネットと並行する独自のバーチャルなメタネットワークを構築し、その上での新サービス（つまり、メタサービス）を提供するもので、それに伴って、基本的な伝送サービスと新付加価値サービスとが分離してき始めた。そこで、ワーバックはこれを、ネットワーク・サービスの分層化の新段階でもあると位置づけている。これまでも、ISPによるインターネット接続サービス、ISPに対する幹線のルーティング・サービス、ユーザーに対するウェブ・サイトやアプリケーションのホスティング・サービスなどが、垂直統合されるのではなくて、レヤーごとに分離して提供されるようになってきてはいたのだが、今や情報配信自体も別個の分散的サービスとして分離され、新しいレヤーとしてのバーチャルなエンド・ツー・エンドのネットワーク上で提供されるようになりつつあって、そのためのプラットフォームが、情報通信ネットワークの新たな価値核となりつつある。つまり、単にネットワークのパフォーマンスが向上するだけでなく、情報通信産業内の各レヤー間のパワー・バランスが変化しつつあるというのが、ワーバックの主張なのである。(47)

ワーバックは、以上のような分析を前提に、さらに次のように主張する。すなわち、こうして新しく出現してきたメタサービス・プロバイダたちは、インターネットの縁とかコアでなく、別の平面（メタネットワーク）にいる。彼らが提供するメタサービスは、インターネットのオペレーティング・システム（OS）、つまりその上に他のサービスやアプリケーションを載せるための基本的プラットフォームの一部として進化していくことだろう。インターネット上に新たに構築されたこのバーチャル・レヤーは、電話のシステムの上に構築された「信号網」とは違って、通信のコンテント自体をも運ぶばかりか、少なくともいまのところは、オープンなプロトコルの上に構築された分散的システムになっている。ただし、この新レヤーが将来ともオープンであり続けるかは未定というほかない。インターネットがオープンで分散的なシステムとして出現してきたという過去の経緯は、それが今後もそのようなシステムであり続けることの保証にはなり得ないからである。

多くの人々は、インターネットは本来的にオープンであって、サービスの内容はエンド・ユーザーが規定できると考えている。だが現実には、今後もそうであり続ける保証はどこにもない。確かに、今日のインターネットの中核部には、ケーブル会社のように不可欠の資源を独占的に支配しているプロバイダはいない。しかし、インターネットにも、その進化の過程でいろんなボトルネックが出現することは不可避である。そして、現在台頭しているメタサービス・プロバイダが、将来のインターネットOSの作成者・保有者になっていったとしたらどういうことになるだろうか。もちろん、新情報通信産業の中に、新種の事業者としての強大なメタサービス・プロバイダが出現してくること自体は、悪ではない。問題は、彼らが排他的に行動するようにならないかということだ。だから、未来のインターネットをオープンで分散的なものにしたければ、現在FCC（米連邦通信委員会）が推進している「アンレギュレーション」政策ではなくて、適切な介入が必要だというのが、情報通信政策に関するワーバックの提言である。

(4) 第三次産業革命の成熟局面のあり方

さて、以上見てきたような方向に第三次産業革命の突破が進んでいくとすれば、おそらくは二〇五〇年ごろに到来すると思われる、第三次産業革命の成熟局面に対応する「第三の小S字波」は、どのような性格を持ち、どのような新産業によって主導されることになるだろうか。

この点について考えようとすれば、過去の経験を振り返ってみることが有用である。すなわち、第一次産業革命は、人々がこれまでは自家生産していた製品の多くを、市場で購入される商品に変えた。第二次産業革命は、人々の「消費」生活の中にも多種多様な機械を普及させた。

また、第二次産業革命の成熟局面においては、消費者用機械に加えて、これまでは存在しなかった新素材としてのプラスティックスその他の化学合成物質（人工肥料、薬品、化繊等）が、大々的に生産され利用されるようになった。消費者用機械にしても、化学合成物質にしても、その端緒的な出現は、すでに第二次産業革命の突破局面において見られてはいたが、それが大量生産・使用されるようになったのは、その成熟局面においてであった。その結果として、第二次産業革命の成熟期での人々の生活環境は、道路から建物、あるいはその上や中で使用される事物やサービスのほとんどすべてが、人為的に生産され制御される「人工物（artifacts）」に満ち満ちたものになってしまった。またそれに伴い、かつて村上泰亮が指摘したように、産業社会での人間生活のリズムは、機械のリズム、すなわち自然の時間の経過や昼夜の別、あるいは気象や気候条件の変化とは無関係に営まれる、人工的なリズムになってしまった。[48]

それでは、第三次産業革命が成熟局面に入るころには、人々の生活環境やライフスタイルは、さらにどのように変化していくのだろうか。

恐らくもっともありそうなことは、サイバースペースの中の「仮工物」とでもいうべき人間の産物、つまり、人間の感覚器官には、通常の現実世界に存在する自然物や人工物よりもはるかに大きなリアリティを持って迫ってくる各種の事物に、人々が常時取り囲まれて過ごすようになることである。これらの「仮工物」、つまり通常の言葉でいう「バーチャル・リアリティ」は、既存の人工物とは独立に存在することもあれば、それらに付随して（「オーバーレイ」されて）存在することもあるだろう。そうした仮工物こそ、第三次産業革命の時代の新素材、とりわけネットワーク上に出現する新素材というにふさわしいものになるだろう。だが、人々の意識の中では、人工物と仮工物との間の厳密な区別は、取り立てて自覚されなくなるのではないか。しかも、それらの仮工物の少なからぬ部分は、「人工生命（AL＝artificial life)」ないし「仮工生命（VL＝virtual life)」として、つまり従来の機械よりははるかに洗練された自動的・自律的な機械（つまり、主体の行為の代行体）として、多種多様なサービスを人々に提供するようになっているだろう。現在、「エージェント」あるいは「コンピュータ・ウィルス」などという言葉で呼ばれている通信ネットワーク上の自動機能体は、この意味での「仮工生命」のはしりにあたると見ることができそうである。言い換えれば、それこそが、第二次産業革命成熟期の消費者用機械（乗用車や家電）にあたる第三次産業革命成熟期の情報生活者用機械にほかならないと思われる。

5 情報化のS字波

ところで、本章の3で見たように、S字波の枠組みからすれば、近代化の第二の波である産業化の成熟局面にあたる現代は、同時に、近代化の第三の波である情報化の出現局面にもあたっている。そして、産業化の波を、第一次から第三次の産業革命を示す三つの小さなS字波に分解してみることができるとすれば、情報化の波も、それを構成する第一次から第三次の情報革命を示す三つのS字波に分解してみることができるかもしれない。少なくとも、現在は、情報化の波の出現局面に対応するより小さな波としての、第一次情報革命の波の時代だと考えてみることは、十分可能だろう。その場合には、産業化の成熟局面に対応する第三次産業革命のS字波と、情報化の出現局面に対応する第一次情報革命のS字波は、ほぼ重なっていると見なせることになる。そこで、次に、図表2－9（六七頁）と同様な仕方で、情報化のS字波と、それを構成すると思われる三つの小さなS字波とを、図表2－12のように図示してみよう。

いまの時点で、この図が想定している三つの情報革命それぞれの特徴を予想することはほとんど不可能だろう。そもそも産業革命と同様、情報革命もまた三つの波の継起の形をとって展開していくと考える根拠がどこにあるのかと問われると、私自身言葉に窮する。しかし、それでもあえて想像の翼を広げていうならば、たとえば次のような特徴づけができるかもしれない。

すなわち、

第一次情報革命（一九五〇〜）：手段に関する知力、すなわち技術的な意味での情報処理通信能力の増大が主導する局面。その意味での「情報化社会論」が、人々の関心を集める。

第二次情報革命（二〇五〇〜）：目標に関する知力、すなわち人生や世界の意味や価値に関する知識や情報が、さまざまな智業（ないし寡占的大智業グループ）によって競争的に提示されて、人々を引きつけようとする局面。

第三次情報革命（二一五〇〜）：大統合の局面。統合は、手段に関する情報力と目標に関する知力の統合として行われると同時に、競合するさまざまな知的立場の統合としても行われる局面。近代文明（とりわけその成熟局面としての情報文明）は、ここでその最後の進化局面に到達する。それと同時に、近代化の第三局面である情報化の局面は、同時に近代文明の次の文明である「智識文明」の出現の局面でもあったことがようやく明瞭に自覚されるようになり、その性格も明らかになってくる。

といった局面展開が考えられそうである。

しかし、いずれにせよ、これは遠い将来の話である。むしろ図表2-12のような枠組みがとりあえず可能にしてくれるのは、第三次産業革命と同様、第一次情報革命もまた、二一世紀の

図表 2－12　情報化のS字波複合

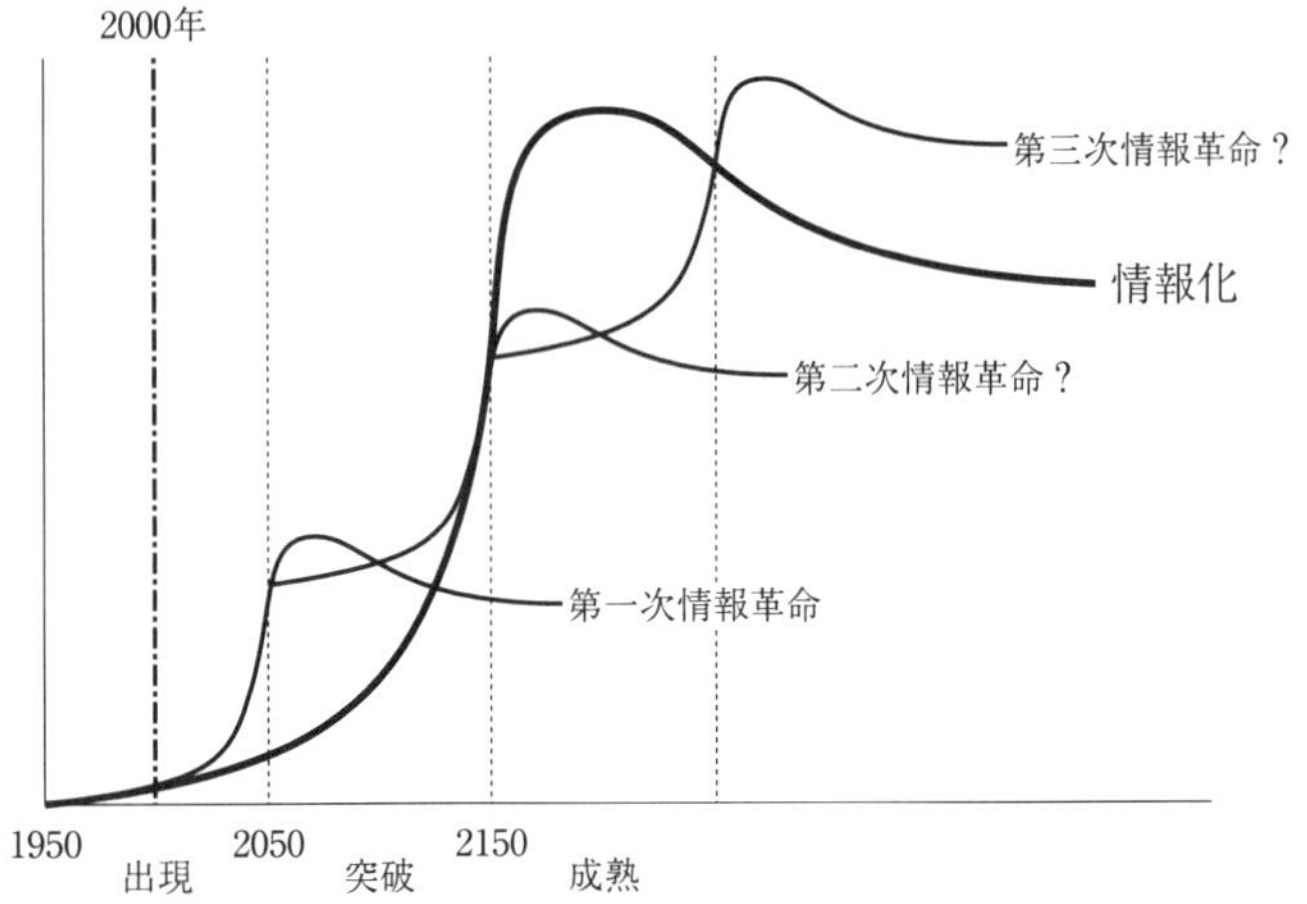

図表 2－13　第一次情報革命のS字波複合

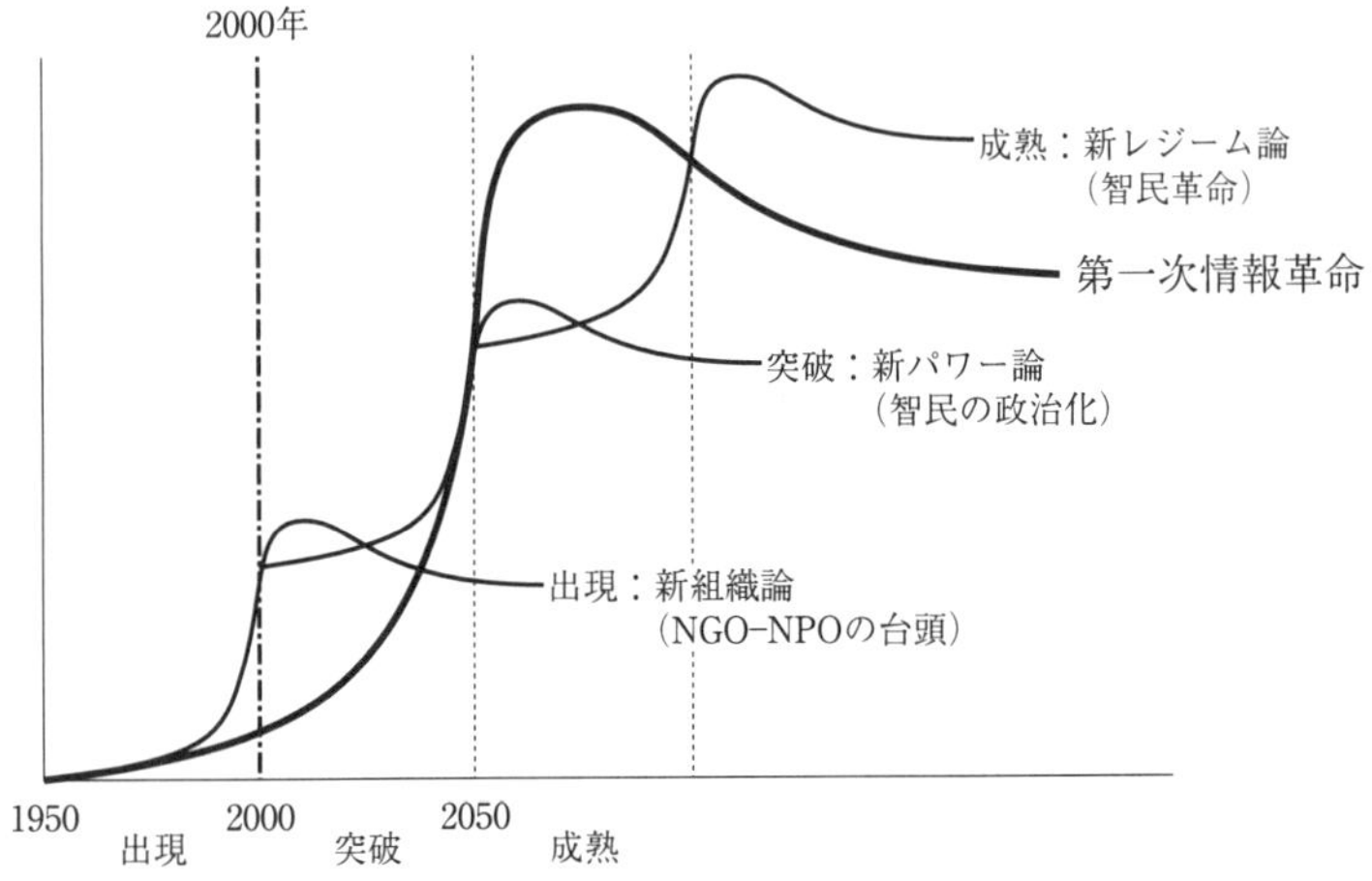

初頭において、出現から突破の局面にさしかかろうとしているという認識である。

そこで次に、これまた第三次産業革命の場合と同様、第一次情報革命についても、それを、さらに小さな三つのS字波に分解してみよう。すなわち、

(1) 出現：一九五〇年代に出現する第一のS字波
(2) 突破：二〇〇〇年代に出現する（と予想される）第二のS字波
(3) 成熟：二〇五〇年代に出現する（と想像される）第三のS字波

への分解がそれである（図表2-13）。そして、その意味を次のように解釈してみよう。

すなわち、本章の2で見たように、産業化の基本的特質が、主体の経済的エンパワーメントと、それを担う新しい組織としての近代産業企業の台頭にあったとすれば、情報化の基本的特質は、主体の知的エンパワーメントと、それをもっとも典型的に代表する新しい主体としての「近代情報智業」や「智民」の台頭になければならない。

この意味での情報化の出現局面を代表する第一次情報革命は、何よりもまず、既存の国家（ないしその政府）や企業とは異なるタイプの主体の出現によって主導されるはずである。すなわち、一九五〇年代に始まった第一次情報革命（の出現局面）を主導する者は、先に見たNGO-NPO（つまり、私のいう「智業」）であったといってよいだろう。そして、二〇〇〇

年代から始まる第一次情報革命の突破局面は、これらの新型組織の構成メンバーとしての「智民」に固有の権利意識や行動様式の台頭ではあるまいか。それは、智業の主導から智民の主導への局面の転換、あるいは智民の「政治化」の局面への転換だとみることができるだろう。そして、少なくとも一つの可能性としていえば、二〇五〇年代に始まると想像される第一次情報革命の成熟局面は、智民たちの政治化の極まるところ、「智民革命」とでも呼ぶことが適切な政治革命によって主導されることになるかもしれない[49]。

しかし、これまたかなり遠い将来の話である。そこで、以下ではむしろ、これまでの情報化の経過の方にまず注目することにして、一九五〇年代以来の第一次情報革命の出現局面、つまりNGO－NPOなどと呼ばれた新型の組織の台頭局面を振り返ってみよう。ここでもまた、この出現局面自体を、さらに小さな三つのS字波の連鎖という形でイメージして見ることができそうである。すなわち、

(1) 出現の出現：一九五〇年代から七〇年代にかけて台頭した「知識産業」論（フリッツ・マハループ[50]）や「脱工業社会」論（ダニエル・ベル[51]）など。

(2) 出現の突破：一九七〇年代後半から八〇年代にかけての「ネットワーク組織」論（リプナック＆スタンプスや社会学者の一部等[52]）や「水瓶座族の共謀」論（マリリン・ファーガスン[53]）など。

(3) 出現の成熟：一九九〇年代にすでにその予兆が見られた「ネティズン」論や「ネティズン」運動[54]あるいは社会進化論としての「ネットワーク社会」論（デービッド・ロンフェルト[55]）など（この過程自体は、次の第一次情報革命の突破局面の開始と、少なくとも一部重複している）。

のような「情報社会論」とでも総称できるような社会論の流れと、それらの関心の対象となってきた一連の新しい社会現象や社会運動を考えてみることができる。

突飛な言い方に聞こえるかもしれないが、第二次大戦後のアメリカ社会に見られた一連の新しい社会現象の少なからぬものは、第二次産業革命の成熟がもたらしたいわゆる「大衆社会」現象や第三次産業革命が生み出しつつあるかに見える「ニュー・エコノミー」現象としてよりもむしろ、ここでいう第一次情報革命の進展に伴って生じている人々の意識や行動の変化として捉える方が、より適切なのではないだろうか。

たとえば、一九六〇年代の後半から一九七〇年代の前半にかけての既成の権威を否定する学園紛争や、ドラッグによる「トリップ」がもたらしてくれる既存の体制による抑圧からの意識や行動の解放を志向したヒッピー的ライフスタイル、あるいは環境問題や生態系に向けられた新しい意識を代表する「意識III」や「グリーニング・オブ・アメリカ」運動など、いわゆる「対抗文化」の台頭は、ある種の「知的エンパワーメント」そのものではなかっただろうか。

知的エンパワーメントは、そのような反体制あるいは体制外のアウトサイダーたちだけでなく、既存の体制の内部にも着実にその効果を及ぼしていった。私の個人的体験だが、一九八〇年代の半ば、いわゆる「日本的経営」論が一世を風靡していたころ開かれた日米経営の比較をテーマとするある国際会議で、アメリカ側の参加者が異口同音に、当時指摘されていた日本的経営の特徴のほとんどは、一九七〇年以前のアメリカの経営にもあてはまると主張したことは、記憶になお新たである。その時のアメリカ側参加者たちによれば、口頭での約束が拘束力を持たないとか、何でもロイヤーが取り仕切るようになったアメリカの経営のあり方は、むしろ近年になって顕著になった比較的新しい現象だということであった。[56] つまり、アメリカにおいては、まさにロイヤーの数の増加と彼らの社会的リーダーシップの増大こそが、既存の体制の内部での知的エンパワーメントを、如実に示す現象だったのではないだろうか。

だが、そういった観点からする二〇世紀のアメリカ社会の変化のより立ち入った検討については他日を期することにして、ここでは、より最近のアメリカ社会に見られる二つの顕著な新潮流にもっぱら注目していきたい。その一つが、人々のアクティビズム、とりわけインターネットを利用した、「サイバー・アクティビズム」の高まりである。いま一つが、「P2P（ピアツーピア）」型と総称されるようになった、人々の行動からライフスタイル、はてはビジネスや政治のスタイルにいたる変化である。

6 サイバー・アクティビズムの台頭

今日、第一次情報革命がそろそろ「突破」局面に入っていこうとするにつれて、あるいは第一次情報革命の「突破の出現」が「出現の成熟」と同時並行的に進展し始めた中で、人々の関心は、観察者としても参加者としても、新型の組織としてのNGOやNPOの性格論よりも、それらの組織やそのメンバーが行う華々しい活動の方に、とりわけ唱道活動一般よりも、彼らが自らの情報力を行使して敵対者を脅迫あるいは攻撃したりする側面に向けられてきつつあるように見える。

その例をいくつかあげてみよう。政府や企業が推進している「グローバル化」に反対して、米国の内外の多種多様な市民たちは、一九九九年一一月のシアトルでのWTO閣僚会議や、二〇〇〇年四月のワシントンでのIMFの会議などに対して、大規模な抗議行動を繰り広げた。とりわけ、多数の逮捕者まで出したシアトルでの抗議行動は、後に「シアトルの戦い」とさえ呼ばれた。さらに、それに続く大統領選挙戦の中では、民主・共和両党の党大会会場周辺に、多数の市民が集まって抗議行動を行った。そうした行動の模様は、いまや世界十数カ所に拠点を持つIMC（インデペンデント・メディア・センター）によって、インターネットを通じてリアルタイムで逐一報道された。IMCは誰が持ち込んだニュースであろうと、当人の責任においてこれを世界に発信するのを仲介すると称している、既存の大メディアの外側にある報道組織である。

「消費者アクティビズム」と呼ばれる、市民による企業批判も相次いでいる。一九九九年の秋には、いくつものケーブル会社を買収して一気に全米最大手のケーブル会社に変身したAT&Tの支配下にあるケーブル回線を、ライバルの事業者に開放せよと要求する運動が、オレゴン州のポートランド市を筆頭に、各地の自治体や市民を巻き込んで、大きな政治運動に発展した。その狙いは、ユーザーがインターネット接続プロバイダを自由に選べるようにするところにあった。電子商取引を通じて収集した個人情報を第三者に転売しているという疑いをかけられたダブル・クリック社には、ユーザーの抗議が殺到し、同社の株価はたちまち四分の一に下がってしまった。いわゆる「ワン・クリック」でのオンライン購入を可能にするビジネス方法を開発して特許を取ったアマゾン・コムに対しても、消費者の批判が集中した。そのため、同社のベゾスCEOは、特許自体は放棄しないものの、これからはこの種の特許の有効期間を短縮していくように政府に働きかけていくことを約束せざるを得なくなった。いまや電子メールを上回る勢いで普及しつつある「インスタント・メッセージング」最大手のAOL社は、同社の新しいソフトウエアを競合他社の同種のサービスとの相互運用性を持たない仕様にしたことへの、激しい批判を受けた。また、靴の一部を低賃金で労働条件も劣悪なベトナムの工場で製造していたとされるナイキ社や、ヨーロッパで販売していたソフトドリンクの一部が汚染されていたという疑いをかけられたコカコーラ社に対しても、大々的な抗議活動が盛り上がった。そうした情報や疑惑がインターネットを通じて流通し、抗議行動への呼びかけがなされたことで、ほとんど一夜にして反企業大連合が成立した。その結果、これらの企業の売り上げは減少し、株価は下落し、長年にわたって築き上げてきたブランドネームへの信頼も揺らいでしまったばかりか、逆にそのブランドネーム自体が、悪の代名詞となってしまったのである。

また、ビジネスの世界にも、すべての顧客や競争相手にソースコードを等しく無償で配布し、顔を合わせたことさえない細分され分散した労働力が、共通の目標をめざして自発的に共働することを可能にする「オープン・ソース」運動に代表される、新しいパワーの台頭が目立ってきた。ビル・ガーリーによれば、(57)今日のソフトウエア産業に見られる最も強力な運動は、オープン・ソース運動の持続的展開であって、これがリナックスのOSやアパッチのウェブ・サーバーのような成功例を生み出している。「オープン・ソースがコードを破壊する」と題されたフォレスター・リサーチ社のレポートは、ソフトウエア業界の現状について、こう論評しているという。いわく、「著作権を持つソフトウエアを扱う企業は、ソフト開発における戦況が突然不利になっていることに気づくだろう。つまり、企業専属開発者という少数の傭兵軍が、インターネットで武装した革命派の大群と闘っているようなものなのだから(58)」と。

このような傾向が今後さらに顕著になり、他方では新たに台頭してくる組織や個人のそうした動きを圧殺しようとする力もより強く働くようになってくれば、先にも示唆したように、第一次情報革命がその「成熟」局面にさしかかる二一世紀の中葉には、智業・智民が政治権力の奪取をめざす「智民革命」さえ、論議の域を超えた実践の局面に入っていくことになるかもしれない。

しかし、ここでは情報化の担い手となる、「知的エンパワーメント」を達成した新しい組織や個人が具現している、新たな「パワー」の性格について、もう少し立ち入って考えてみよう。「IT革命」が喧伝される中で、多くの注目は、その技術革命あるいは産業革命としての性格に向けられている。言い換えれば、情報力が武力や経済力に転化しうる可能性、つまり、新しい産業が出現したり、新しい経済発展（「ニュー・エコノミー」）が起こったりする可能性や、新しい戦争や外交の方式の出現する可能性をめぐって、関心と議論が集中している。情報化がもたらす新たな格差としての「デジタル・ディバイド」でさえ、もっぱら経済力の格差として受け取られ、対策が論議されている。[59] あるいは、「サイバー・セキュリティ」とか、「サイバー・テロリズム」、さらには「サイバー・ウォー」といった言葉を使って、武力として表現された情報力の行使や、それに対する対策の問題が議論されている。

もちろん、情報社会には、情報力の格差がもたらす経済格差や武力格差（ないしはそれを背景とした政治格差）が発生することは当然であり、それらが重要な格差であることも論をまたない。しかし、より本質的なのは、一部の人々の間での「知力」そのものの革命的増進である。つまり、既存の軍事・政治力や経済力とは異なる新しい「パワー」が出現して不均等に分散し、その保有者たちによって、新しい仕方でそれが行使されているという事実である。しかも、この新しいパワーの保有者たちは、必ずしも従来の「強者」や「富者」と同じグループ、同じ社会階層に属して、同じ社会的な場（国際・国内政治の場や市場）で活動しているとは限らない。むしろ、新しいグループ（智業）を作り、新しい場（サイバースペース、あるいは私のいう「智場」）でもっぱら活動している。もちろん、他のあらゆるパワーと同様、この新しいパワーも、それ自体として善悪を云々することはできない。それは、善悪いずれの目的にも使用できる手段にすぎないのである。

この意味での新しいパワー（「知的パワー」）の台頭については、すでにさまざまな人々が驚きと期待を込めてそれに注目している。

たとえば「テクノリアリズム」を標榜する若手の論客で、ニューズウィーク誌によって次世代を担う一〇〇人の米国人の一人にも選ばれたアンドリュー・シャピロは、情報化という「コントロール革命」[60]の結果、個人に向かってのパワー・シフトが起こっていると指摘する。つまり、近代社会では、その情報や資源や経験をコントロールするパワーとしては、国家権力のそれが最強だったが、その後、企業のパワーが拡大し、そして現在では、個人あるいは小グループのエンパワーメントが起こった結果、社会をコントロールするパワーの移転が見られるようになったというのである。その結果、いまや反体制派は、政府に検閲されずに自分のメッセージが流せる。音楽家はレコード会社をバイパスして、ファンのために自作の歌をウェブに載せてダウンロードさせてやることができるし、デイ・トレーダーは株式市場を混乱させてしまう、等々のことが可能になった。そして人々は、新しい仕方で生活費が稼げるばかりか、新たな政治力まで持てるようになったのである。

また、NGO活動家のアレン・ハモンドとジョナサン・ラッシュは、情報化の現局面の特徴を、「サイバー・アクティビズム」の台頭として総括し、次のような説明を加えている。[61] すなわち近年、国家や企業（とりわけ大多国籍企業）のような既成の権力機構とは別の権力体が、「シビル・アカウンタビリティ（智民応託）[62]」を旗印に急速に台頭してきている。そればかりか、最後には（既存の統治機構に取って代わって）彼らが、多国籍企業の力を新しい形で抑制してバランスをとったり、自分自身をも含めた全体としての社会を統治ないし管理する能力（「シビル・ガバナンス」能力）を持つにさえいたる可能性があるというのである。

ハモンドとラッシュの見るところでは、この新しい「智民応託」型組織のパワーの源泉は、現在のところ、それが唱道する大義の訴求・説得力よりはむしろ、それを人々に伝えるコミュニケーション能力にある。何しろ、電子メールや携帯電話、あるいはインターネットのチャットルームなどを使って、かくも多くの人々が地球的な規模で、ほとんど瞬時に、またごく安い費用で、やすやすと情報を交換し、互いに連帯して行動に立ち上がれるようになったのは、人類史上初めてのことなのだからである。しかも、そうした活動は、時間や場所の制約を超えている。物理的な時間がいつであろうと、どこにいようと、移動中であってさえ、彼らはお互いに活発に交信しあうことができるのである。(63)

もちろん、こうした行動のきっかけとなるのは、一部の特定の個人ないしグループによる発言ないし働きかけである。しかし、この種の行動の真の力は、そうした最初の行動が引き金となって、サイバースペース上に巨大な「共通関心のコミュニティ」がほとんど自動的に出現しうるところにある。言い換えれば、そのためにわざわざ大量の人員や資金を動員する必要はまったくないのである。この点で、新しい「智民応託」パワーは、既存の国家や企業が行ってきたキャンペーンとは質的に異なる。

いうまでもないが、このような新しいパワーの発揮が、常に正しく行われるという保証はない。それは突然台頭し、事前に活動の基準が表明されていることはない。活動は、しばしば不正確あるいは不完全な情報に基づいて、あるいはその影響下に始まる。正当な法手続きに従うこともないままに、即座に処罰がなされることもしばしばである。その意味では、この種のパワーの行使は、群衆によるリンチのサイバー版に容易になりうる。(64)

だが、そうした負の側面ばかりではない。「智民応託」が建設的な方向に発展し、未来社会のガバナンス機構の一環に組み込まれていく可能性も十分に看取できる。たとえば、七〇〇以上の人権グループが参加して世論の喚起に努め、ついに、わずか一八カ月という短期間で、多くの政府の反対を押し切って、地雷禁止条約の締結に成功してノーベル平和賞を受けた例がある。あるいは、世界資源研究所（ＷＲＩ）やグローバル森林監視ネットワーク（ＧＦＷ）のように、さまざまな消費財の生産や使用が環境や社会に及ぼす危険をグローバルな規模でモニターし、得られたデータを広く配布する活動に携わるＮＧＯも多数出現している。このような経験からすれば、いずれは「智民応託」のパワーにも正当な枠がはめられて、より系統的で建設的な力として発展し、ついには世界の新しいガバナンスの形態として定着するという期待も十分持てるとハモンドらはいう。

『ギークス』という、はなはだ興味深い著作[65]を著したジャーナリストのジョン・カーツは、彼が「ギークの上昇（The Geek Ascension）」と呼ぶ社会現象について語っている。かつて、コンピュータのフリークとかナード、あるいはゴスやギークなどと呼ばれて学校では蔑視といじめの対象となってきた、コンピュータが大好きで、ネットワークの中でもっとも生き生きと活躍する子供たちが、いまや政府や大企業のような既存の組織にとっても必要不可欠な存在になってきた、とカーツはいう。アメリカのハイスクールでは、一番上位に立っているのがジョックスと呼ばれるスポーツ選手で、次がプレップスと呼ばれる一流大学への進学をめざして勉学に励む子供たちである。一風変わった服装をして、コンピュータやネットワーク・ゲームに熱中している子供たちは、物の数にも入らない。彼らに対する蔑称の「ギーク」とは、もともとサーカスでの最下層の芸人を意味する言葉であった。ところが、このコンピュータ・ギークたちは、「ギーク」という言葉を自分たちの自称としてあえて採用し、やがて「ギークの上昇」に伴って、この言葉は尊称としての意味を持つようになってきたのである。(66) だから彼らはどんな服装をしようが、どんなリベラルな政治信条を持とうが、もはやクビになる心配はない。それどころか、彼らは、いまでは単に厚遇されているだけでなく、社会的には尊敬の対象となり、特別な待遇を受け、(67) さらに自分たちの政治的要求を実現しようとして、行動に立ち上がり始めているのである。

つまり、カーツによれば、「いま出現しつつあるのは二一世紀最初の大政治闘争、個人主義と企業主義との間の闘い」なのかもしれない。若いコンピュータ通のますます多くが、オープン・ソース・ソフトウエア、表現の自由、オープン・インターネット、急進的個人主義などの推進者として緩やかに組織されつつあるからである。彼らは、企業がインターネットに鍵をかけて、それを商業の場として確保しようとする傾向に対して、ますます強く挑戦しようとしている。知的財産権とネットワークのセキュリティをめぐる闘いは、いま始まったばかりである。カーツはいう。企業主義(コーポラティズム)は、新しい現象であって、資本主義や企業とは異なる。それが意味しているのは、巨大化であり、市場の支配であり、マス・マーケティングなのだ。会社はいまや、かつてなく巨大化している。彼らはわれわれの主流文化のほとんどを手中におさめ、いまやインターネットに向かって進み始めたのだ。そのため、無力さと怒りの感情が渦巻いている。以前は、人々は個人としてあって、大企業と共存できると考えられていた。だが、いまはもうそうはできない。それはアメリカのウォールマート化なのだ。つまり、大衆文化の画一化が進みすぎた結果、自覚した個人のよりどころはインターネットになりつつある。そこが、若くてスマートでコンピュータ知識のある自由思想家たちの戦場となったのである。彼らはこの地上でもっとも自由な人々だ。そして彼らは怒り狂っている。「自分たちの」インターネットがマス市場文化に呑み込まれてしまうのを見たくないのだ。どのウェブ・ページにも会社のロゴがあるのを見たくないのだ。既存の政党がハイテク資金に依存しているのを軽蔑しているのだ。

決定的に重要なのは、これらの若者の多くが、政府や企業の技術者の裏をかいて、常に彼らよりも一歩先んじたシステムを作れるということだ。彼らは、いまやリーダーのまわりに結集する用意ができている。恐らくここ一両年のうちに、彼らの間から政治的候補者が押し立てられてくるだろう。その候補者は、企業パワーに対する怒りの強さを知って驚愕するだろう。往年のベビーブーマーたちは、ベトナム戦争が終わると革命を捨てて仕事に戻った。しかし今日の若者は違う。彼らこそ真の革命家だ。彼らを押しとどめることはできない。カーツは、彼らこそわれわれの最後の希望だと考えているのである。

テキサス大学のゲリー・チャップマンによる、「デジタル・ネーション」についての興味深い論評(68)によれば、今日のニュー・エコノミーを支えている人々は、一九六〇〜七〇年代の「対抗文化（counter-culture）運動」の中で育った人々である。当時は、パソコンも大企業のメーンフレーム・コンピューティングからの解放だと捉えられていた。パソコン時代の開拓者たちの何人かは、ヒッピー、コミューン住人、瞑想教師、あるいはキャンパスのラディカルとして出発した。そしていまや彼らは中年になったのだが、そこにあらためて若い世代による新しい対抗文化が出現しつつある。いまや、労働者居住地や大学キャンパスでの活動家のテーマは、ニュー・エコノミーが生み出した不平等、デジタル・ディバイドに関するものになってきた。企業のパワーへの怒りが、新たな不安の源泉になっているのである。今日では、急速に成熟したドット・コム経済は、反逆、異議申し立て、さらにはサボタージュさえものための、巨大な太った標的となりつつある。つまり、状況は六〇年代の若者の爆発に似てきている。だが、中年世代の間でそのことを理解している人は少ない。控えめにいっても、それは皮肉なことだ。なぜなら、「革命的」、「クール」、「転型的」等々の修辞的な用語を恥知らずにも多用してきたニュー・エコノミーのこの新たな体制派たちが、新しい現実を直視すべきときが、いよいよきたのかもしれないからである。

以上、カーツやチャップマンの議論をかなりの共感を抱きつつ長々と紹介はしたものの、私自身は、彼らが（あるいは彼らの論評の対象となっている若い智民たちが）考えているほど、「コーポラティズム」やその下でのインターネットの商業主義化が、とめどなく進んでいくとは考えていない。昨年春以来の「ニュー・エコノミー」の変調は、その傍証だといってよいのではないだろうか。すでに見たように、スーパー産業化としての第三次産業革命の進展は、主導的な産業の構造や産業組織のあり方自体を、大企業体制が支配した第二次産業革命の時代とは異なるものにしていくはずである。さらに、新しい主導産業の経営者や従業員が、智業・智民が主役となるトランス産業化としての第一次情報革命の同時並行的な進展についての自覚や共感を強めれば強めるほど、企業の行動様式もまた変化していくに違いない。だが、それはそれとして、これらの人々の分析や主張は、私の用語でいえば、第一次情報革命がその「出現」から「突破」の局面に入って、智民たちの「政治化」がいよいよ本格的に進行し始める現時点での状況の特徴の少なくとも一端を、鋭く把握し得ているように思われる。

なお、ここで私があえて「特徴の少なくとも一端」という言い方をしたのは、以上見てきたような「サイバー・アクティビズム」は、情報社会の「デジタル・ディバイド」の別の側面だという見方も成立しうると思うからである。

デジタル・ディバイドは通常、情報化がもたらすパワーの格差、より正確には軍事・経済・知識のすべての面での、絶対的な格差として理解されている。すなわち、情報の強者対弱者、富者対貧者、(そして一般にはあまり指摘されていないが) 賢者対愚者の格差がそれである。人々は、情報化という新しいパワーの台頭をも、依然として従来から存在していた軍事力や経済力の一種として理解しがちであって、そこから強者対弱者とか富者対貧者といった言い方がでてきがちなのである。しかし、真の知力は、単なる情報の保有だけでなく、それを理解し活用する側面においてこそ発揮される。理解も活用もできない情報をいかに大量に蓄積したところで、手間と費用がかかるだけで何の役にも立ちはしないのである。その意味ではデジタル・ディバイドの第一の特質は、すでに述べたように「賢者対愚者」の格差にある。

デジタル・ディバイドの第二の特質は、それが絶対的・垂直的な格差というよりは相対的・水平的な格差としての側面が強い[69]点にある。絶対的・垂直的格差という点からすれば、まさに「ギーク」たちこそ情報化のパワーの最大の担い手、現代の賢者であって、情報化のエンパワーメントを享受し得ない愚者たち――その一部は、軍事社会の強者や産業社会の富者である可能性が強い――とギークたちとの間には、知力の大きな格差がある。だから、ギークたちが、何か自分たちが格差をつけられて政府や大企業のなすがままになっているように考えているとしたら、その自己認識は正確とはいえない。

とはいえ現実には、これまでの強者や富者の一部も、当然のことながら情報化のエンパワーメントを享受しうる。そればかりか、部分的・一時的には、彼らこそいち早くその最大の享受者になりうる可能性を持っている。だからこそ、政府が（少なくとも当面）最強の情報検閲者やサイバー・ウォーの主役になりうるし、企業が、（少なくとも当面）最大の個人情報保有・利用者になりうるのである。そしてギークたちが主導する新興の智業は、政府や企業のそうした情報的覇権に挑戦しようとしていると見ることができる。その点からすると、インターネットあるいは私のいう「智場」のコントロールをめぐって、政府や企業や智業が互いに対立・競合するのは、まさにここでいう相対的・水平的なデジタル・ディバイドの、しからしむるところにほかならない。つまり、そのいずれもが情報化のエンパワーメントを等しく享受していながら、その間での（相対的・水平的な）主導権争いが起こっているのである。そして政治的には、そのいずれもが、自己の立場の有利化や正当化をめざして、絶対的・垂直的なデジタル・ディバイドの弱者・貧者・愚者と同盟を結ぼうとする可能性がある。つまり、現代の世界政治は、相対的・水平的デジタル・ディバイドと、絶対的、垂直的デジタル・ディバイドが互いに織り成す中で[70]展開されており、その意味では、世界政治の新しい流れの挑戦を受けているのは、既存の国家や企業だけでなく、新たに台頭してきた智業もまた同様なのである。ただし、ここでいう挑戦とは、対立や紛争に正面から立ち向かって相手を倒す必要だけを意味するものではない。むしろ、過去の闘争や競争に対して共働を理念とする情報社会にあっては、いかにして有効な共働や補完の関係を展開していくかが、それぞれの主体にとっての主要な挑戦になるだろう。

多くの企業にとっての挑戦は、存続を確保しつつ新しい発展をどう達成するかにある。存続にかかわる挑戦としては、企業批判への対処、あるいはとりわけサイバー・アタックを含む企業攻撃への対処や、旧ビジネス・モデルの崩壊に対する対処などがある。これらの挑戦に対しては、力で批判者や攻撃者を直接押しつぶそうとしたり、政府の規制等に依存して旧ビジネス・モデルを延命させようとするよりは、[71]第三次産業革命や第一次情報革命に即した新しい発展の道を模索する中で、存続も達成できるのがより望ましいことは明らかである。そのためには企業は、従来のメンバーや取引相手の枠を超えた新しいメンバー（臨時あるいはパートタイムの従業員なども含む）や利害関係者（とりわけ消費者や投資家、あるいは自発的共働を希望する人々）との間に共働関係を展開していくよう努めると共に、企業組織そのもののあり方を見直したり、新しいビジネス・モデルの構築をめざしたりする必要があるだろう。

国家にとってのさしあたっての挑戦は、新種の犯罪（たとえば、ある種のソフトを購入して自分のパソコンに組み込んで走らせるだけで、他人のコンピュータやネットワークに侵入して犯罪行為が可能になるような「自動化犯罪」、あるいはサイバー・テロ）や、戦争（ネット・ウォーやサイバー・ウォーと呼ばれる、情報通信ネットワークへの攻撃や、情報通信ネットワークを利用した攻撃など）に対する安全の保障である。同時に国家は、新たに台頭してくる智業・智民のパワーとの共働の道を模索しなくてはならない。その例としては、先に見たような条約の締結努力や地球の監視活動などを、智業・智民と共働して行う試みがあげられよう。また、闘争指向型の過激な「革命運動」にリアクティブに対処するのではなく、よりプロアクティブな共働指向型の関係を結んでいこうとする試みも、有用だろう。さらにいえば、新しい法制度（たとえば先に述べたような、情報社会の新しい社会的権利としての「情報権」にかかわる法制度を整備したり、既存の法制度との間の調整をはかったりする）の構築や、さらに進んでは、「eデモクラシー」とか「iデモクラシー」などと呼ぶことができるような、これまでの代表制民主主義の枠を超える、直接参加方式を加味した新しいガバナンス（共治）の体制を模索していくことも望まれよう。

挑戦は、もちろん智業・智民の側にも投げかけられている。何よりもまず、彼らは、自分自身を「弱者」や「貧者」と自己規定するのではなく、みずからが持ちつつある「賢者」としての新しい巨大なパワー——それは使い方如何で、強者や富者になるためにも利用できる——を、はっきりと自覚しなくてはならない。未来の情報社会を「管理社会」と捉えたり、「貧富の格差の拡大する社会」とのみ捉えるのは、国家や企業の知的エンパワーメントの可能性を過大評価する一方で、みずからのパワーを過小評価する誤りに陥るものである。とりわけ、みずからのパワーの無自覚な行使が、他者に与える破壊的な効果の可能性には、よく留意してしかるべきであって、その面からも自己規制と自治ないし共治の秩序の構築には、最大の努力を払うと同時に、他の諸勢力との間では、競合や対立よりは、お互いの間のバランスに配慮しつつ、連帯と共働の途を模索し、実現していかなくてはならない。

情報文明が生み出しつつある新思想

今日の情報社会、とりわけ情報化の先頭に立っている米国の社会に見られる注目に値する特徴は、そうした反省や連帯の重要性を教え、進むべき方向を指し示そうとする思想が、情報化を積極的に推進してきた人々自身の間から、さまざまな形で台頭しつつあることである。米国は決して、市場や競争一点張りの社会ではないのである。

シャピロのテクノリアリズム

たとえば、先に言及したアンドリュー・シャピロは、現実の情報社会が持つ問題点を、一〇個の通念を批判的に再検討することを通じて、明らかにしようとしている(72)。すなわち、

1.「インターネットは本質的に民主的なものだ」というのは、空疎な自明の理であり、危険な考え方だ。確かに設計上はそうかもしれない(多対多の通信、分散システム、非プロプライアタリーな開放性など)が、それらは変更可能なのだ。デジタル時代の権力闘争の中核には、技術デザインがある。政府や企業がデザインを変えてしまうかもしれない。デザイン自体は民主的に使えるようになっていたとしても、その使用の仕方や環境によっては、インターネットが民主主義を抑圧することも十分ありうる。

2.「デジタル時代には言論の自由が栄える」かもしれないが、いくつかの国での例に見られるように、旧来の仕方での政府による検閲や弾圧はありうる。そのほかにも、地位や富による制約もある。誇らしげに語られる「アイディアの市場」でさえ、それにアクセスしうるレベルは、話し手の地位や富によって異なりうる。金を払って発言の機会を増やせる

のだ。そうすると個人や非営利団体や中小企業の声は、ずっと大きい金額を払った連中の騒がしい発言に、かき消されてしまうかもしれない。

3.「政府にはサイバースペースの効果的な規制はできない」という主張は、政府に規制をさせないための嗤うべき詭弁にすぎない。実際には、政府は強腕を振るう以外にも、フィルタリング技術等を使ったさまざまな規制の手段を持っている。西側の自由主義的な国でも、ポルノ規制や暗号化技術の開発・輸出規制や、その立法化を現にやっている。もちろん、あらゆる規制が悪い規制だというわけでもない。

4.「インターネット上では、犬でもそれとはわからない」という警句が示しているように、人々はインターネット上で、いまは自分のアイデンティティを隠せるとしても、いつまでもというわけにはいかない。ユーザーを同定する技術は急速に発達しているだけでなく、それは、多くの面で有用な技術でもある。もちろん、理想的には、自分のプロファイルのどの部分を開示するかはユーザーが決められるように設計されていることが望ましい。しかし、売り手はもっと多くのことを知りたがる。ペンティアムⅢのチップやウィンドウズのOSにはユーザー識別番号がついていて、それをユーザーの同定に利用できるのである。

5.「新技術は、情報強者と弱者の間にデジタル・ディバイドを生み出すか」という問いへの答えは、イエスでもノーでもある。通信インフラのある国とない国の違いは大きいし、先進国でも技術にかかわる不平等は残るだろう。だが、先進国ではネットへのアクセス自体は、誰でも可能になりつつある。むしろ問題は教育、つまりデジタル・リテラシーの獲得にある。

6.「情報はフリー（無料と自由、両方の意味がある）であることを望む」という主張は、半面の真実でしかない。ごく手軽に大量のコピーが可能になっている一方では、情報が世界に通用する貨幣になるにつれて、有力な主体たちはそれを閉じ込めて有料にするための、より巧妙な仕方を開発し始めた。たとえば「コピーライト・マキシマリスト」たちは、事実の集まりであるデータベースにさえコピーライト（著作権）を主張して、既存の法律よりもずっと有利な、それこそ警察も裁判所も不要にするような、コピーライトの技術的保護措置を開発しようとしている。だから、この主張に欠けているのは、情報の保護は（その作者のためだけでなく）公衆の利益のためになされなければならないという考え方だ。つまり、著作権法は、創造性に対する誘因の提供と、価値ある品が公衆の手に入るようにすることとの間の、微妙な憲法上のバランスをとるための法なのだ。コピーライトを保護するための技術革新は、法と裁判所によって注意深く制限されない限り、秤を情報所有者の方に傾けすぎてしまう嫌いがある。それは、公的領域を社会の不利益になるような方向に縮小させてしまうだろう。

7.「インターネットは仲介者を無用の者にしている」という見方も、必ずしも正しくない。第一に、新しいデジタル仲介者が登場して、これまでにはなかったようなサービスを提供し始めた。たとえば、いろんな店の価格を比べるサイトや、オンライン競売の仲介サイトなどが登場している。第二に、アマゾン・コムのような新興のオンライン仲介業者が、既存の仲介業者を押しのけている。それに、とくに低所得者のコミュニティでは、雇用維持のためにも、地方税収のためにも、伝統的な仲介業者の役割は重要なものとして残る。

8.「インターネットは外交の定義を変えつつある」というのは、多分本当だろう。インターネットは本質的に民主主義的だというわけではないにしても、ところによっては、確立した大組織から非営利組織、コミュニティ、さらには個人にまで権力を徐々に移転させることによって、既存の政治的・社会的な階層構造を崩しているようだ。国際関係では、とくにそれが顕著だ。人権グループや国際的救援組織のインターネットを利用した活動を見よ。とはいえ、国際政治の多くは、まだ当分は依然として既存の交渉や意志決定の枠組みの中で行われるだろう。ここでも未来のあり方は、既存の強力な主体が、インターネットの民主主義的なポテンシャルにどれだけ抵抗するかにかかっているだろう。たとえば、暗号の利用が強く制限されれば人権グループの活動は困難になるというように。

9.「インターネットは、異文化間の理解や共感を高める」とは必ずしもいえない。四〇年前には、マスメディアに対して同様な期待が述べられた。今度も、そうなるかどうかは、インターネットの使い方による。インターネットは、情報を無限にフィルターし、パーソナライズすることをも可能にする。だから、インターネットを利用して、自分たちとは違う人とは、かかわりを持たなくてもすむようなバーチャルな入門規制のあるコミュニティ(偏見と自堕落のコミュニティ)を作ることも可能なのだ。事実、多くの人は、既存の偏見をインターネットの中にそのまま持ち込もうとしたがるのではないか。そうなると、共同体内の会話は、無数の孤立した対話に分断されてしまい、共通の公的空間は消滅してしまうのだ。そうなると、たとえば、本来公民として行うべきであった投票への態度も、狭い私的な利害のみを反映したものになってしまうだろう。

10.「インターネットはグローバル資本主義の成長を促進する」というのはその通りだが、気をつけなくてはならない。新情報通信技術によって、市場資本主義は、世界の中でこれまではそれを全面的に取り入れようとしなかった部分にも浸透していく。しかし、それに浮かされて常軌を逸してしまうこともありうる。ニュー・エコノミー論者の唱道する貧困の終わり、産業の「自己秩序化」(つまり極端な規制撤廃)、帯域の無料化、などの議論は、よく吟味してみると、とてもまじめには受け取れないものであることがわかる。それはしばしば、今日のような激動する変化の時代にあっては、政府が中核的な主体にならなくてはならないという単純な真理を、ぼかしてしまう。国家は、民主的な価値を守り、消費者を保護し、商業活動の基本的な規則を定めるために、主導的な役割を果たさなくてはならないのだ。そして、政府が自由な市場は受け入れても自由な精神は受け入れたがらないような地域に対しては、そこに真に開かれた社会を育成していくべく国際社会がコミットしなくてはならない。他方、アメリカのような自由民主主義国では、立法者は社会問題の解決を市場に委ねすぎないよう注意することも大切だ。たとえば、過去数年間、アメリカの産業界は、自主規制に加えて、消費者がオンラインで自分のプライバシーに関する希望範囲を設定できるようにするウェブ・ベースのツールを組み合わせることで、消費者のプライバシーを守れると約束してきたにもかかわらず、実際にはプライバシーは嘆かわしいほどに守られていないままである。いまこそ、われわれは、プライバシーの基準線を確立して消費者がオンラインでも安全にいられるようにするためには、古き良き法と規制が必要なことを認めるべきである。

シャピロのこのような分析と提言は、まさにテクノリアリストの面目躍如というべきものである。とりわけ、インターネットや自由市場への過大な期待をたしなめ、「古き良き法と規制」の重要性を強調している点は、真剣に耳を傾ける価値があるだろう。

シャピロはまた、別の論文では、右の第9の論点をさらに敷衍して、インターネット上のバーチャル・コミュニティを補完するリアルなコミュニティの重要性を強調している。(73) シャピロの懸念は、自分で自分がどんな情報を取り入れるかを人々が自由に選べるようになると、自分の興味のあるものしか選ばなくなるという点にある。それは情報の洪水に対処するには有効な方法かもしれないにしても、その行き過ぎは問題を起こしうる。とりわけ地域のコミュニティの力や結合力を掘り崩す危険がある、というのである。コミュニティが提供してくれる経験の共有こそ、人々の相互理解や共感や社会的な結びつきの基盤となる。既存のコミュニティを掘り崩すものとしてのマスメディアへの批判は多かったが、少なくともマスメディアは、ある共通な経験を人々にもたらしてくれた。ところがオンラインでの経験には、この結合力が欠けている。急速に、より狭い分派に分かれていきがちなのだ。他人を攻撃しても安全だし、攻撃されると、さっさと逃げ出すことも容易にできる。これが、実際の物理的なコミュニティだと、そうはいかない。だが、物理的なコミュニティを築いていくのは時間のかかる面倒な仕事だ。それなら遠く離れた人々との間に流動的で弱いバーチャル・コミュニティの結びつきに頼る方が楽だと人が思うようになると、近くに住む人々との間の永続的で強い結びつきが犠牲にされてしまうのだ。

もちろん、最初から意図的にそうしている人は少ないだろう、とシャピロはいう。しかし、技術というものは常に、意図せざる効果を持つものであって、インターネットもその例外ではない。インターネットの社会的なインパクトに関する最近のある社会科学的な長期研究（the HomeNet study）の結果は、まさにそれを示しており、インターネットの利用は、孤立・孤独・抑うつ感を増大させるという。この研究に対する批判は多いが、より決定的な結果が得られるまでは、この研究が示している危険を本気で受け取って、こうした事態がより悪化したり、実際に根をおろしたりしてしまわないように注意することが肝心だろう。

では、どうすればいいか。シャピロは、次のように提案している。ネオラダイツのいうように、昔に戻るわけにはいかない。デジタル世界での個人的な欲求と共同的な責務との間の調和をはかるためには、よりバランスのとれた現実的な対応が必要だ。一方では、オンラインの冒険やバーチャル・コミュニティに参加することの楽しさを率直に認める必要がある。だが他方では、その種の結合が永続性を持つとか、われわれの心のもっとも奥深い欲求を満たしてくれる力を持っているといった幻想を抱かないことが必要だ。利己的および社会的な両面の理由から、ローカルな場所に焦点をあわせることの重要性を認めよう。理想的とはいえないにしても、真の帰属感を持ち、経験を共有しコミットメント感を生み出せるところは、そこしかないのだ。民主主義と社会正義が第一に達成されるべき場所もそこなのだ。まずは自分の住まいをきちんとすることだ。そうだとすれば、インターネットは、折節の逃避のためだけにではなく、オンラインもオフラインも含めたローカルな責務をより高度に果たすための手段とならなければならないのである。

以上が、物理的な地域コミュニティとそこでのネットワークの重要性に関するシャピロの指摘だが、このような考え方は、私たちが進めてきたCAN（コミュニティ・エリア・ネットワーク）の構築運動の背景にある理念と、ほぼ全面的に共鳴しあうものであり、強く勇気づけられる思いがする。(74)

レニエの反トータリズム

次に、音楽家であると同時に優れたプログラマでもあるジャロン・レニエが最近発表した「反サイバネティック・トータリズム半宣言」(75)の説くところに耳を傾けてみよう。ちなみに、レニエは一九八〇年代の終わりから九〇年代の初めにかけて、「バーチャル・リアリティ」の開発者として名声を博した。また、最近では、音楽家の立場から、いわゆる「海賊版コピー」問題はレコード会社が音楽家をだまして食い物にするためにあおりたてているインチキ問題だと喝破したことでも、注目を集めた。(76)

レニエは、過去二〇年、情報革命のまっただ中にいながら、情報化を推進する一部の人々がしばしば誇示してみせる、華麗な、しかしドグマティックな決定論的歴史観に立脚する未来ビジョンとは、一線を画してきた。だが、情報革命が経済の乗っ取りを通じて社会の主流を捉えて従属させたいま、異端の叫び声をより積極的にあげようとしたのが今回の宣言であって、それは、過去のいかなるイデオロギーや宗教や政治システムよりも、より強力に人間の経験を転換させる力を持つ、彼のいわゆる「サイバー全体主義（cybernetic totalism)」に対する、反対論である。

レニエの見るところでは、「サイバー全体主義」とは、近い将来（二〇二〇年ごろ)、コンピュータが生命と物的世界の双方に対する超インテリジェントな支配者となる時点で発生する、

終末論的な大変動への、驚くべきナイーブな信仰を、その中心教義として持つ思想である。それは、

1. 情報のサイバネティックなパターンは、現実を理解するための究極かつ最善の方法を与えてくれる。
2. 人間は、サイバネティックなパターン以上のものではない。
3. 人間の「主観的経験」なるものは、一種の周辺的な効果にすぎないために、そもそも実在しないか、実在するとしても重要性を持たない。
4. ダーウィンが、その生物学ないしは何かその種のものの中で述べたのは、実は、あらゆる創造性と文化についての、非凡で優れた記述である。
5. 情報システムの量的および質的な諸側面は、そのパフォーマンスが一八カ月ごとに倍増するというムーアの法則に従って加速されている。
6. 生物学と物理学は、コンピュータ科学と融合して(バイオ技術やナノ技術となり)生命と物理的宇宙を共に活性化させ、コンピュータ・ソフトウエアが持っていると考えられている性質を、それらに付与する。しかも、それらのことすべてが、きわめて速やかに起こる。コンピュータは非常に急激に改善されているので、人間のようなそれ以外のサイバネティックな過程のすべてをコンピュータが圧倒し、人間に身近なところで起こる事柄の性

質を根本的に変えてしまうと予想されるが、それが実際に起こるのは、コンピュータの発展が新たな「臨界」に到達するとき、すなわち恐らく二〇二〇年ごろであろう。そしてそれ以後は、人間が人間であることは、もはや不可能になるか、われわれがいま知っているのとは非常に違ったことになるだろう。

といった信念体系によって構成されている。この思想の系譜は、利己的遺伝子論のリチャード・ドーキンスや意識進化論のダニエル・デネットに始まり、霊的機械論のレイモンド・カーツウェイルやロボット進化論のハンス・モラベック、そしてナノテクノロジーのエリック・ドレクスラーへと連なっている。しかし、レニエにいわせれば、これら「サイバー・アルマゲドニスト」たちが犯している決定的な過ちは、理念上のコンピュータと現実のそれとを混同してしまったところにある。現実のコンピュータ、とりわけソフトウエアは、どうにも信用ならないものにすぎない。現実のソフトウエアは、ハードウエアに働く「ムーアの法則」の成果をすべて食いつぶして、それでもまだ足りない「逆ムーアの法則」に従って進化してきた。こんな代物に、われわれの未来をどうして託すことができようか、というのが、レニエの異論の中心論点にほかならない。

なお、レニエが自分の宣言を「半宣言」と呼んでいる理由は、それがコンピュータやデジタル技術の全否定論ではないからである。むしろ、彼はいま、以前にも増してコンピュータ科学の世界で働くことを喜んでいて、デジタルなツールの設計にさいして、より人間的な枠組みを取り入れることはむしろ容易だと思うにいたっている。実際、美しくてしかもグローバルなコンピュータ文化の開花は、すでに始まっている。それは、技術エリートの活動とはほとんど独立に発生し、レニエがここで攻撃している考えを、それとなく拒否しているような文化である。そういうわけで、レニエは、いずれはその側面をも取り入れた完全な宣言を書きたいと考えているのである。

ラインゴールドの新相互行為主義宣言

一九九三年に出版されて、ビジネス界にも大きな反響を巻き起こした『バーチャル・コミュニティ[77]』の著者ハワード・ラインゴールドは、その後、この本に対して寄せられたさまざまな批判や、彼自身のビジネス実践経験、とりわけ失敗の経験をもとにして、「新相互行為主義宣言」(The New Interactivism：A Manifesto for the Information Age) を新しく打ち出した。

ラインゴールドは、この宣言を、「インターネットが可能にしたメディアに限らず、あらゆるコミュニケーション・メディアは本来的に政治的なものだ」という言葉で始めている。確かに、この本でも先に指摘したように、説得は、脅迫や取引とならぶ、他人を動かす三つの主要な力、つまり三大政治力の一つである。したがって、コミュニケーション・メディアの種類や普及度の変化は、政治力のシフトを表すことになるとみてよいだろう。

そこで興味深いのは、ラインゴールドの次のような指摘である。

「大概の歴史家が戦闘や憲法制定会議、あるいは近代民主主義国民国家の設立を規定した文書などに注目するのに対し、哲学者のユルゲン・ハバーマスは、一八世紀民主革命を育んだメディア、すなわちパンフレットや喫茶店での議論、文通による委員会などに注目した」。「市民の関与のもっとも歴然たる表明が戦争や選挙であるとはいえ、われわれはほとんどの場合、自発的・非公式に形成される暗黙の合意や諸関係あるいはコミュニケーションの、網の中で暮らしている。アメリカの市民社会は、さまざまな自発的な組織によって、とりわけ、社交クラブから慈善団体、さらには教育や政治のロビイング・グループにいたる、さまざまな親近性をもとに作られた驚くほど多様な組織によって、織り成されている」。

いかがだろうか。いささか大塚史学的な用語法になることを覚悟の上であえていうならば、ここでラインゴールドが注目している非公式のコミュニケーションの場は、いってみれば「前期智場」にあたり、各種の自発的な組織は「前期智業」にあたるといった特徴づけができるのではないだろうか。

ラインゴールドはさらに続けて、この種の非公式なコミュニケーションの場を、ハバーマスのいう「公共圏」にあたるものとして位置づけようとしている。

「人々が争点をめぐって議論しあい、行動のために結束し、問題を解決しようとする時、彼らはハバーマスが『公共圏』と呼んだある重要な領域における市民として行動しているのだ。（中略）「公共圏」とは、何よりも、そこで世論が形成されるようなわれわれの一生活領域を意味する。公共圏へのアクセスは原則としてあらゆる市民に対して開かれている。私人たちが寄り集まって公衆となるあらゆる会話の中で、公共圏の一部が形作られていく。その時彼らは、みずからの私的な業務を営むビジネスマンあるいは職業人として振る舞っているのでもなければ、国の官僚機構による法的規制に服したり命令への服従義務を負ったりしている法的結合体として振る舞っているのでもない。市民たちは、強制されることなしに一般的な関心事にかかわっている時には、すなわち、自由に集まって連体し、自分たちの見解を自由に表現し公開してよいという保証のもとにある時には、公衆として振る舞っているのである」。

だが、私にいわせれば、これこそ「智場」に集まって「智民」として振る舞う人々の姿にほかならない。これをハバーマスに従って「公共圏」を作っている「公衆」の姿だと見るのは、いささか狭きに失しているというか、「公私」あるいは「国家対企業」の二分法にとらわれすぎた見方ではないかと思われる。それはむしろ、「公私」のいずれでもない、私なら「共」と

呼びたい第三の社会活動領域であり、そこに集う人々のあり方なのである。(78)

つまり、そこでの「一般的な関心事」は、「公的」な事柄、すなわち国家あるいは市民社会のガバナンスにかかわる問題に限られる必要はない。あるいは、「公」と「私」は、「共」という媒介を経てこそ、もっとも安定した共存・共働関係を築いていけるのではないかと思われる。そして、この「共」の領域において人々を互いに結びつける最初のきっかけとなる力こそ、ラインゴールドのいう「親近性(affinity)」にほかならないのではなかろうか。

アメリカにおける「自発的組織」の原型として、ラインゴールドは、アレクシス・ド・トクビルのいう「結社(association)」に言及している。トクビルによれば、

「結社とは単に、複数の人々が一定の信条に対して与える公的な同意の中に、また、それらの信条の普及を一定の方法で促進するために結ぶ契約の中に、存在する。このような形で結社を作る権利は、出版(press)の自由とほとんど重なるものだが、こうして形成されるさまざまな社団(societies)は、報道機関(press)よりも高い権威を持つ。ある一つの意見が一つの社団によって代表されるとき、その意見は必然的により精確で明示的な形をとる。それは、その支持者を結集し、彼らをその大義の実現にかかわらしめる。そうする一方で彼らは互いに知り合いになり、その熱意は仲間の数と共に増大していく。結社は、異なる考え方の持ち主たちの行う努力を一つの方向に団結させ、結社が明確に指し示す単一の目標に向

かって活発に活動するよう彼らを駆り立てる」

のである。私は、この文章を読んだとき、これこそまさに私の考えていた「智業」の姿そのものだと思った。近代以前にも、戦争は広く行われ、大規模な政治権力体（国家）の形成も広く見られたように、また産業化以前にも、生産や商業はいたるところで行われ、それに専門に携わる組織（企業）が形成されていたように、さらには営利を目的とする資本主義的な組織すら社会の一部には形成されていたように、情報化以前にも、コミュニケーションや説得はいたるところで行われ、特定の大義の実現をめざす組織や、さらにはそれを通じて、みずからの名声というか知的影響力を高めようとする知本主義的な組織（智業）も、当然存在していたのである。そして、トクビルの文章が示しているように、そのことへの自覚的な認識もまた成立していたことは疑いない。

これに対し、近代化の第三局面にあたる情報化がもたらしたのは、個別的な情報や知識を創造し通有する能力それ自体の、革命的な増大だったといってよいだろう。それは、産業化が、個別的なサービスや財の生産や運輸の能力を革命的に増大させたのと同様である。また、産業化が、富のゲームに専門に携わる企業の大量発生や、ゲームのルール、ルールを執行するための諸制度、あるいは富のゲームの円滑な進行をさまざまな形で支援するその他の諸制度やインフラストラクチャー、さらにはそれらの文化的・価値的な基盤をも生み出していったように、情報化もまた、智のゲームに専門に携わる智業だけでなく、ゲームのルールやそれを執行するための諸制度、あるいはそれ以外のさまざまな支援制度やインフラストラクチャー、さらにはそれらの文化的・価値的な基盤をも、やはり生み出していくことだろう。私には、ラインゴールドがこの宣言の最後の部分でとくに注目している「社会資本」すなわち「共通の諸問題の解決のために人々が援用できる社会的な信頼や規範やネットワークのストック」の重要性とは、まさに智業の活動の場としての智場に付随する、さまざまな諸制度や文化のストックの重要性にほかならないと思われた。

実は、ラインゴールドとは、二〇〇〇年の二月初め、彼が三度目の来日を果たしたときに、ゆっくり話をする機会を得た。そのさいに、彼が漏らした次の二つの感慨が、私にはとくに強く印象に残った。その一つは、一〇年ほど前に自分が、サイバースペースに生まれた文化について、ものを書き始めたさいに、社会学でのネットワーク論についての知識を持っていたら、「バーチャル・コミュニティ」ではなくて、「オンライン・ソーシャル・ネットワーク」という言葉を使っていただろうし、そうすれば、その後の批判や論争のかなり多くのものは、なくてすんだのではなかったか、という反省であった。もちろん、ラインゴールドが「コミュニティ」あるいは「バーチャル・コミュニティ」という言葉の使用をやめようと思っているわけではない。彼の反省のポイントは、オンラインのサイバースペースに出現するさまざまな組織や相互行為には、いわゆる「コミュニティ」という特徴づけが適切と思われるもののほかにも、社会学者が「弱い結びつき（weak ties）」と呼ぶような多種多様なものがあり得たのだということである。彼の反省はまた、コミュニティそれ自体にもさまざまなものがあり、人々は、いくつものコミュニティに属しながら、さらにずっと弱い結びつきしかないような、さまざまなグループのメンバーになったり、それらと一時的なかかわりを持ったりしていくことで、より豊かで楽しい生活を送ることができるようになるだろう、という見通しをも彼にもたらしてくれたのである。

ラインゴールドの漏らした第二の感慨は、私のいう「智場」の概念にも関係していて、ある事態、とくに新しく出現してきた事態の性格を適切に把握し理解しようと思えば、ただ一つの名前あるいは特徴づけだけでなく、いくつもの名前あるいは特徴づけを併用してみることで、理解の程度をより深めることができそうだということであった。確かに、どれか一つの名前に統一すべきだとして侃々諤々の議論をするよりは、提唱されているさまざまに異なる名前が、それぞれどんな含意を持ち、問題になっている事態のどの側面を照らし出してくれるかを、いろいろな立場や観点に立つ人々が互いに協力して比較検討する方が、ずっと意味があるだろう。そういう見方からすれば、「公共圏」や「結社」といった名前にも、それなりの限界と共に有用性もまたあることは否定できない。

しかしそれにしても、いま生まれつつあるというか、急激に拡大し始めた社会生活空間（私の言葉でいえば「智場」と名づけることのできる空間）は、そのものの本来のあり方としては、ビジネスの場でもなければ、統治（行政）や政治参加の場でもないと思われる。だからこそ、そこにいきなり旧い形のビジネスや行政あるいは政治が乗り込もうとすれば、さまざまな摩擦や反発を引き起こすことは、ほとんど不可避なのである。実際、今回の「新相互行為主義宣言」は、まさにラインゴールド自身が、コミュニティとビジネスを性急に結びつけようとしたことへの反省の上に立って構想されたものにほかならない。

しかし他方、うまい相互関係を打ち立てることができれば、情報社会における智場（あるいはその具体化としてのインターネット）を、ビジネスや統治あるいは政治参加のための「プラットフォーム」として機能させる可能性は、依然として十分に残っているだろう（それはちょうど、産業社会における市場が、医療や教育、あるいは宗教活動や政治活動のような、本来営利のためのビジネスとは直結していなかった活動を、より大々的かつ効率的に展開するためのプラットフォームとしても機能するようになったのと軌を一にしている）。だから、企業や政府をそこから闇雲に追放しようとする必要はないのである。しかし、どのような機能のさせ方が、「プラットフォーム」としてもっとも適切なものとなるかについては、なお検討や試行が必要とされよう。

たとえば、後述するように、購買エージェントとしての「eボット」の使用の可否をめぐってアマゾン・コム、あるいはその顧客が直面しつつある問題は、ことによると、智場と市場を性急に結びつけようとするさいに生じてくるジレンマの一つの典型例かもしれない。情報化によって、売り手と買い手が仲介者を抜きにして直接交渉・取り引きできるようになるという「中抜き（disintermediation）論」も、シャピロがいうように単純にすぎる見方かもしれない。情報化がもたらす技術的な可能性をフルに利用しながら、個人情報の保護をも実現していくためには、消費者と企業が直接接触するよりは、一種の智業としての性格を持つ何らかの別の形の仲介者を通じて、生の個人情報が売り手には伝わらないで、しかも買い手と売り手の双方にとって効果的な取引ができるような仕組みを作り込むことが望ましいかもしれないのである。

同じことは、「公共圏」についてもいえるかもしれない。たとえば、個々の市民が個人として国家と直接対峙するのでなく、それ自身が一種の智業であるような、智場の上の何らかの仲介者的結社（今日一般に用いられている言葉でいえばＮＧＯ－ＮＰＯ）を通じて、政治的影響力の行使ができるような仕組みをそこに作り込むこと、あるいはそのような問題意識に立って既存の結社である「政党」の改革をはかることが考えられるのではないだろうか。さらにいえば、これまでは「行政」が行ってきたさまざまな対市民サービスを、ＮＧＯ－ＮＰＯが仲介・代行することも、十分考えられるのである。

7　P2Pへの潮流

ナプスター現象とP2P

一九九〇年代のインターネット普及に伴って出現した各種のアプリケーションの中で、最も大きな影響を人々の生活に及ぼしたのは、ワールド・ワイド・ウェブ（WWW）であった。ビル・ゲイツはその近著(79)の中で、「ウェブ・ワークスタイル」や「ウェブ・ライフスタイル」の普及を予想すると共に、全従業員に（そして一部は取引先や顧客にも）開かれた分散・協調型の社内情報システムを、ウェブをプラットフォームとして作れと提唱している。お互いに対等な情報基盤に立ってこそ、会社全体のことを考えた提案や、搾取される恐れのない取引ができるというわけである。

ゲイツのこのような考えは、第三次産業革命と第一次情報革命とが同時進行する時代のビジネスのあり方としては、確かに首肯できる。だが、二〇〇〇年になって、それこそ燎原の火のように広がってきた、「ナプスター（Napster）」や「ヌーテラ（Gnutella）」(80)のような、さらにより分散協調的で対等な双方向性を持つ情報通有のためのアプリケーションの普及ぶりを見ると、サーバーの上にいちいちサイトを立ち上げなくてはならないワールド・ワイド・ウェブは、情報化時代の知識や情報の通有システムとしては、まだ原始的なものにすぎなかったように思われてくる。この新しいアプリケーション群は、「P2P型ソフトウエア」と総称されているが、インターネット・バブルが崩壊して、ドット・コムの多くが倒産したばかりか、巨大通信企業からハイテク産業にいたるまで、あっという間に苦況にあえぐようになった二〇〇〇年の産業界で、ほとんどただ一つ、人々の熱狂的な関心を集め続けたのが、この「ピアツーピア（P2P）」のコンセプトだった。(81)

ナプスターは、一九九九年の夏、一九歳のノースウェスタン大学生ショーン・ファニングとその友人によって書かれたコンピュータ・プログラムである。ファニングは本でコーディングを独習し、最初に書いたウィンドウズOS用のプログラムが、このナプスターだった。ナプスターは、とりわけ米国の大学生たちの熱狂的な支持を受けた。プログラムの配布が始まってわずか六カ月で、九〇〇万人がそれをダウンロードし、一年と少しで三八〇〇万人がその登録ユーザーとなるという、コンピューティング史上最も急速な普及ぶりを示したのである。(82) インディアナ大学では、このプログラムが二〇〇〇年の一月にキャンパスのネットワークにやってきたかと思うと、一カ月もしない間に、キャンパスの全トラフィックの六〇％をナプスターによるファイル交換が占めるようになり、放置すれば、数週間のうちに、全トラフィックの八〇％を占めるようになる事態が予想された。このため、大学側はこのプログラムの一時使用禁止措置をとると同時に、ナプスター社と協力してプログラムの一部を書き換え、トラフィッ

クの混雑防止をはかることにしたほどであった。(83)

このプログラムの特徴は、それをダウンロードしたユーザーが、自分のコンピュータを一時的にMP3の音楽ファイル交換のためのサーバーに転化できるところにある。各ユーザーは、ハード・ディスク上に、他人と分け合いたいと思うMP3ファイルを入れておくフォルダーを作るだけでよい。そうすると、コンピュータを起動するたびに、そのコンピュータがサーバーになり、フォルダーの内容の目録が、そこからナプスターの中央サーバーのディレクトリーに送られる。中央サーバーには、どこに何があるかという情報のみが蓄えられていて、ダウンロードしたい人のIPアドレスと、させたい人のそれをマッチングするだけだが、それだけで従来のどんな検索エンジンよりも効率よくファイルを見つけ出せ、後はそのファイルが入っているコンピュータに直接アクセスしてファイルをとってくるだけでよいのである。(84)直接アクセスするといっても、ユーザーからすれば検索して発見したファイルの名前をマウスでクリックするだけでよい。アクセス自体は、いわばユーザーの背後で行われているわけである。

ナプスターの場合は、それでもまだ各人のフォルダーの内容を中央サーバーに蓄えておく必要がある。つまり、このシステムは、「ハブ・アンド・スポーク」型である。また、交換できるファイルの形式も、音楽のMP3ファイルに限られている。だが、次に出現したヌーテラになると、中央サーバーは不要になった。インターネットに接続してサーバーとして機能しているコンピュータのIPアドレスさえ一つわかれば、ヌーテラのプログラムをダウンロードしたコンピュータは、そこから次々にネットワーク上の他のサーバーを経めぐって、自分の欲しいファイルを検索しダウンロードできる。ダウンロードしているファイルが、物理的にどこに存在しているかは、ダウンロードしている側は知ることができない。そして、ファイルの種類は、音楽ファイルに限らず、どんなものでもよい。検索する側が、ファイルの種類を示す拡張子を指定できるのである。このような、誰でもその構築に参加できて、「ピアツーピア」での対等な双方向の情報交換を、事実上匿名で行うことのできる、安価で分散的な情報通信システムが、外部からの検閲や攻撃に対抗できる強靭性を持っていることはいうまでもない。

多くの人が指摘するように、この同じシステムは、研究者の間での手軽な情報交換の仕組みとしても利用できる。[85] あるいはまた、音楽ファイルの「違法コピー」やポルノ画像などを互いに交換し合うためにも使える。その結果、台頭しつつあったドット・コム型のビジネス・モデルの多くは、たちまち無力化してしまう可能性さえある。[86] そこで脅威を覚えた米国のレコード産業協会やメタリカなど一部のバンドは、ナプスターの使用禁止を各大学に要求すると同時に、訴訟その他の手段を使ってナプスターつぶしに走った。[87]

しかし、訴訟にはひとまず勝ったものの、[88] P2P型の性格をより強化して中央サーバーの仲介を不必要にしたヌーテラや、それと同工異曲のアプリケーションが多数登場するに及んで、その押さえ込みは事実上不可能なことがわかり、[89] そこからむしろP2Pを新しいビジネス・モデルとして利用していく可能性の追求へと、関心が転換した。とりわけ、二〇〇〇年一〇月、ドイツのメディア巨人、ベルテルスマン社がそれまでの姿勢を一八〇度変更したことが、大きな影響を与えた。同社は、ナプスターは未来の音楽産業にとっての重要かつエキサイティングな新ビジネス・モデルの基礎を作ったと評価し、レコード業界とはたもとを分かち、ナプスター社と戦略的提携して、商用化可能な安全な会員制ファイル交換システムの開発用に資金貸し付けを行うことを決定した。そして、それができれば訴訟は取り下げると共に、自社のカタログをそこに載せると発表して、ワーナー・ミュージック・グループ、イーエムアイ、ソニー、ユニバーサルなどの各社にも参加を呼びかけたのである。(90) 確かに、レコード業界などのように、この「ナプスター現象」を、もっぱら著作権侵害の観点から捉えて、これを圧殺したり法的な対抗手段を講じたりするのは、問題を産業革命、それも少数の独占的な事業者が、著作権つきの情報コンテントを多数の受動的な消費者大衆に一方的に配信するという、旧い第二次産業革命の観点からのみ物事を捉える、視野の狭い見方だといわざるを得ない。(91) むしろ、この現象の本質は、第一次情報革命の中でますます政治化していく智業・智民たちのための、より強力な情報通信システムの出現、つまり彼らの「知的エンパワーメント」のさらに一段の進展、という点にあるだろう。(92)

つまり、第二次産業革命のもとでの「消費者」とは異なる今日の「智民」の最大の特徴は、自分たち自身が情報の積極的な作成者や発信者になる点にある。一九八〇年代のパソコン通信の普及時にも、一九九〇年代のウェブのホームページの普及時にも、この傾向は歴然としていた。そして二〇〇〇年の後半、ケーブルモデムが、インターネットへの広帯域常時アクセス・サービスの先頭を切って普及し始めた時点においても、少なからぬ人々は、自分のコンピュータをサーバーとしてインターネットに接続し、情報の受信よりは発信を行うために、この広帯域サービスを利用しようとした。だが、ケーブルモデムの場合は、複数のユーザーが同じ回線を共同利用しているばかりか、そもそも上りの通信の大量発生など想定していなかったために、たちまち通信の混雑が起こり、ケーブルテレビ会社は、上り（発信）の通信速度を、下り（受信）に比べて極端に低く設定したり（アット・ホーム社の場合は一二八キロ）、上りの通信量を制限したり（コックス社の場合は、一日五〇〇メガまで）、サーバーとしての使用を禁止したりするところにまで追い込まれていた。[93] だが、ナプスターやヌーテラのようなアプリケーションの出現は、ケーブルテレビ会社のそうした努力を、いっぺんに無意味なものにしてしまった。いまや、インターネットに接続している限り、サーバーとクライアントを区別すること自体が、そもそも無意味になってしまったからである。つまり、智業・智民が欲する双方向の情報通有システムの出現は、現在のケーブルモデム型の広帯域インターネット・アクセスのシステムを、一気に陳腐化させてしまう効果を持っていたのである。[94]

しかし、ケビン・ワーバックも指摘しているように、[95] P2P型の新アプリケーションの登場によって、第二次産業革命型のマスメディアや、専門家が大衆のために制作し寡占的企業がそれを配布する形で確立していたコンテント・ビジネスが、すべて一度に消滅してしまうことはあり得ない。第二次産業革命の成熟は、第三次産業革命や第一次情報革命の成果を取り入れつつ、依然として今後かなりの期間にわたって続くに違いないからである。現にこれまでも、ビデオテープやカセットテープ、あるいは消費者向けソフトウエアが登場したときに、既存の企業の間では現在と同様な危機感が持たれたが、違法コピーの程度は十分限定されたものにとどまり、コンテントのクリエーターやそのディストリビューターが仕事を失うことはなかった。コピー元のファイルが不完全だったり、コピーにどうしても若干の手間がかかったりすることに加えて、コピーの違法性が依然として残っている限り、今回もまた、やがて新しい均衡に到達する可能性は十分にあるだろう。

しかしそのことは、P2P自体はビジネスにならないことを意味するものではない。むしろ、その逆である。先に言及したベルテルスマン社などがいち早く期待したように、第二次産業革命を超える第三次産業革命の観点からすれば、P2Pこそ、これまでのレコード産業やマスメディアのビジネス・モデルに代わって次代の主流となる、新たなビジネス・モデルとして発展していく可能性を秘めているものかもしれない。そうした思惑もあって、二〇〇〇年の後半には、ナプスターをその典型的例とする「P2Pコンピューティング」のアイディアが、インターネット・バブル崩壊の後遺症に苦しむ情報通信産業にとっての「今年最大の技術的熱狂」の対象となるにいたった。インテル・キャピタル社の調べによれば、多くのドット・コムが没落する一方で、P2P関連のスタートアップだけは、八〇社以上が新たに誕生しており、投資家の関心も高まる一方だという。インターネットの世界の代表的な情報誌『レッド・ヘリング』は、二〇〇〇年一二月号のカバー・ストーリーで、「P2Pは成長できるか」という表題のもとに、インフラサーチというP2P型の検索エンジンを開発した三人の若者の物語を、大きく報道した(96)。

ピアツーピア（P2P）・システムのコンセプト

ここで、ピアツーピアないしピアツーピア・システムという、それ自体はかなり古くからあったコンセプトの意味を、あらためて確認しておこう。「対等の仲間（peer）同士の」という意味合いを持つこのコンセプトは、コンピューティングの世界では、さまざまなコンピュータを相互に連結する場合の、コンピュータ間の役割分担モデルの一つを意味していた。すなわち、大型機とそのダム端末や、サーバーとクライアントといった階層的な役割分担とは異なる、互いに対等な立場で連結されて情報処理や通信を行い合うようなコンピューティングのモデル（P2Pコンピューティング）を意味していた。たとえば、コンピュータ・ネットワーク上の各ノードにおいて、アプリケーションのクライアント部とサーバー部の両方を起動させ、ノード間で対等な処理や通信を行うといった仕方である(97)。

パソコンやワークステーションによるLAN（ローカル・エリア・ネットワーク）の構築が普及する時代になると、それは、LANの構築方式の一つとして、特定のサーバーを置かずにコンピュータ同士を直接接続して、ネットワークを構成するすべてのコンピュータをほぼ対等に扱う方式（P2Pネットワーキング）を意味する言葉となった。言い換えれば、ネットワークに接続されているマシンが、サーバーにもクライアントにもなれるようなLANの作り方を指すのである。その場合には、ネットワーク上でのサービスにはそれを提供する側と受ける側の区別があっても、各マシンの役割は固定せずに状況に応じて変化させるのである。(98)

インターネットの時代になると、このコンセプトは、ほぼ対等な規模やトラフィックを持つインターネット・サービス・プロバイダ（ISP）相互間の無償相互接続方式（P2P接続、あるいはピアリング）という意味で広く用いられるようになった。さらに、前述したようなナプスターやヌーテラのような、コンピュータ間でのファイルの直接交換を可能にするアプリケーションが登場するに及んで、このコンセプトは一気に時代の寵児となった。最近では、後述するグループ（Groove）やオープンコラ（openCOLA）のように、かつての「グループウエア」に対して「ピアウエア」を自称するアプリケーション（P2Pアプリケーション）あるいはプラットフォーム（P2Pプラットフォーム）も出現するようになっている。

しかし、ここであらためて反省してみるならば、そもそも二〇世紀にコミュニケーションの二つの主要方式と見なされるようになった、新たに登場した「マス・コミュニケーション」と、在来型の「パーソナル・コミュニケーション」のうち、後者、すなわち個人的な会話や手紙のやりとり、あるいは電話や電子メールのようなコミュニケーションは、コミュニケーションのあり方自体としては、もともとピアツーピア型（P2Pコミュニケーション）だといってよいだろう。ただし、これまでの近代社会では、それを支援・実現するためのシステムとしては、集中階層型の郵便局や電話、あるいはメール・サーバーのようなインフラが不可欠とされていた。ところがここにきて、インフラのレベルでも、後述するカナダのCANARIEが構築を進めているCA＊NET4のようなピアツーピア型の通信インフラ（ピアツーピア・インフラ）が出現する状況が生まれてきた。こうして「P2P」あるいは「P2Pコンピューティング」は、インフラからプラットフォーム、さらにはアプリケーションのすべてのレヤーにわたって、P2P型のコミュニケーションやそれを基盤とするコラボレーションを支援・実現するための、一貫したシステム・コンセプトとなる勢いを示すにいたったのである。

インテル社CTOのパトリック・ゲルシンガーは、二〇〇〇年の八月に開催された「インテル開発者フォーラム」での講演の中で、ナプスターやそれに類似のピアツーピア・ネットワーキング技術を具体化したプログラムは、最初のウェブ・ブラウザーと同じくらい大きく、インターネットを変貌させるだろうと指摘した。それは中央集中型のサーバーを不必要にすることで、現在のコンピューティングのあり方を一変させ、次世代のコンピューティングに歩み入らせる革命なのだから、コンピュータ業界は互いに共働してそのための標準を固める必要があるというのである。(99)

ゲルシンガーによれば、それが可能にするのは、ファイル交換だけではない。たとえば、現在SETI@home[100]のスクリーン・セーバーで行われているような、何千台ものコンピュータの間での共働作業が可能になる。とはいえ、P2Pがどのようなアプリケーションを今後生み出していくかは、まだわからない。それはちょうど、モザイクが生み出されたときには、オンライン書籍販売のアマゾン・コムやオンライン・オークションのイーベイといった新興企業がウェブ上に台頭してくる可能性は想像もできなかったのと同様だが、ともかく無限の可能性がある。そこでインテル社は最近、IBMやHP、さらにその他スタートアップ企業計一九社の参加を募って、P2P推進のためのワーキング・グループ[101]を結成した。

P2Pシステムの長所と短所

システムとしてはまだ揺籃期にあるといわざるを得ないP2Pだが、ここでその長所と短所をとりあえずまとめてみよう。

まず、そのコンピュータ・ネットワークとしての長所だが、それは何よりも、ネットワークの設計が容易で、導入コストも安い点に求められよう。しかもネットワーク全体としては強靭で、その一部が故障しても全体のダウンに容易にはつながらない点は、集中階層型のネットワークに比べると極めて魅力的である。そればかりか、設計の仕方によっては、自己治癒能力さえネットワークの中に組み込むことも可能かもしれないという[102]。

さらに、システム全体としてはセンターを持たず、ユーザーにとっての自由度が高く、システム内の資源を互いに利用しあいながら、さまざまな共働活動を各人が主体的に展開することを可能にしているという意味では、「情報化」時代の自立・分散・協調の流れにぴったり合致しているという利点もある。

他方、その短所としては、少なくともいまの段階では、いったいそれに何がどこまでできるのかが、そもそもよくわかっていないという点を、まずあげざるを得ないだろう。その結果、過大な期待が生まれる一方で、不当に軽視する傾向もまた生まれやすい。

いずれにせよ、P2P型のシステムは、現時点ではまだそれほど高度あるいは複雑な仕事ができないために、ネットワークとしての機能は低い。ファイルの交換にしても、そもそもその検索の仕組み自体、きわめて原始的なものにとどまっている。この種のシステムは、その規模が拡大すると、たちまち機能不全に陥る危険が、きわめて大きいのである。また、全体の管理者（監視や規制の主体）がいないことは、システムのセキュリティにとっての脅威となりかねない。部分が主体的（?）に行う犯罪や破壊活動も、防止や摘発が困難なのである。つまり、P2Pシステムは、その効率的・建設的な運用の促進と、破壊的な行動の防止の両面において、ガバナンスの問題に最初から直面しているということができるだろう。そうだとすれば、P2Pシステムの利用可能性は、少なくとも当面、小集団や地域コミュニティのような比較的小さくて狭い範囲に限定されている、あるいはその範囲であれば有望なシステムとなる期待が持てる、ということかもしれない。

このように見てくると、P2Pシステムの普及を支える技術は、インターネットの世界におけるクレイトン・クリステンセンのいう「破壊技術」、すなわち既存の技術に比べるととくに複雑でも高度でもないが、既存の技術が満たし得なかった新しい市場ニーズに応えると同時に、急速な改善を実現している潜在的可能性を持った技術群ではないかという思いを禁じ得ない。[103]

続々と登場する新アプリケーション群

ナプスターの登場以来まだ一年と数カ月が経過したにすぎない現在、ナプスターのクローン群とでもいうべきアプリケーションを含めて、すでに多数かつ多彩なP2Pアプリケーションが出現していて、その分類や解説も発表されている。[104] ここでは、比較的最近のもののいくつかについて、情報の鮮度がたちまち落ちてしまうことは覚悟の上で、簡単に紹介しておこう。

openCOLA ネットワーク：これは、オープンコラ社が提唱している、P2Pコンピューティング環境、すなわち同社のいう真の共働的コンピューティング環境のプラットフォームである。同社はすでに、このネットワークを構成する基本要素である、クライアント・サーバー両機能を果たす「クラーバー（clerver）」用のソフトウエア開発キットを発売している。

openCOLA ネットワークの特徴は、ファイル検索にさいして、半自動的なエージェントの働きに人間が介在することを可能にしている点にあり、その上でのアプリケーション群の中核に置かれているのが、インテリジェント・エージェント技術を具体化した検索エンジンの open-COLA である。ユーザーは、検索を実行するにさいしては、自分の欲しいファイルや文書の特徴を記述するだけでよい。そして検索結果が気に入ったかどうかをフィードバックとして openCOLA に教えることを通じて、このエンジンを訓練して性能を向上させていけるのである。(105)

モジョ・ネーション：これは、オートノマス・ゾーン・インダストリーズ社が開発したファイル交換用ソフトウエアで、ナプスターにイーベイを組み合わせたような特徴を持っている。(106) つまり同社は、ユーザー、サーバー、サーチエンジンの間に、史上初のファイル共有経済システムを創設しようとしている。この経済システムでは、ファイルの送り手と受け手が各々の取引において合意価格を設定でき、支払いには「モジョ・トークン」と呼ばれる電子的代替通貨によるマイクロペイメント方式が用いられる。それは、おびただしい数の参加者がそこで、めいめいの目的を果たすことができる「アリの共同体」のようなものだともいう。ユーザーがモジョ・トークンを稼ぐには、自分の余分な帯域幅やディスク容量を売ってサーバーとして機能させたり、また他のユーザーがトークンを支払ってくれそうな独自のサービスを作り出すなどの方法がある。(107)

こうした試みを既存の企業のビジネスにとっての脅威と見なす向きもあるが、同社自身は、ダウンロードに対して自発的に支払いを行うことができるという、このシステムの特徴を生かして、ハリウッドと協力したいと考えている。あるいは、もしソニーの社長がわれわれのところへやってきたら、「企業生命を賭けてヌーテラと闘うか、もしくはわれわれと一緒になって成功を手に入れるかだといってやる」ともいう。

モジョ・ネーションの現在の開発状況は、試作品と最終製品の間という段階だが、開発が完成すれば、それは、ナプスターやヌーテラの持つ使いやすさと検索能力に、フリーネットのような分散型サーバー・ネットワークを兼ね備えたものとなるだろう。フリーネットのサーバーにアップロードされたファイルは、ユーザーが回線を切断した後もオンライン上に残るものの、フリーネットには検索やマイクロペイメントに対応していないという弱点がある。(108)

ライトシェア：これは、カリフォルニアのスタートアップ企業、ライトシェア社が計画しているサービスで、ナプスターやヌーテラの普及が生み出した大規模なファイル交換コミュニティを、イーベイやアマゾン・コムのような企業の中央サーバーを経由せずに、個々のユーザーがデジタル製品を直接に販売することを可能にするタイプの電子商取引用の、エンジンとして活用しようというものである。

ライトシェアのシステムにあっては、同社のウェブ・サイトがそれを利用して商取引を行おうとする人々のための仲介役の役割を果たす。しかしそこには実際に取り引きされるデジタル製品は入っていない。ナプスターのサーバーと同様、同社のコンピュータの役割はユーザー間の直接交換のプロセスを促進することにとどまる。

この種のシステムがP2P型電子商取引のプラットフォームとしてどこまで有効に機能しうるかについては、疑念を表明するアナリストもいる。たとえば、ゴメスアドバイザーズの電子商取引アナリスト、アラン・アルパーは「いいところを突いているが危ない橋をわたるような面もある。詐欺と海賊行為のパンドラの箱を開ける可能性があるように見える」と述べているという。また、現にそれによって利益をあげた人はどこにもいないという意味でも、P2Pのビジネス・モデルがビジネス自体として、どこまで発展可能性があるかは、まったくの未知数である。しかし、多数の投資家や企業が、それに急速に注目し始めていることは事実である。(109)

グルーブ：これは、ロータス・ノーツの開発者として有名なレイ・オッジーが三年かけて開発した「サーバーなしのノーツ」、すなわちP2P型共働アプリケーションのためのプラットフォームというか一種のOSであって、それには　トランシーバーと呼ばれる基本アプリケーションが連携している。オッジーは、二〇〇〇年一〇月に、グルーブ・ネットワークスという会社を立ち上げた。

グルーブが広く普及すれば、人々の作業環境は劇的に変わるだろう。なぜならそれは、管理業務をほとんど必要とせず、中央サーバーも無用で、しかも多数のユーザーの間の真の共働作業を可能にしてくれるからだ。英国の『エコノミスト』誌は、ナプスターをモザイクにたとえるアナリストたちは、やがて、グループをネットスケープにたとえるようになるだろうと予想している。同誌によれば、トランシーバーは、ネットスケープのブラウザーを想起させる。それが、音声と文書での通信からファイルの交換、文書の編集のような共働作業の支援にいたる、小グループが相互作用するのに必要な、あらゆるツールを含んでいるからである。しかも、そうした共働作業を遂行するために、ユーザーたちは、通有される「空間」を創り出して、そこでビジネスを営んだり個人的な会話を行ったりする。そのさいに、この空間の中で生み出されたすべての情報は、各人のコンピュータに蓄えられる。その一部が変化すれば、その変化は他のコンピュータにも反映される。誰かがオフラインになれば、再度接続したときに、内容の更新がなされるのである(110)。

ある筆者によれば、オッジー自身はグループのことを、グループウエア発展の次の段階にあたる「ピアウエア」だとしているという。彼は、それが速やかに普及して、電子メールおよびブラウザーとならんで、誰でもが使う三つの主要なツールの一つとしての地位を占めるようになることを期待している。何しろ、トランシーバーは、一つのデバイスにインストールさえしておけば、それをサポートするあらゆるデバイスから自分のアカウントにアクセスできるばかりか、そのアカウントには、多数の個人人格、家族人格、趣味人格が含まれていて、それぞれの人格がグループに接続するそれぞれのデバイス上で行うすべての活動は、他の通有空間で行われた活動と、必要に応じて同期されうるのである。

グループのもう一つの特色は、積極的に中央サーバーを介することで、多くのP2Pアプリケーションに内在するボトルネックを迂回可能にしている点にある。実際、ヌーテラのように、互いにつながっているコンピュータのそれぞれを通して、情報を押し出していくやり方は、ネットワークが少し大きくなると煩雑極まるものになるだろう。その意味では、ナプスターのような情報のインテリジェント・ルーティング(111)には、それなりの長所もある。後はユーザー自身が使い方を決めていけばよいというわけである。

インフラサーチ：これは、二三歳の若者ジーン・カンが二人の仲間と共に開発した、ヌーテラ・ベースの検索エンジンで、互いにつながっているコンピュータ同士の中の情報のリアルタイム検索ができる。通常の検索エンジンから得られる情報は、少なくとも二四時間、中には何週間、何カ月も旧くて、そのサイトにアクセスしてみると、すでにページがなくなっていたという口惜しい経験は、多くのユーザーがしているところである。

カンは、もともとややシニカルな物の見方をする傾向があって、「P2P」よりはむしろ「分散コンピューティング」という表現の方を好んでいたが、彼らのプロジェクトがマーク・アンドリーセンの注目を引いて、五〇〇万ドルの出資を受け、会社の設立に踏み切ったころから、姿勢も変わってきた。いまのカンは、「ウェブがインターネットの電信だったとすれば、ピアツーピアは電話のようなもの」であって、そうだとすれば「わが社は次のAT&Tになりたい」と言い始めている。あるいはまた、同社は「ほとんど無限の広がりを持つ『情報発見』市場の開拓をめざしている」ともいう。その意味は、電子商取引は売り手や買い手を発見しようとするし、出版は読者や出版社を発見しようとするのだから、すべては「情報発見」問題につながっている。だから、この市場は無限の広がりを持つというところにある。

同社の現在のビジネス・プランをその論理的極限にまで押し進めれば、インフラサーチ社はインターネットの全体をP2Pネットワークに作り替えることになるだろう。実際、同社は近く、どんなコンピュータでもP2Pネットワークにつなぐための無料のソフトウエアを公開する予定だという。このネットワークの中を見るにはウェブのサーバーがあればよく、それで同社のサイトに入り、そこからAPの最新ニュースやバーンズ・アンド・ノーブルの全書籍カタログ、現在ただいまのナスダック株価情報などをすべて無料で検索できる。その場合、同社の収入は、ウェブ・サイト側からの支払いによることが期待されている。ちょうど、企業へのフリーダイヤル・サービスが、通話料をその企業から貰うようなものである。(112)

P2Pインフラの構築

P2Pに向かう流れは、プラットフォームやアプリケーションに及んでいるだけではない。情報社会の根幹をなす社会資本としての情報通信インフラの構築や運営の仕組みにも、その流れは及びつつある。

その最先端に位置しているのが、カナダが官民一体のプロジェクトとして推進しているCANARIEによる全国的光ファイバー幹線構築プロジェクト、およびそれと連動した「コンドミニアム・ファイバー」に始まる各地域のプロジェクトである。(113) カナダが推進している情報通信インフラの新しい形は、各地域での高速広帯域のギガビット・イーサーネットをその中核としている。各地の地方政府は、それが官民のユーザーのイニシァティブのもとに構築・運営されると共に、その構築や保守のサービスについては、ベル・カナダ以下の各種の通信・ネットワーク事業者がオープンな競争的環境の中でそれを提供しうるような誘因を与えようと努めている。たとえば、農村部での広帯域ネットワークの構築に対して地方政府が補助金を出したり、十分なユーザーが現れない場合には、当面ネットワークの最終テナントとなることの保証を、通信・ネットワーク事業者に対して与えるなどである。新しい全光情報通信インフラの構築は、これまでのところ、ユーザーの共働体（コンドミニアム）が、光ファイバー敷設事業者の提供する「ダークファイバー」の使用権を借り受けて行う形で推進されてきた。しかし、高密度波長多重（DWDM）の光通信が現実化するにつれて、物理的なファイバーよりも、その上の「波長（λ）」をユーザーが借りて使い、波長間の相互接続をユーザー間で交渉して実現する方向への転換が図られつつある。それは、多様な通信サービスを一体的に処理するための手段としてIPプロトコルは残すにしても、パケット交換方式は捨てて、波長間ルーティングの方向に向かう動きでもある。単一の波長に大量のデータを流し込むのではなく、むしろ個々の波長に詰め込むデータ量は少ないままで、一芯の光ファイバーに載せることのできる波長の数を増やそうというのである。確かに、個々のユーザーが特定の波長を(あたかも電話番号を占有するように)占有できるとすれば、個々の波長に対するトラフィックの需要は、それほど厖大なものにはならないと思われる。

さらに彼らは、全国幹線部分については、これまではスプリントやUUNetのような大規模通信事業者が寡占的に支配していた「インターネット・クラウド」の部分を、「光グリッド」として分断し、それをユーザーのコンドミニアムの所有に委ねた上で、グリッド間のP2P接続を図ろうとしている。

無線インターネットは、光ファイバーによる有線インターネットの補完として、強力な役割を発揮しうることが期待される。だがそのようなシステムは、現在の携帯電話の第二世代から第三世代のシステム上にかぶせられたパケット通信の「モバイル・インターネット」への進化線上ではなしに、いまはもっぱら固定体通信にしか応用できない「無線LAN」の進化線上に出現するものと考えられる。[114] 無線LANがモバイル・デバイスをも一体的に取り込めるようになったときこそ、P2P型の「光と無線の超広帯域ネットワーク」が情報社会の通信インフラとしての地位を確立するときであろう。

これに対し、スイス人たちは、各国の研究機関と共働して、一〇年がかりで、究極のP2P型広帯域無線通信システムとでもいうべき「ターミノード(terminode)」のシステムを開発しようとしている。これは、個々ののデバイスがネットワークの端末（terminal）としてと同時にノード（node）としても機能しうるために、別途基地局とか幹線用光ファイバー・ネットワークのような「通信インフラ」を必要としない、自己組織型のネットワークである。しかし、このターミノードについては、いずれ別の機会に詳しく検討することにして、ここでは一言、言及しておくにとどめよう。[115]

ビジネスでのP2Pへの流れ

P2P型のアプリケーションやプラットフォームの販売をビジネスとして展開しようとする試みに投資家たちの関心が高まるのと相まって、ビジネスそのもののあり方も、ビジネスのP2P化（P2P型ビジネス）とでも呼びうる方向に向かって変化しつつあるように思われる。情報通信革命に伴って出現してくる新情報通信産業の組織や企業の形態が、情報通信のレヤー別の分業と共働を前提とするネットワーク型のものに変わりつつあるという指摘は、すでに多くの人によってなされている。[116]また、すでに日本のミスミなどに先駆的な試みが見られたところだが、最近のデル・コンピュータの試みなどにも、メーカーがインターネットを使うことで消費者に直接販売が可能になったために、従来の商人の役割が「中抜き」されてしまう、新しいビジネス・モデルの出現が看取できる。小池良次氏はさらに、いわゆる「取引市場（trade exchange）」系のB2B（企業間取引）では、販売側と購入側が、ウェブで取引情報を自由に交換しあう電子取引市場を形成して、「情報の流動化」を達成すると同時に、それを通じて公平で迅速な新しい取引関係を生み出している点に注目して、次のように述べている。

従来、こうした付け合わせ取引はブローカーとか専門商社が取り扱っており、相手によって値段を変えたり、品薄になるのを待って高く商品を売りつけるといった不透明な取引が横行していた。これは取引内容を商社やブローカーだけが握っており、販売側も購入側も正確な取引情報を得られなかったために発生する。

ところが、取引市場型では、刻々と変わる商品価格が誰でも公平に見ることができる。つまり、情報を流動化させて迅速かつ公平な取引を実現させている。この「情報の流動化」こそが取引市場型の基本と言える。この特徴のおかげで売り手も買い手も取引内容が明確に分かるため、取引における満足度が高い。また、運営側は取引手数料という形式で利益をあげるため信用度も増す。(117)

このような「情報の流動化」や「取引市場」系B2Bの発生は、われわれの文脈でいえば、まさしくビジネス・モデルそのもののP2P化の、いっそうの進展にほかならないだろう。

P2P型地方通貨

近年、世界の各地でその通用範囲を一定の地域コミュニティに限定されたタイプの通貨(LETS＝Local Exchange Trading System)を発行する試みが相次いでおり、日本でも加藤敏春氏の提唱する「エコマネー」(118)をはじめとして、この種の試みがいくつも見られる。

そうしたLETSの中で、もっともラディカルな試みは、個人にその発行権を与えようとするもので、それを推進しているあるグループは、「オープン・マネー宣言」なるものを発表している。いわく、「貨幣は情報にすぎないので、われわれは自分でそれを発行して在来型の貨幣を補完することができる。これはデザインの問題なのだ」(119)。つまり、このグループによれば、コミュニティの外からやってくる現在の貨幣には、発行高が多すぎたり少なすぎたりするとか、配分が不平等だとか、その運用に多大の費用がかかるといったさまざまな問題があるが、それらは貨幣システムの適切なデザインによって解決可能だという。この宣言は、同グループがそれを解決する意図を持っていることの表明にほかならない。

それにしても一人一人の個人に貨幣の発行権を付与するのは、いかにもラディカルだと思わざるを得ない。それが実現でき有効に機能するとしたら、それこそ究極のP2P型貨幣の誕生を意味するだろう。だが、そこまでいかなくても、仮にそれぞれのコミュニティでその地域内で通用する補助的な貨幣が発行されていて、それらが全国的あるいは世界的にではなしに、やはりある限られた範囲内で、たとえば隣接するいくつかのコミュニティ間で、一定の交換可能性を与えられているとすれば、それらもまたP2P型貨幣と呼ぶことがふさわしいだろう。

P2P型政治

P2Pへの流れは、人々の政治活動の中にも、いまや、さまざまな形で現れつつある。前節で述べたいわゆる「コンシューマー・アクティビズム」やインターネットを利用して大企業への批判や要求をぶっつけようとする「サイバー・アクティビズム」の台頭は、互いに対等な立場に立つ人々が直接連絡を取り合って意見を交換し、とるべき行動を決めて実行する形で行われているとすれば、まさにP2P型の活動だということができよう。(120) 日本でも、二〇〇〇年の長野県や栃木県の知事選挙で発揮された市民パワーは、従来型の「組織選挙」をついに打ち破る勢いを見せたが、そこにもP2P型の連携がさまざまな形で生まれたいたことは十分に想像できる。こうした流れは、これまでの代表制民主主義の統治モデルをまったく破壊・代替してしまうことはないにしても、少なくともそれと併存し、それを補完するような、「市民応託(civil accountability)」ないし「市民共治 (civil governance)」とでも呼ぶことが適切な姿の「新民主主義」ないし「直接民主主義」的な制度へと成長していく可能性を、持っているのではないだろうか。

この点との関連で興味深い、いま一つの動きは、二〇〇〇年の米国大統領選挙にさいして、ごく萌芽的な形にとどまったとはいえ、いくつか出現したといわれるインターネットを利用した州間の票のスワッピングの試みである。この動きについて報道したAP通信の記事によれば、いくつかのサイトでは、ゴアの支持者と緑の党のネーダーの支持者たちの間で票のやりとりが行われた。すなわち、ゴアが苦戦している州の民主党支持者は、ネーダー支持者の票をもらい、その代わりにブッシュが強い州でのゴア票をネーダーに回そうとしたというのである。それでゴアを勝たせる一方、ネーダー陣営も五％以上の得票を得て、二〇〇四年の選挙で政府資金がもらえるようにしようというわけだ。人々がこれを、適切なP2Pアプリケーションを使って、P2Pの相互関係の中で実行しているとすれば、それこそ典型的なP2P型選挙の一形態だということができよう。

AP通信によれば、たとえば、ネーダー・トレーダーというウェブサイトを運営しているウィスコンシン大学の大学院生ジェフ・カーディルは、彼のサイトには三万七〇〇〇人以上の訪問者があったといっている。ただし、実際にどれだけの票がトレードされたかは不明だが、彼はこうしたやり方が今後さらに広がっていくことを期待しているという。また、ロサンゼルスではジム・コディとテッド・ジョンスンの二人がボート・スワップ二〇〇〇というサイトを立ち上げて、票の交換に関心のあるゴアとネーダーの支持者たちを、自動的にマッチさせられるようにしたところ、一四〇〇人の人がこのサービスを求めて登録したという(121)。

恐らくこの種の動きは、やがて日本にも波及して、総選挙や統一地方選挙での票のスワッピングを引き起こすだろう。これが私人間の約束にとどまっている限り、その違法性を云々することは困難なように思われる。

P2Pのインパクト

以上見てきたところからも明らかなように、P2Pに向かう潮流は、さまざまな分野に大きなインパクトを及ぼしつつある。

第一にそれは、双方向広帯域通信へのニーズの爆発をもたらした。ナプスターのようなアプリケーションを使って大容量のファイルを交換しようとすれば、インターネットへの広帯域接続が可能になっていなければ話にならない。また、スウェーデンの新興広帯域通信企業B2が経験したように、広帯域通信環境を得たユーザーたちは、当初は一方的にダウンロードしまくるが、やがて自分も積極的にコンテントをアップロードして仲間と分け合おうとする。[122] そうであれば、通信帯域が、ADSLやケーブルモデムのような上り下りが非対称のものであっては困る。むしろHDSLのような対称型のものが求められる。さらに、いつでもファイル交換の要求に応じようとすれば、ダイヤルアップ接続ではなしに常時接続が実現していなくてはならない。だが、とりわけケーブル会社が提供し始めた広帯域通信は、常時接続ではあっても上り下りが非対称であるばかりか、ユーザーがみずから大量の情報の提供者となることを禁止している場合が多い。したがって、ケーブル会社のシステムは、新しい通信需要には適合し得なくなってしまうのである。

第二に、人々の情報発信や通有のスタイル自体が変化していく。ウェブのサーバー上にコンテントを載せておいて、そこを訪れた人にダウンロードさせるという方式は、依然としてサーバー／クライアント・モデルに基づいており、十分にP2P型とはいえない。さらに、多数の高機能サーバーを設置した巨大なウェブ・サイトを「ポータル」として、人々はまずそこにアクセスしてから自分の必要とするサイトを見つけて、そちらに移っていくという情報入手スタイルは、P2P型からはほど遠く、依然としてこれまでのマスメディア型情報発信の尻尾を引きずっている。

第三に、そうなってくると人々のワークスタイルやライフスタイルも、P2P型に変化していくだろう。つまり、ビル・ゲイツがかつて予想した「ウェブ・ワークスタイル」や「ウェブ・ライフスタイル」に代わって、これからはむしろ「P2Pワークスタイル」や「P2Pライフスタイル」について語ることが、よりふさわしくなるだろう。それは同時に、人々の日々の活動における積極的・能動的な傾向、つまり「アクティビズム」の増大と、不可分に結びつくだろう。

第四に、それはビジネス・モデルをも、先に見たような取引情報の積極的な開示や仲介者の「中抜き」を強める方向に変化させていくだろう。

オム・マリクは、そうした傾向を「分散的コンピューティング」に向かう流れという観点から、次のような言葉で要約している。(123)

ネットワーク・インフラ自体が分散していって、小さな特定アプリケーション向けの部分に分かれていくにつれて、巨大なサーバーへの依存度は減少する。ソフトウエアもよりインテリジェントになり、特定の仕事用に特化していくだろう。そうなると、個々の企業は、自分が必要とする機能だけを購入すればよくなる。さらにより重要なのは、分散コンピューティングのおかげで、われわれがインターネットの持っている潜在能力の多くを自覚しだすことだ。それと共に、インターネットは、これまでのようなウェブのページや電子メールのような文書ベースのネットワークから、情報の特定の諸要素の在処の発見や通有をより効率的に行える、ダイナミックで粒状（granular）のネットワークへと姿を変えていくだろう。そして最後には、ネットワーク自体がほんとうのコンピュータになるだろう。

もっとも、こうした見方に対しては、異論を称える人々もいる。たとえば、ゼロックスPARCの研究者たちは、ナプスターが実際に利用されている状況を調査して、その大半（ユーザーの七〇％）がファイルの一方的なダウンロードにとどまっており、ダウンロードされているファイルの五〇％は、一％のユーザーによって提供されていることを発見した。彼らの見方では、交換用に供給される情報ファイルは、その供給者が無償奉仕によって生産している「公共財」である。それが対価の支払いもなく、もっぱら一方的に消費され続けるならば、やがてガレット・ハーディンのいう「コモンズ（共有地）の悲劇」が発生して、公共財を供給する人はいなくなってしまうだろう。また、少数者だけが情報を提供している場合には、彼らが事実上の中央サーバーの役割を果たし、訴訟や、サービス・デナイアル型の攻撃に対して脆弱となるばかりか、プライバシーの喪失を招く可能性がでてくる。これは、ヌーテラなどのアプリケーションが、他人の間に「隠れ」てコミュニティとしての共通の目標達成——言論の自由、著作権法の改正、個人へのプライバシーの提供等——を追求するためのものである場合には、問題となる特徴である。つまり、この種の情報通有システムは持続可能性を持たない、というのが彼らの結論であった。(124)

しかし、このような結論には必ずしも首肯し難い。P2P型のファイル交換アプリケーションを通じて交換されている情報ファイルは決して「公共財」ではない。ましていわんや、販売を前提とした「商品」ではない。それらはむしろ最初から通有を前提とした「通識」として、一方的に提供されているのである。つまり、その提供者たちは、犯罪者か何かのように多数の人々の間に「隠れる」つもりはなく、むしろ人々に喜んで受け入れられる通識の提供者としての名前を積極的に公開して、自分の「評判」を高めることに関心を持っている人々なのである。その意味では、彼らは、私のいう「智場」における「智のゲーム」のプレヤーなのである。(125)

一般に資本主義的市場においては、買い手の数が通常は売り手の数よりも多いのと同様、智場でも、通識の需要者の方が供給者よりも多いことが普通だろう。しかし、その非対称性の程度は、大衆消費市場における寡占的な供給者と大衆的需要者の間の非対称性に比べると、はるかに少ないと思われる。現に、ＰＡＲＣの研究者たちが発見した事実を裏から見れば、ユーザーのうちの三〇％は、何らかの通識を提供しているのである。また、主要な供給者となっている人々が全ユーザーの一％にも達しているという事実も、智場における供給者／需要者比率は、市場におけるそれよりもずっと高いことを示している、といってよいのではあるまいか[126]。

以上、本節で注目したＰ２Ｐへの潮流は、これまで縷々論じてきたような、近代化の第三局面への移行としての狭義の「情報化」の進展と、密接不可分な関連を持つ。すなわち、情報化は、自立・分散・共働型のシステムとしての特徴を持った「社会システムとしてのネットワーク」[127]の、いたるところへの出現を引き起こす。人々の間の行為の相互制御、つまり「政治」のあり方としては、近代化初期の「脅迫・強制」や中期の「取引・搾取」に基づく政治に代わって、「説得・誘導」に基づく政治が優位を占めるようになる。競争的な社会ゲームとしては、国家をプレヤーとする「威のゲーム」や企業をプレヤーとする「富のゲーム」に対して、智業をプレヤーとする「智のゲーム」が普及するようになる。そうした変化が、Ｐ２Ｐ型の情報通信インフラやプラットフォーム、あるいはアプリケーションやコンテントの出現と強い整合性を持っていることは明らかである。そして、Ｐ２Ｐ型の社会的な結びつきは、これまでの公私の二分法のいわば中間に位置するような「共」の原理に立脚する結びつき、あるいは「公私の対立」に代わる「公共私の共働」を理念とする結びつきとして、特徴づけることができるだろう。

つまり、これからの情報社会は、「共のパラダイム」とでも呼ぶことが適切な、新しい社会的パラダイムに従って構築されていくのではないか。もちろん、そのようなパラダイムは、まだ確立しているわけでも何でもなく、私の未熟な構想にすぎない。それでも、あえて私の考えを述べてみるならば、共のパラダイムは、対等な主体間（P2P）の相互理解と信頼、および互酬に基づく、主体やその活動の間のバランスと相互補完を重視する。とりわけ、情報化が新たに生み出した生活空間であるサイバースペースとの相互補完を実現してくれる、物理的な近縁性に基づく地域コミュニティの新たな役割を重視する。これからの情報社会にあっては、（再評価され再組織された）地域コミュニティこそが、人々の日常生活のもっとも主要な場となり、そこにおいて人々（情報社会の「智民」たち）は、各地域コミュニティは、その成員の間での適切なコミュニケーションが生み出す相互理解と信頼の関係を基礎として、成員相互間のバランスを重視しつつ「共働（コラボレーション）」と「共治（ガバナンス）」のシステムの構築と、さまざまな「共の理念」[128]の実現をめざす。制度的には、「共権」の法体制[129]と、第三章で述べる「共貨」と「共産」の経済体制とに立脚[130]する。

8　今日の「ＩＴ革命」の本質と歴史の教訓

日本では、二〇〇〇年の春ごろから「ＩＴ革命」という言葉が突然広く使われるようになり、二〇〇〇年の流行語大賞となった。七月には、「世界規模で生じている情報通信技術（ＩＴ）による産業・社会構造の変革（いわゆる『ＩＴ革命』）に我が国として取り組み、ＩＴ革命の恩恵を全ての国民が享受でき、かつ国際的に競争力ある『ＩＴ立国』の形成を目指した施策を総合的に推進するため、内閣に『情報通信技術（ＩＴ）戦略本部』を置く」と同時に、その下に「優れた識見を有する者で構成されるＩＴ戦略会議を置く」ことが決定され、出井伸之ソニー会長がその議長に就任した。(131)　ＩＴ戦略会議とＩＴ戦略本部は、六回にわたる合同会議を開催して、一一月二七日に「ＩＴ基本戦略」(132)を決定し、その二日後、「高度情報通信ネットワーク社会形成基本法」（「ＩＴ基本法」）が制定された。二〇〇一年一月には、この法律が発効し、同時に「ＩＴ基本戦略」は、「ｅ‐Ｊａｐａｎ戦略」と改名されて、政府が正式に採択するところとなった。

ＩＴ基本法の目的は、「情報通信技術の活用により世界的規模で生じている急激かつ大幅な社会経済構造の変化に適確に対応することの緊要性にかんがみ、高度情報通信ネットワーク社会の形成に関する施策を迅速かつ重点的に推進すること」にあるとうたわれている。また、同法にいう「高度情報通信ネットワーク社会」とは、「インターネットその他の高度情報通信ネットワークを通じて自由かつ安全に多様な情報又は知識を世界的規模で入手し、共有し、又は発信することにより、あらゆる分野における創造的かつ活力ある発展が可能となる社会」のことだと定義されている。このような社会が実現すれば、「すべての国民が、高度情報通信ネットワークを容易にかつ主体的に利用する機会を有し、その利用の機会を通じて個々の能力を創造的かつ最大限に発揮することが可能となり、もって情報通信技術の恵沢をあまねく享受できる」ようになるというのが、同法の「理念」である。(133)しかし、この文言はあまりにも抽象的、一般的にすぎる。それに比べると、この法律のもとになった「ＩＴ基本戦略」の文言の方がより具体的である。そこには、「ＩＴ革命の歴史的意義」が、次のように述べられている。

コンピュータや通信技術の急速な発展とともに世界規模で進行するＩＴ革命は、一八世紀に英国で始まった産業革命に匹敵する歴史的大転換を社会にもたらそうとしている。産業革命では、蒸気機関の発明を発端とする動力技術の進歩が世界を農業社会から工業社会に移行させ、個人、企業、国家の社会経済活動のあり方を一変させた。これに対して、インターネットを中心とするＩＴの進歩は、情報流通の費用と時間を劇的に低下させ、密度の高い情報のやり取りを容易にすることにより、人と人との関係、人と組織との関係、人と社会との関係を一変させる。この結果、世界は知識の相互連鎖的な進化により高度な付加価値が生み出される知識創発型社会に急速に移行していくと考えられる。

ここでは、「IT革命」が、産業革命に匹敵する社会革命だと理解されていることは明らかである。つまり、「IT革命」が持つ「トランス産業化」としての側面に注意が向けられているのである。ただし、ここでいう「IT革命」は、梅棹流、あるいはトフラー流に、農業社会から産業（工業）社会へ、そして（「情報社会」という言葉はなぜか避けて）知識創発社会へ、という流れの中に置かれている。すなわち、「IT基本戦略」は、先に引用した文章に続いて、

我が国は、明治維新を機に農業社会から工業社会への移行を始め、第二次世界大戦の終戦を機に規格大量生産型の工業社会を急速に発展させることに成功した。その結果、維新以来一〇〇年余りの短い期間で、西欧社会に対する経済発展の遅れを取り戻し、米国に次ぐ経済大国に成長した。この経済発展の恩恵は広く国民に行き渡り、国民生活の豊かさが飛躍的に向上した。この成功の要因は、我が国が工業社会にふさわしい社会基盤の整備を素早く的確に実現できたことにあるといえるであろう。

我が国が引き続き経済的に繁栄し、国民全体の更に豊かな生活を実現するためには、情報と知識が付加価値の源泉となる新しい社会にふさわしい法制度や情報通信インフラなどの国

家基盤を早急に確立する必要がある。（中略）
産業革命に対する各国の対応が、その後の国家経済の繁栄を左右したが、同様のことがIT革命においてもいえる。即ち、知識創発のための環境整備をいかに行うかが、二一世紀における各国の国際競争優位を決定付けることになる。米国はいうに及ばず、欧州やアジアの国々がIT基盤の構築を国家戦略として集中的に進めようとしているのは、そうした将来展望に立ってのことである。

と述べているのである。そして、このような各国の取り組みに対して「我が国のIT革命への取り組みは大きな遅れをとっている」といい、その遅れの最たるものを「インターネット利用の遅れ」に見出している。そして、「これまでの遅れを取り戻」すためにも、「国家戦略を通じて、国民の持つ知識が相互に刺激し合うことによって様々な創造性を生み育てるような知識創発型の社会」をめざして進む必要があり、そのための「新しいIT国家基盤として、①超高速ネットワークインフラ整備及び競争政策、②電子商取引と新たな環境整備、③電子政府の実現、④人材育成の強化、の四つの重点政策分野に集中的に取り組む必要がある」としている。

「IT基本戦略」が、「IT革命」を産業革命に匹敵するものとして位置づけたり、「知識」の重要性を強調したり、インターネット普及の遅れに注目したりしているのは、確かに妥当なことである。しかし、上の引用からも見て取ることができるように、「知識」といいながらも、結局は経済発展や国家間の競争を最優先に考えているのには、いささか首を傾げざるを得ない。

この本でのこれまでの記述から明らかなように、今日の「IT革命」には、産業革命としての側面と、産業化を超える近代化の第三波の一環である情報化（第一次情報革命）としての側面がある。前者には、第二次産業革命の成熟というか爛熟の局面で生じている変化としての側面と、第三次産業革命の出現から突破にかけての局面で生じている変化としての側面がある。さらにいえば、それに加えて、近代文明そのものを超えて新しい文明（智識文明）にいたる文明転換の過程も、ごく徐々にではあれ、始まりつつある。つまり、今日の「IT革命」には、少なくともこれら四つの側面が同時に含まれていることの理解がなくてはならない。その中でも、中核的な重要性を持っているのは、人々の「知的エンパワーメント」をもたらす狭義の情報化、すなわち第一次情報革命の側面である。

これに対し、「IT基本戦略」のいう「IT革命」とは、結局のところ、私のいう「第三次産業革命」そのものをさしているように思われる。なぜならば、第三次産業革命を推進していく上での主要課題は、

(1) 新しい主導産業のためのインフラ整備をはかること。
(2) 新しい主導産業そのものをいち早く立ち上げること。
(3) 新しい主導産業の技術や製品を利用して、政府や企業などの既存の組織のより効率的な

運営をはかること。

(4) 新しい主導産業を担ったり、その技術や製品を利用したりする能力を持つ人材を育成し活用すること。

の四つにあるはずだが、上に見た「IT基本戦略」が指摘している「四つの重点政策分野」の①は私のいう(1)に、②と③は(3)に、④は(4)に、それぞれ対応していると思われるからである。ところが、ここではなはだ興味深いのは、「IT基本戦略」のあげている重点政策分野からは、私のいう二番目の課題、すなわち新しい主導産業（現時点でいうならば、「情報通信産業」）の立ち上げが、欠落している点である。

その理由としては、三つの解釈が可能である。その第一は、第三次産業革命と並行して第一次情報革命が進んでいる現状では、昨今の通信産業の不振に見られるように、もはや資本主義的な私企業としての「情報通信企業」の発展は困難になっているのであって、たとえばカナダが試みているような地方政府や市民・智民団体などと共働する新しい種類の産業活動を通じての突破に、次の発展の道を求めるしかないというものである。私自身は、後の第3章で述べる通り、このような見方に多くの共感を持つ者だが、「IT基本戦略」の立場の解釈としては、この見方は多分、的はずれだろう。

とすると、次に考えられるのは、第二の解釈、すなわち新しい主導産業は民間の活力を通じて、市場における競争の中から生まれるのだから、国として主導産業のあり方自体を具体的に示してその育成をはかる必要はなく、インフラや競争環境の整備をしたり人材の育成をはかるだけで十分だ、という見方である。おそらく「IT基本戦略」の立場は、これに一番近いのではないだろうか。[134]

だが、第三の解釈も考えられなくはない。それは、「産業革命」といえば、もっぱら私の言う「第二次産業革命」の（成熟局面での）主導産業、すなわち乗用車や家電産業が意識されているために、「産業革命」とは異なる「IT革命」の進展という文脈のもとでは、とくに新しい主導産業など考える必要はないという見方である。この見方からすれば、現在必要なのは、既存の家電産業を「情報家電」産業に発展させたり、マスメディアの提供するコンテントをより「マルチメディア」型に高度化したりしていくことになる。「IT基本戦略」の文書を起案した人々の意識の中には、そういった要素も意外に強く含まれていたのではないかというのが、私の勘繰りである。

実際、「IT戦略会議」自体はいざ知らず、少なくともその外では、「情報家電」という言葉がほとんど一人歩きしていたり、放送（とりわけ地上波放送）のデジタル化、放送と通信の「融合」、あるいは「モバイル・インターネット」などといった言葉が飛び交ったりしている。それを見るにつけても、これまでの日本での情報化論議は、圧倒的に第二次産業革命の延長線上で理解され、構想されている感が強い。しかし現代は、第二次産業革命の成熟とならんで、第三次産業革命が出現からさらに突破へと向かいつつある時代である。そうだとすれば、既存の大衆消費向け産業の製品やサービスに第三次産業革命の成果を取り入れる努力だけをもっぱらしていたのでは、新しい産業の立ち上げはもちろん、既存の産業やその他の組織そのものの「リエンジニアリング」もできなくなってしまう恐れがある。一〇〇年前の日本は、一九世紀後半から二〇世紀初頭にかけての時代が、新しい産業である重化学工業の出現から突破の時代にあたっていたことの理解が十分でなく、そのためのインフラ整備や新産業の立ち上げに、さらには重化学工業の成果を利用した既存産業（農業や軽工業）のリエンジニアリングにも立ち遅れてしまったのだが、どうやら現在の日本は、第二次産業革命の成熟に腐心するあまり、過去の過ちを、またしても繰り返しているのではないだろうか。

　そのように見てくると、問題の根源は、やはり、第二次産業革命から第三次産業革命への転換（スーパー産業化）と、それとほぼ同時に進行した産業革命から情報革命への転換（トランス産業化）との両面での認識の立ち遅れにあり、世界で現実に生じている変化とのギャップが生まれて拡大していったのは、日本の場合、戦後の「高度経済成長」が終った一九七〇年代、とりわけ後半以降ということになりそうだ。

　それ以前の、一九六〇年代の後半から一九七〇年代の初頭にかけての一時期、日本では産業化の次の局面としての情報化に注目しようとする試みが、ほとんど世界に先駆けて、といいたいほど早く、いったんはなされた。[135] しかし、恐らくはその直後に起こった「石油ショック」の影響で、たちまち立ち消えになってしまった。また一九八〇年代の前半の「ニューメディア・ブーム」が再び巻き起こした情報化への関心も、今度は「円高ショック」の中で短命に終わってしまった。

コンピュータ産業の発展で日本が示した実績も、中途半端なものだった。日本は、メーンフレームのコンピュータ産業が主導した、一九五〇年代以来の第三次産業革命の「出現の出現」局面において、まず大きく立ち遅れた。しかし、やがてその遅れをかなりの程度取り戻し、いったんは米国勢に圧倒されるかに見えた日本のメーンフレーム・メーカーは、米国と四つに組んで競争するまでに成長した。(136) しかし、その余勢を駆って突き進んだ一九八〇年代半ばの通産省主導による「第五世代コンピュータ」開発計画やソフトウエアの「シグマ・プロジェクト」は、時代がすでに「出現の突破」に、すなわちコンピュータのダウンサイジングの局面に移っていることの認識が不十分だったために、無惨に失敗した。他方、民間企業は、ICやパソコンの製造においては、やがてこれまたかなりの程度遅れを取り戻し、一面では米国に先んじることにさえ成功した。(137) しかしその後、またしても日本は、ジョージ・ギルダーが一九八〇年代の終わりにいち早く予言していたように、米国の「ウィンテリズム」(138) に代表されるような強力なCPUやOSによる「出現の成熟」、およびそれと並行して起こったインターネットに代表される新情報通信ネットワークによる「突破の出現」局面において、米国に先を越されてしまったのである。(139)

結果的に日本の情報化は、ゲーム機や携帯電話、あるいはデジカメやカーナビのような第二次産業革命の延長線上にあるものは別にして、第三次産業革命の推進の面でも、第一次情報革命の推進の面でも、各国に大きく差をつけられてしまった。この点は、第二次産業革命成熟期の後発国として産業化の歩みを開始したアジア諸国が、少なくとも第三次産業革命の到来に関しては高い感度を示して、その推進にめざましい成果をあげているのとは対照的である。(140)それに引き替え、これまでの日本では、「情報化」というとすぐにその「光と影」という話になり、しかもどちらかといえば、もっぱらその「影」について飽きずに語ることが多かった。

日本人は、第二次産業革命の成功（とそれに加えて二度の石油危機への対処の成功）で、一九八〇年代の後半あたりで、気力が尽きてしまったのかもしれない。あるいは、いまや世界の最先端に到達したとか、もはや海外に学ぶべきモデルはないところまできたといった自覚に奢って、その眼前で、産業化の次の流れや、近代化の次の流れが出現していることへの感度が失われてしまったのかもしれない。よく目を開いて世界を見れば、全体として採用すべきモデルはないにしても、個別の事例として学ぶべきこと、参考にすべきことはいくらでも見つかったはずなのに、その確認作業を怠っていたのかもしれない。

私の六〇年周期の「長波」(141)論の見方からすれば、日本は一九七〇年代の半ばから、幕末以来三度目の長波の下降局面に入っている。これまでの発展を支えてきた制度は疲労の極に来つつある一方、未来の閉塞感は抜き難く、その分現状が甘美に見え、痛みを伴う改革には踏み切れないままに、天文学的な赤字の累積ものかは、財政出動で何とか景気を下支えをしようとしている。そのおかげで、社会不安も少なく、一見したところ不況もどこ吹く風で、「ゴールデン・デプレッション」などと評される状態が続いている。しかし、そのような「幸せな無理」ともいうべき状態をいつまでも持続できるはずはなく、いずれ経済や財政の本格的な崩壊と「沈没」は不可避だろう。昨年来、世界的に発生している、インターネット・バブルの崩壊に始まるIT革命の変調は、日本にとってはその序曲としての意味を持つものになるのかもしれない。

だが、それは同時に三〇年続いた下降過程がついに底を打って、次の上昇過程への転換が始まることでもある。六〇年周期説からすれば、その時期は二〇〇五年の前後ということになる。そのとき日本は、その六〇年前に戦争の焼け跡からの復興をめざしたのと同様に、今度は経済瓦解の爪痕の払拭をめざして立ち上がることになるだろう。ただし、戦後の復興期の初めは同時に、外国軍による占領の時代でもあったように、経済瓦解からの復興期の初めは、国際機関による経済管理の時代になる可能性がある。それにしても、日本にとっては、その時こそが、単なる産業革命を超えた本格的な「情報化」を推進していくための絶好の機会となることは疑いない。

それでは、そのさいの日本にとっての（そしておそらくは世界全体にとっても）目標は何であり、それを実現するための基本的な手段や戦略はどのようなものになるだろうか。それについては、章をあらためて検討することにしよう。

【注】

（1）ここに定義した意味での政治行為の一部は、経済行為と重なりうる。たとえば、他の主体が保有している経済財の入手を目標とする行為は、経済行為であると同時に、政治行為でもありうる。

（2）搾取と誘導の正当性に対する感覚は、明らかに文化によって異なっている。日米の大学院での私のささやかな授業経験によれば、取引に伴う搾取（とくに売り手の側のそれ）を許し難いと見なす程度は、アメリカよりも日本の学生たちの方が高い。逆に、説得に付随しているかもしれない誘導に対する不信の念は、日本よりもアメリカの学生たちの方が高い。

（3）秀吉が始め、家康が引き継ぎ、徳川幕府が本格的に推進した「キリシタン禁制」については、あらためていうまでもないだろう。鉄砲の廃止に関しては、ノエル・ペリン（ペリン［一九九一］）による「鉄砲を捨てた日本人」という見方と、鈴木真哉による、日本人は一貫して鉄砲好きだったという反論（鈴木［一九九七］）とがあって、意見が分かれている。私は、この問題は、桓武天皇による国家としての常備軍体制の放棄（七九二年）や第二次大戦後の昭和憲法による戦争の放棄（一九四六年）などの歴史的文脈の中で考えてみるべき問題だと思う。徳川時代には、島原の乱を最後に、幕末にいたるまで鉄砲が軍事に利用されたことはなく、頻発した一揆においても、鉄砲が組織的に使用された事例はないという。また徳川時代の初期には、農村に相当量の鉄砲が普及して、鳥獣駆除や猟に用いられていたが、綱吉以降、「諸国鉄砲改」によって鉄砲の利用が制限されると共に、大量の鉄砲が押収されている。徳川時代の「日本人が鉄砲を捨てた」という見方は、当たらずといえども遠からずといってよいのではないだろうか。

（4）社会システムの中での「権利」とは、ある主体が特定の行為を行うことに対して、他の主体が異議を唱えないという社会的合意が、制度化されていることを意味する。この意味での権利は、ある主体が何らかの行為を行う積極的な権利（自由権）と、他の主体に対して何らかの行為を行わせたり、やめさせたりする消極的な権利（請求権）に大別できる。

(5) このことは、近代主権国家の戦争が、軍事貴族や傭兵に依存しなくなることを意味する。

(6) それどころか、近代国家は、威のゲームのプレヤーであることをやめると同時に、その「主権」の一部を上位の国際機関や下位の地方組織に委譲することによって、むしろその黄金時代に到達する可能性があるという見方をしている人さえいる（公文［一九九六］二一五頁を参照）。

(7) これについては、村上のまとめ、村上［一九九二］上、第六章が示唆に富んでいる。

(8) 「機械化」とは、みずからが遂行すべき行為を機械に代行させることを意味する。同様に「商品化」とは、みずからが遂行すべき行為（財だけでなくサービスの生産をも含めた行為）を他の主体に代行させることを意味する。

(9) 企業に雇用されている「従業員（employee）」のことを企業の「メンバー」と見なすことがどこまで適切であるかについては、意見が分かれうる。日本では、「社員」とか「従業員」といったことばが、（商法の規定上は別として）ほとんど無差別に使われていて、被雇用者としての「従業員」を企業の正規のメンバーと見なす慣習がある。他方、「株主」の方は企業にとっては部外者と見なされがちである。

(10) これらの現象は、最近人口に膾炙するようになった「デジタル・ディバイド」という言葉をもじっていえば、「キャピタル・ディバイド」と呼ぶことができよう。

(11) 多国籍企業のグローバルな活動に対する最初の批判の波の高まりは、一九六〇年代の終わりから一九七〇年代の前半にかけての学園紛争や資源・環境問題の悪化に伴って生じた。第二の批判の波は、一九九〇年代の終わりから現在にかけて、反グローバリゼーション運動の一環として高まっている。さらに今回は、インターネットや情報通信産業の最初のバブルが崩壊する中で、企業自身の間にも、一種の自信喪失現象が見られる。競争が有効に機能しすぎると、独占的な利潤の長期的な入手の可能性が失われる。そうなると、回収に長期を必要とする巨額の投資を私企業が行う誘因がなくなるというのである。

(12) これら二つの革命については、後に詳しく説明する。

(13) ここでいう「情報権」にも、先に権利一般の説明にさいして述べたように、(a)積極的な自由権と、(b)消極的な請求権、という二つの側面が考えられる。情報権はまた、(1)情報や知識の処理にかかわる権利と、(2)その過程で生成した情報や知識の帰属にかかわる権利、および、(3)自分自身に関する情報や知識の管理にかかわる権利、などに分割（タクソノミー）してみることもできる。それらを組み合わせると、

(1a)情報自律権　(1b)情報セキュリティ権
(2a)情報帰属権　(2b)情報プライオリティ権
(3a)自己情報管理権　(3b)情報プライバシー権

といった六分割が可能になる。

(14) ここでいう「智業」とは、情報社会の核主体に対して、私が仮に与えた呼び名である。一般には、二〇世紀の後半になって、既存の主権国家（やその政府）でも営利企業でもない新しいタイプの組織が多数出現してきたことの自覚に伴って、それらをＮＧＯ（非政府組織）あるいはＮＰＯ（非営利組織）と呼ぶ、いってみれば消極的な規定が広く用いられるようになっている。しかし、そうした規定は、これらの新種の組織が積極的には何であるのかを示すものではない。もちろん、よく使われる「ボランティア」という言い方も、必ずしも適切とはいえない。兵士でも、少なくとも志願兵となる国民はボランティアだといってよいだろう。同様に、企業の従業員としての職を求めてくる市民は、やはりボランティアである。他方、智業のメンバーである智民たちも、ボランティアだからといって、何の組織的統制にも服さず好き勝手に行動しているケースはごく稀だろう。ましてや、ボランティアなら無償が当然と考えるのは、誤解もはなはだしいというべきである。そこで私は、情報社会に出現してくる新種の組織のことを、「智のゲーム」のプレヤーであるところの「智業」として、積極的に規定しようと思う。

(15) ここでいう地球智場は、軍事社会での国際社会や産業社会での世界市場に対応する、非主体型の社会システムである。

(16) ここでいう智的空間（ないしサイバースペース）は、軍事社会での地政学的空間や産業社会での工学的空間に対応する概念である。

(17) ここでいう通識は、軍事社会での領分（割譲の対象となることが前提されている土地や人民）や、

産業社会での商品（交換の対象となることが前提されている財やサービス）に対応する概念であって、ストックとしての知識とフローとしての情報とからなる。

(18) たとえば、後述するナプスターやヌーテラのようなプログラムのディレクトリーに登録されることによって、誰でもその所在や内容の概要を知ることができ、欲しければいつでもダウンロードできるようになっている情報や知識は、ここでいう通識の典型例である。

(19) この言葉の意味は後述する。

(20) 知力の保有ギャップを「富者」対「貧者」のギャップとして表現するのは、富のゲームからの類推である。他方、「情報強者」対「情報弱者」という言い方は、威のゲームからの類推である。いずれも、智のゲームにおいて発生するギャップの記述としては十分に適切とはいえない。智のゲームとの関係では、むしろ「賢者」対「愚者」のギャップという方が、より適切なのではないか。

(21) ただし現実には、知識や情報の超集権化はまず不可能であろう。むしろ、超分散化の行き過ぎによる社会的な紐帯の崩壊の危険の方が、より現実的だろう。ただし、これはどちらかといえば私の希望的観測であって、電子フロンティア財団の中心人物の一人であるデービッド・ファーバー（ペンシルバニア大学教授、二〇〇〇年から二〇〇一年にかけて米国連邦通信委員会の主任技術者の職にもあった）は、米国の国家安全保障局（NSA）が衛星を介して使用しているエシェロンと呼ばれるシステム――これには産業スパイ用だという嫌疑がヨーロッパ諸国からかけられていて、一種のスキャンダルの様相をも呈している――などの例を念頭に置きつつ、国家による監視・検閲やスパイ行為の可能性に警告を発している。ファーバーによれば、米国の場合はまだしも政府のその種の行為に対しては厳しい法的制約が課せられているが、英国の場合はほとんど野放しに近い状態にあるという。

(22) ただし、この本では、「長波」については考えない。興味ある読者は、たとえば公文［一九九八］を参照されたい。

(23) この図は、先に掲げた図表2-1のいわば後半部分（つまり、三つの波がそれぞれ本格的に立ち上がってくる時期）だけを取り出して、S字波の継起という観点からの修正を加えたものである。

(24) もちろん、そのことは戦争行為そのものの終焉を意味するものではなく、したがって「自衛のための戦争」の国際的正統性を否定するものでもなかった。

(25) では、それを購入した「消費者」たちは、いったいそれで何をするのだろうか。いうまでもなく、(通常は自分やその家族の)消費のための、財やサービスの生産を行うのである。その意味では、第二次産業革命は、生産過程を「消費者」の家庭(というか運転なども含めれば「消費生活」一般)の中にまで、再び拡大させもしたのである。国民経済統計が、国民の「厚生」の指標でもあるとすれば、それは当然、消費者が消費者用機械を購入(つまり「投資」)して行う「生産」の種類や質や規模をも計測してしかるべきであろう。しかし、持ち家から発生するいわゆる「帰属家賃」の算定を別にすれば、そのような努力は、今日までほとんど行われていない。政府の国民総生産統計に含まれている非市場向けの生産は、「政府サービス」と、教育・医療・福祉・宗教・文化・レクリエーションなどの社会的サービスを家計に提供する団体による「対家計民間非営利サービス」だけである。

(26) 他方、米国は相対的に内需を重視しすぎたといえるかもしれない。

(27) そうした新しい変化を自覚していればこそ、単に「情報家電」といってしまうのではなく、「デジタル家電」とか「ネット個電」という名称を提案しているのだという向きもあるが、それでも依然として短絡的な思考の域をでていないように私には思われる。むしろ、第三次産業革命(および第一次情報革命)の成熟過程で出現してくるものは、単品としての機器ではなくなるのではないか。それらは、一方では人間の衣服やさらには肉体の内部に埋め込まれたデバイスになると同時に、他方ではより大きな情報通信ネットワークの「ノード」にもなっていくように思われる。さらにいえば、未来の情報社会では、「家事用」とか「レジャー用」あるいは「業務用」といった用途面での区分も、意味を失っていくに違いない。

(28) Fransman [2000].

(29) このような見方が妥当するとすれば、第三次産業革命の勢いは、これからさらに加速することになる。しかし、主導産業の交替を伴うような出現から突破への転換が、何の摩擦もなく円滑に行われるとは考えにくい。

(30) Fransman [2000].

(31) フランスマン（Fransman［1995］）の発見したところでは、専門的機器製造事業者間の競争の度合いは、日本が一番強かった。

(32) ただし、回線交換型ネットワークとは原理的に異なるパケット交換型ネットワーク技術に対しては、AT&Tの技術者たちは拒否反応を示した。

(33) しかし、他方では、これらの事業者は、ユニバーサル・サービス規制のかかるようなうまみのないサービスは、バンドルからはずす形の選別も行っていた。

(34) 実際、これらの事業者には、固有の弱点もある。技術や技術者を専門的設備製造事業者に全面的に依存することは、互いに製品やサービスの差別化ができないというトレード・オフをもまた甘受せざるを得ないことを意味する。だがその分、いったん経営が困難になれば、身売りすることも容易である。

(35) 既存事業者や、新ないし新新事業者のこうした苦境は、とりわけ長距離電話市場での競争が、そのコストの急激な低下と共に、予想以上に激化したために、長距離電話からの収入もまた予想以上に急速に減少したことによるといわれている。他方、長距離電話事業への依存度の低い、米国の「地域電話会社（いわゆるRBOCS）」は、当初の七社が合併によって三社にまで統合される中で、株価は下落どころかむしろ上昇し、その勢威を強めているかに見える。しかし、それは皮相な観察であって、電話会社が直面している課題は、長距離であれ市内であれ、電話そのものからの転換、すなわち広帯域IPネットワーク事業への、できる限り速やかな転換にある。しかし、米国の地域電話会社は、たとえばDSL（デジタル加入者線）のような「中帯域」サービスの提供さえ、本腰を入れているとはいいながら、需要に即時対応するという点でも、アフターサービスの質の点でも、きわめて不十分な実績しか示し得ていない。ならば殷鑑遠からずで、次に苦境に立つのが地域電話会社である可能性は高い。

(36) もっとも、後のケビン・ワーバックの所論の紹介にも見られるように、新情報通信産業のレヤー別区分の仕方は、ここでのフランスマンのものが唯一というわけではなさそうだ。

(37) ネットワークの「全光化」によって、再び「回線交換型」というか「非パケット交換型」のネットワークが復活する可能性については後述する。

(38) 確かに、インターネットやＬＩＮＵＸなどに見られる技術革新の特徴からすれば、フランスマンの指摘は説得的である。自社の研究開発努力を放棄してしまった「新新」通信事業者の姿勢は、あだ花的であり、永続し得ないことは明らかだとしても、そのゆえをもって伝統的な電気通信産業における研究開発体制の堅持を主張するのは、とうてい適切とは言い難い。持株会社のもとに研究開発機能を集中させているＮＴＴの現方式には、抜本的な再検討が必要なのではないだろうか。

(39) そうなると、たとえば物の置き忘れを心配しなくてもよくなる。

(40) しかし、第一次産業革命の時代に典型的に見られたような賃労働者（としての生産者）と商品購入者（としての消費者）の二側面の分裂は、むしろ解消する方向に進むのではないだろうか。

(41) George Gilder, "The Storewidth Paradigm," *GILDER TECHNOLOGY REPORT*, Vol. VI No. 11, Nov. 1999, および "Bandwidth Angels: A Millenium Review," Dec. 1999.

(42) George Gilder, "Avanex Rocks the Telecosm," *GILDER TECHNOLOGY REPORT*, Vol. VI No. 4, Apr. 2000. ただし、コンピュータ自身の光化は、当分起こりそうもないので、半分はエレクトロニクスを残した「スペクトロニクス」という言い方になる。また、波長間の「回線交換」が行われるようになっても、メッセージのパケットによる送信は残るとギルダーは考えている。

(43) 邦訳は、ギルダー［一九九二］。

(44) イーサーネットの開発者 Bob Metcalfe は、このビジョンをさらに一歩進めて、ＩＰ自体も「中抜き」される世界について想像をめぐらせている（Bob Metcalfe, "A question for the IETF on the eve of its meeting: What's next for TCP/IP?" *From the Ether*. Jul. 31, 2000. (www.infoworld.com/articles/op/xml/00/07/31/000731opmetcalfe.xml)。

ここにほの見えてくるのは、ＭＡＣアドレスをそのまま利用して通信を行う、「グローバル・バーチャルＬＡＮ」の姿だといえば言い過ぎだろうか。

(45) ギルダーらは後に、この考え方を、「カオの法則」として定式化した。George Gilder, Richard Vigilante, and Charles Burger, "Cao's Law," *Gilder Technology Report*, Vol. V, No. 10 (Oct. 2000). その紹介は、山田肇「『カオの法則』と技術動向予測」、国際大学グローバル・コミュニケーション・セン

ター月報『智場』第六一号（二〇〇一年一月）を参照。

(46) Kevin Werbach, "Meta Service Provider: The Internet's SS7 Network." *Release 1.0*, Dec. 15, 1999.

(47) メタサービス・プロバイダの行う新しいサービスとしては、コンテント分散以外にもさまざまのものが考えられる。たとえば、商取引支援や、広告、ゲーミングその他のアプリケーションのためのサービスやインフラが、これからどんどんでてきそうだ。その具体的な一例としては、カナダのゼロ・ナレッジ・システム社が一九九九年の初めに発表し、年末からサービスを開始した、匿名および偽名でのインターネット通信のための「フリーダム」サービスがある。

(48) 村上［一九九七］参照。

(49) もちろん、そうした考察は、まったくの想像の域にとどまるものにすぎない。それにしても、もしも本章の2で見たように、情報化の時代には、軍事化時代の闘争や産業化時代の競争に代わって、「共働」が主体間の中心的な相互作用方式になるものとすれば、過去の近代化に見られたような「独立戦争」や「市民革命」のような血なまぐさく激烈な政治権力の移動や行使は、考えにくいのではないか。「智民革命」は、仮に起こるにしても、その実態は、より平和的な権力交代ないし権力への参加になると期待したい。なお、智民革命ないしネティズン革命についてのより詳しい考察は、私の旧論文、「ネティズンとネティズン革命」を参照されたい。この論文は、公文［一九九六］に収録されている。

(50) マハループ［一九六九］。

(51) ベル［一九七五］。

(52) リプナック／スタンプス［一九八四］、Lipnack／Stamps［1986］。

(53) ファーガスン［一九八一］。

(54) ネティズンという英語の言葉自体は、一九九三年に、当時コロンビア大学の学生だったマイケル・ハウベンが、最初に使い始めたことがわかっている。デービッド・ロンフェルトの画期的な論文「部族、組織、市場、ネットワーク——社会進化理論の枠組み」は、一九九六年にRANDから出版された。ハウベンの論文「ネティズンの誕生」およびロンフェルトの右記論文の邦訳は、公文［一九九六］に収録されている。

（55） 前掲注参照。

（56） デービッド・アイゼンバーグのニュースレターによれば、経営学者のアート・クライナーも、一九九六年の著書（Kleiner [1996]）の中で、同様な指摘をしているらしい（David Isenberg, "Smart Comments from Smart People," *SMART Letter*, No. 20. May 2, 1999）。

（57） Bill Gurley, "The Rising Impact of Open Source," *ABOVE THE CROWD*. Jul. 12, 1999.

（58） ミッシェル・デリオ（日本語版：大津哲子・岩坂彰訳）、「ソフト業界の主流はオープンソースへ」『ホットワイアード』二〇〇〇年八月一五日（www.hotwired.co.jp/news/news/technology/story/20000821303.html）。

（59） たとえば、日本経済新聞（二〇〇〇年六月五日）には、「情報化がもたらす経済格差（デジタルディバイド）」といった表現が見られる。しかし、経済格差、すなわち貧富の差は、近代社会に見られる三つの大きな格差の一つにすぎない。近代社会では、軍事的エンパワーメントが、（武力や政治力の面での）、「強者と弱者」の間の格差をまずもたらし、次いで経済的エンパワーメントが（経済力の面での）「富者と貧者」の間の格差をもたらした。そのため、知的エンパワーメントがもたらす格差も、旧来の政治格差や経済格差の一つの形式だとして理解されやすい。あるいは、それが情報力・知力の面での格差だとして正しく認識された場合でも、言葉としては「情報強者と情報弱者」とか「情報富者と情報貧者」といったような既存の用語を借りて表現されやすい。だが、情報社会の真の「デジタル・ディバイド」は、「賢者と愚者」の間の知的格差だというべきではないだろうか。

（60） Shapiro [1999].

（61） Allen Hammond, Jonathan Lash, "Cyber-Activism: The Rise of Civil Accountability and Its Consequences for Governance," *iMP Magazine*, May 22, 2000（http://www.cisp.org/imp/may_2000/052_00hammond.htm）.

（62） 彼らがつけている「シビル（民間）」という形容詞は、私ならば「智民」という言葉に置き換えたいところである。問題は、「アカウンタビリティ」という単語の意味である。日本では、この言葉は「説明責任」などと訳されることが多いが、何とも理解しにくい。論文の文脈から判断すれば、この言葉は、既存の権力機構とは異なる「シビル組織」が、人々の期待や付託に応えて、問題解決能力（とりわけ、他者制御能力）をみずから発揮してみせることを意味しているように思われる。つまり、この言葉は「応託」とでも訳すことが適切なように思われる。したがって以下では、この言葉は「智民応託」と訳すことにしよう。「シビル・ガバナンス」は「智民共治」と訳しておこう。彼らはまた「eガバナンス」という言葉も使っているが、これはこのままにしておくのがよいだろう。なお、「共治」の訳語は納家［一九九七］から借用した。

(63) ハモンドらによれば、グローバルに活動できる国家の数は現在約二〇〇、多国籍大企業の数は約二万あるのに対し、インターネットを活用してグローバルな活動ができる智業（NGO‐NPO）の数は、二〇〇〇万という桁違いの大きさに達している。

(64) したがって、企業のためにサイバースペースを絶えずスキャンして、怪しげな噂やそれが引き起こしかねない智民応託行動の可能性に関して、企業に警告を発するサービスも、インターネット上で急速に大産業になりつつある、とハモンドらは指摘している。

(65) Katz [2000].

(66) ギークたちの物語から、私は二つのことを想起させられた。その一つは、イギリスの産業革命の推進者となったクエーカーたちの物語である。他のキリスト教の宗派とは一風違った教義を持ち、祈りに熱中するとぶるぶると身体を震わせるという奇妙な振る舞いをするこの宗派（震教）の信徒たちは、「クエーカー（震える人）」と蔑称された。しかし、彼らはあえてこの蔑称をみずからの自称とし、後には人々は尊敬の念を込めてクエーカーについて語るようになったという。

もう一つは、一九世紀末から二〇世紀初頭にかけて、その異才や特殊な関心のゆえに学校で不適応に苦しむ子供たち、あるいはいかがわしい小説にうつつを抜かす「文学青年」たちの物語である。たとえば、トマス・マンの名作『トニオ・クレーゲル』の主人公のトニオや、ヘルマン・ヘッセの『車輪の下』に登場する主人公ハンス・ギーベンラートの友人ヘルマン・ハイルナーがそれである。あるいは『罪と罰』のラスコリニコフも、この系譜に属する人物の一人だろう。ちなみに、『ギークス』の主人公の青年、ジェシー・デーリーは、自分の学校体験を、ディッケンスの『デービッド・コパーフィールド』のそれ（第一六章）と同一視している。

(67) カーツの著書は、アイダホの田舎町でやっと高校を卒業し、町のコンピュータ屋で細々と働いていた一人のギークが、アイダホからシカゴに出て好条件の職を見つけ、さらに米国の超一流大学であるシカゴ大学に特別入学を許されるまでの物語である。

(68) Gary Chapman, "DIGITAL NATION Foes of 'New Economy' Gaining Voice," *The Los Angeles Times*, Apr. 3, 2000.

(69) 相対的・水平的なディバイドという観点が理解しにくければ、産業社会での先進国間の貿易摩擦の例を想起してみていただきたい。あるいは、軍事社会での主要列強間の紛争や、陸軍国対海軍国の紛争を想起してみていただきたい。これらはいずれも、相対的・水平的ディバイドの例である。

(70) さらにいえば、従来からある軍事的ディバイドや経済的ディバイドも当然絡み合いながら、というべきだろう。

(71) もちろん、そうした直接的対応がすべて無効だとか、望ましくないということではない。

(72) 一九九九年一一月のハイパーネットワーク社会研究所での招待講演による。

(73) なお、Andrew L. Shapiro, "The Net That Binds," *The Nation*, Jun. 21, 1999 をも参照されたい（www.thenation.org/issue/990621/0621shapiro.shtml）。

(74) 私たちの考えるＣＡＮの理念については、次章で詳しく説明する。

(75) Jaron Lanier, *ONE HALF OF A MANIFESTO*. Sep. 2000（www.edge.org/3rd culture/lanier index.html）.

(76) Jaron Lanier, "Making An Ally Of Piracy," *Sunday New York Times*, May 9, 1999.

(77) ラインゴールド［一九九五］。

(78) この「共」のコンセプトをめぐるより詳しい議論は、次章で試みる。

(79) ゲイツ［一九九九］。

(80) 日本ではなぜか、これらのアプリケーションの表記を「ナップスター」とか「グヌーテラ」とする例が多いが、前者はわざわざ促音（ッ）を入れる必要があるとは考えられないし、後者は明らかに誤りなので、この本では、文献引用の場合を除いて、本文のような表記に統一する。

（81）それにつぐ話題としては、インターネットへの「広帯域」アクセスと、「モバイル・インターネット」があげられるが、それらが本格化するのはまだこれからである。

（82）メディア・マトリックス社の二〇〇〇年一〇月の発表によれば、これは米国でインターネットに接続しているコンピュータの一〇%にあたる。他方、ネット・レーティングズ社によれば、英国とドイツの場合は、ナプスターを搭載しているコンピュータの割合は、インターネットに接続しているもののうちの六%強だという。

（83）Lee Gomes, “Napster Alters Its Software In Bid to Appease Colleges,” *The Wall Street Journal*, Mar. 23, 2000.

（84）Janelle Brown, “MP3 free-for-all: The tiny Napster is shaking the music industry to its foundation,” *salon. com*, Feb. 3, 2000.

（85）Kristen Philipkoski,「遺伝子研究者が『ナップスター』技術の応用を検討」, Wired News, 二〇〇〇年四月五日（日本語版：高森郁哉・岩坂彰訳）。スタイン教授によれば、「大規模なゲノム研究所には、研究データを電子的な手段で公開するためのサーバーを構築する資金がある」一方、「小規模の独立した生物学研究所は、そうしたデータを利用する側の立場で、情報をダウンロードしている」。しかし、小規模な研究所は自分たちの研究成果を電子的手段で公開する手段を持っていないので、そこにナプスターやヌーテラのような技術が活躍する余地が生まれる。そこでスタイン教授はいう。「私の希望は、この技術が将来すべての生物学者に利用されることだ。優秀な高校生までもが研究に貢献できるようになるといいのだが」。

（86）Tiernan Ray, “SMARTMONEY. COM: Stealing the Internet,” *Dow Jones*, Apr. 26, 2000.

（87）少なからぬ大学は、要求を容れてキャンパスでのナプスターの利用を禁止した。しかし、ペンシルバニア大学は、要求を拒絶した一五大学の一つとなった。その返事の中で、ジュディス・ローゼン学長は、「自由な探求と表現の制限に対する懸念の方が、アーティストの知的財産への懸念を上回った」と表明すると同時に、大学は学生に知的財産の適切な利用法を教えるつもりだとも述べた。アーティスト側のキング弁護士は、大学のこの決定に関し、さらなる対話を求める意思を表明したが、クライアントが大学を訴える可能性は否定したという（筆者のもとに送られてきた電子メールが紹介していた、*Philadelphia Inquirer*, Sept. 28, 2000 の記事による）。

（88）最初の訴訟に敗れたナプスター社は、この五月、ラップ・シンガーのドクター・ドレが提出したリストに含まれていた、違法行為を行っていた可能性のある二十数万人の登録ユーザーを、自社のサーバーから抹消することを余儀なくされた。また七月には、連邦地裁が、一二月に訴えを起こしたレコード産業協会に勝訴の可能性ありという理由で、同社の営業の一時停止命令を出した（Brad King, "Napster Ordered to Shut Down," *Wired News*, Jul. 26, 2000. www.wired.com/news/print/0,1294,37558,00.html）。とはいえ、すぐそれに続いて、現象としてのナプスターと営利企業としてのナプスターは別物だと指摘しつつ、裁判所やレコード業界は前者を止めることはできないとする論評も現れた（Scott Rosenberg, "Why the music industry has nothing to celebrate. Napster's shutdown will only cause a thousand alternatives to bloom." *Salon*, Jul. 27, 2000）。また、業務差止め命令は、それが出された二日後に、控訴裁判所によって延期が認められた。

（89）ある筆者は、ヌーテラ型のアプリケーションのインパクトを、次のように説明している。
ナプスターの場合であれば、中央サーバーの閉鎖を命令したり、そこに登録しているユーザーに警告を送りつけたりすることはそれほど困難ではない。しかし、ＡＯＬの一部局が開発したヌーテラは、ナプスターのようなハブ・アンド・スポーク型のモデルは採用していないために、どのパソコンも、インターネット・アドレスのわかっている他のすべてのパソコンに話しかけることができる。そして、探しているファイルの在処が見つかるまで、つながっているパソコン同士の間で、次々と探索が連鎖的に続く。そのため、ここには中央の権威なるものは存在しない。したがって、訴訟の対象となる単一の主体も存在しないことになる。すでに広く報道されているように、ヌーテラは二〇〇〇年三月一五日にＡＯＬのサーバーにポストされた直後に、タイム・ワーナー社のジェラルド・レビンＣＥＯその他の抗議を受けて、サーバーから除去された。しかしその間に、ヌーテラのクローンのソースコードは、パブリック・ドメーンに置かれてしまった。だから、誰でもがそれをコンパイルして、他のコンピュータにこっそり広げていくことが可能になった。

それに加えて、最近ではＤＳＬやケーブルモデムの技術が普及したために、大学キャンパスだけでなく、一般市民の間にも、インターネットに常時接続しているコンピュータの数が増え、それらが自分自身のインターネット・サービスやウェブ・サイトを始めることが可能になってきた。そのおのおのが海賊版ファイルをポストしている一〇〇〇人のＤＳＬ加入者の全員を訴えることなど、できはしない。ましていわんや、ＤＳＬサービスの販売者を訴えるわけにはいかないのである（Tiernan Ray, "SMARTMONEY. COM : Stealing the Internet," *Dow Jones*, Apr. 26, 2000)。

(90) Michael Learmonth, "Let the Music Play : Bertelsmann and Napster Come Together." Oct. 31, 2000 (www.thestandard.com/article/display/0,1151,19820,00.html).

(91) 米国のレコード業界が、アーテイストたちをいかに搾取しているか、またいかに卑劣な手を使って著作権法の改悪を行ったかについては、歌手のコートニー・ラブが、怒りを込めて告発の熱弁をふるっている。彼女によれば、レコード業界のやっていることこそ「パイレシー」（海賊行為）であって、それに比べると大学生がナプスターで行うコピーなど、パイレシーというにもあたらないのである(www.salon.com/tecn/feature/2000/06/14/love/)。

(92) ただし、自身ベンチャー・キャピタリストであるファニングの伯父たちが出資をして作ったナプスター社自体は、情報の通有を大義名分とする一方で、自社の保有する知的財産の保護は徹底的に行いつつ、営利を追求するという「ダブル・スタンダード」に立っていたことが大メディアによって指摘され、読者に衝撃を与えた（Lee Gomes, "Napster lays claim to New Frontier, but it doesn't want any company. If there's one thing that Napster seems to believe in, it's sharing." *The Wall Street Journal*, Jul. 26, 2000 〈www.msnbc.com/p/cnbc/437756.asp?bt=cnbc〉)。

(93) Jeffrey R. Harrow, "Bandwidth : The Raw Material of the New Economy," *The Rapidly Changing Face of Computing*. Apr. 17, 2000. アット・ホーム社はしかも、このような「スピード・キャップ」の設定を「サービスの高度化」と称して、ユーザーの憤激を買った。おまけに同社の主任技

術者ミロ・メディンは、上りの通信帯域を濫用する「帯域食らいの豚」どもを退治する必要について語り、サーバーを置きたければ、別料金でやってくれと要求した（Marty Katz, “@Home Puts Speed Limits on Uploads by Subscribers,” *New York Times*, Jan. 21, 2000）。

（94） Jeffrey R. Harrow の前掲論文参照。なお、このような状況が、ケーブルモデムに対するＤＳＬの（さらにはＦＴＴＨ〈ファイバー・ツー・ザ・ホーム〉の）優位を――といってもそれらが妥当な料金で迅速に提供可能になった場合のことだが――意味することはいうまでもない。

（95） Kevin Werbach, “Data Soup: The Client is the Server,” *Release 1.0*, Apr. 2000.

（96） 彼らは、マーク・アンドリーセンたちの出資を得て、二〇〇〇年九月に新しい企業を立ち上げたが、まだ社名も正式には決まっておらず、当面はゴーンサイレント・コムという仮の名称で活動している（www.gonesilent.com/）。

（97） オンラインの『マルチメディア・インターネット辞典』による。

（98） 『オンライン・コンピューター用語辞書』およびＬＡＮ基礎講座（http://ww2.tiki.ne.jp/~masatsu/lan/lan03.htm）による。

（99） Leander Kahney, “Intel Says: Think Like Napster.” (SAN JOSE, Calif.) Aug. 24, 2000.

（100） Jennifer Pelz, “Together We Search, United We Find,” *PC World Online*. May 11, 1999 (www.pcworld.com:80/pcwtoday/article/0,1510,10890,00.html).

（101） www.peer-to-peerwg.org マイクロソフト社も加入を考慮中という。

（102） Tim Andrews and David Tamês, “Peer to Peer: A Point of View.” Oct. 24, 2000 (http://www.viant.com/pages/frame_thought_headline.html).

（103） クリステンセン［二〇〇〇］。

（104） 上村［二〇〇〇］。

（105） http://opencola.com/ なお、同社によれば、openCOLA のプロトコルは、電子商取引用としては第三世代のＸＭＬシステム・プロトコルである。第一世代は、既存のＥＤＩ（電子データ交換）のようなシステムを単にＸＭＬ化しただけだった。第二世代のプロトコルは、ネームスペースを用い、より柔軟になった。そしてこの第三世代では、「COLAスペース」内の任意のオブジェクトが他の任意のオブジェクトに対して正確、かつ簡明に語りかけることが可能になった。したがってそれはいまや、単なる電子商取引という以上の、共働的コンピューティングのためのプロトコルとして機能できるようになったのである。

(106) ただし、モジョ・ネーションの提唱しているマイクロペイメントのコンセプトに対しては、情報や知識のダウンロードによる入手は、希少な資源の占有どころか、共通に利用しうる資源基盤の拡大を意味するという観点からの原理的な批判もなされている。Clay Shirky, "In Praise of Freeloaders," *The O'Reiley Network* (www.oreillynet.com/pub/a/p2p/2000/12/01/shirky_freeloading.html).

(107) 以下の説明は、Declan McCullagh「『ナップスター』、『グヌーテラ』に対抗する新サービス」『ホットワイアード』二〇〇〇年七月二九日号（日本語版：多々良和臣・高橋朋子訳）(www.hotwired.co.jp/news/news/technology/story/20000801302.html) による。

(108) フリーネットについては、上村の前掲論文を参照。

(109) 以上の説明は、John Borland「ナップスターのようなファイル交換で電子商取引を」CNET News, 二〇〇〇年七月二〇日（日本語版：小山敦史訳）による (http://japan.cnet.com/News/2000/Item/000722-4.html?mn)。

(110) "Groove : The next Netscape?" *The Economist*. Nov. 2, 2000. なお、ケビン・ワーバックの下記の解説も参照。Kevin Werbach, "IN THE GROOVE," Newsletter : The Conversation Continues. Nov. 1, 2000 (www.futureofsoftware.net/ro0010/ro0010.asp).

(111) 以上の記述は、Michelle Delio, "Peer-to-Peer Ready to Groove," Oct. 2000 に基づいている (www.wired.com/news/business/0,1367,39449,00.html)。

(112) Justin Hibbard, "Can Peer-to-Peer Grow Up?" *Red Herring*. Dec. 4, 2000. pp. 86-91 による。

(113) カナダの試みについての第一次資料としては、CAnet-3-NEWS@canarie.ca, www.canet3.net/news/news.html を、とくにアルバータ州が推進している「スーパーネット」の構築については、www.innovation.gov.ab.ca/supernet/を参照。また、日本語での紹介としては、土屋大洋、山田肇、アダム・ピーク「レポート：光ネットワーク構築へのカナダ・モデル」*GLOCOM Review*, Vol. 5, No. 12（Dec. 2000）を参照。

(114) Chris Fisher, "Wireless home nets need 802.11a." EE Times. Jul. 28, 2000（www.eetimes.com/story/OEG20000728S002).

(115) ターミノード・プロジェクトの説明としては、さしあたり、J.-P. Hubaux, J.-Y. Le Boudec, S. Giordano, M. Hamdi, "The Terminode Project : Towards Mobile Ad-Hoc WANs", a paper presented at People-Based Networking（i3 Spring Days 2000 Workshop, 1st Mar. 2000, を参照。

(116) なかでも、Martin Fransman, "Evolution Of The Telecommunications Industry Into The Internet Age," Jul. 2000, が有益である（www.TelecomVisions.com/experts/4060.shtml）。

(117) 小池良次「米国B２Bマーケットの現状（前編）」二〇〇〇年九月（http://www.ryojikoike.com/data/inet/2000 09/b2b/b2bbdy1.html）。

(118)「エコマネー」についての最新の説明は、加藤［二〇〇一］を参照されたい。また、地域通貨一般については、リエター［二〇〇〇］が興味深い解説を与えている。

(119) open money manifesto（www.gmlets.u-net.com/openmoney/omanifesto.htm).

(120) 最近の大企業を標的とする消費者アクティビズムの動きについては、Kenneth Brown, "The Tech Industry : The New Target of Consumer Activism." *iMP Magazine*, Oct. 2000 を参照（www.cisp.org/imp/october_2000/10_00brown-insight.htm）。また、サイバー・アクティビズムについては、Allen Hammond, Jonathan Lash, "Cyber-Activism : The Rise of Civil Accountability and Its Consequences for Governance." *iMP Magazine*, May 2000 を参照（www.cisp.org/imp/may_2000/05_00hammond.htm）。

(121) "Nader, Gore backers using Web to swap votes," Oct. 2, 2000. *The Associated Press*（http://news.cnet.com/news/0-1005-200-3331166.html?tag=st.ne.1002.thed.ni).

(122) これは、筆者が二〇〇〇年一〇月に同社を訪問したときに、直接聞いた話である。

(123) Om Malik, "Top Ten Trends 2001　Trend Number One : Computing," *Red Herring*. Oct. 4, 2000.

pp. 94-105. マリクは、「分散的コンピューティング」は、「P2Pコンピューティング」よりも包括範囲の広いコンセプトだという立場に立っている。すなわちそれは、「P2Pコンピューティング」に加えて、ネットワーク内のコンピューティング資源を共働利用する「グリッド・コンピューティング」と、そうしたコンピューティングのためのインフラとなる「分散的ITインフラ」の三本柱からなるとしている。

(124) Eyton Adar and Bernardo A. Huberman (Xerox Palo Alto Research Center), "Free Riding on Gnutella." Aug. 2000 (www.parc.xerox.com/istl/groups/iea/papers/gnutella/index.html).

(125) 「智のゲーム」については、公文［一九九四］第六章を参照。また、PARCの人々が提示した論点へのもう一つの批判としては、先の注（106）で紹介したShirkyの論及が興味深い。

(126) その意味では、P2P的な対等性は、市場との比較でいえば、単純商品生産者たちの相互交換市場において見られる対等性に似ているように思われる。つまり、ナプスターのようなP2P型情報通有の現状は、まだ通識の主たる提供者とその享受者との間への、より明確な二極分化が起こる以前の状態なのではないか。いずれは智のゲームでも（恐らく単純商品市場が資本主義的な商品市場に転化していったのと同様に）、P2P型の情報交換プラットフォームの上に、より階層的な情報配布のレヤーが作られていくだろう。ただし、その場合でも、コミュニケーションの双方向性がまったく失われることはない。智のゲームの世界にも、多くの「スタートアップ」が絶えず出現するに違いないし、大量の質問や賛辞、あるいは批判などが享受者から投げ返されると思われるからである。

(127) 「社会システムとしてのネットワーク」の概念については、公文［一九九四］第七章7を参照。

(128) その例としては、世にいう「共生」（黒川紀章）、「共創」（電通総研）、「共愉」（アイバン・イリッチのいう"conviviality"の古瀬幸広による日本語訳）などが考えられる。

(129) ここでいう「共権」の中核に位置するのが「情報権」であろう。情報権は、自由権としての情報自治権、情報帰属権、および自己情報管理権と、請求権としての情報セキュリティ権、情報プライオリティ権、情報プライバシー権などの諸権利から構成されると考えられる。もちろん、共権の法体系は、既存の公権（主権）や私権（財産権）の体系を否定するものではなく、それらを前提しつつ、新しい権利の体系の確立と諸種の権利間の相互調整がめざされるのである。

(130) ある研究会で「共のパラダイム」について報告したところ、林紘一郎さんから、まるで「オランダモデル」(長坂［二〇〇〇］)そっくりの話ですね、というご指摘を受けた。早速その本を読んでみると、確かに、共通点が非常に多いという印象を受け、私の議論もそれほど現実離れしているわけではなさそうだ、と勇気づけられた。

(131) www.kantei.go.jp/jp/it/000707/setti/1honbusetti.html

(132) http://www.kantei.go.jp/jp/it/goudoukaigi/dai6/6siryou2.html

(133) www.kantei.go.jp/jp/it/kihonhou/gaiyou.html

(134) 「IT基本戦略」の中の「ネットワークインフラの整備については、民間が主導的役割を担うことを原則とし、政府は自由かつ公正な競争の促進、基礎的な研究開発等民間の活力が十分に発揮される環境を整備する」という文章は、ネットワークインフラの整備を担当する主体が、第三次産業革命の(突破局面での)主導産業になるとすれば、まさにそのことを意味していると読める。

(135) 先にあげた、梅棹の情報産業論のほかにも、増田米二、香山健一、林雄次郎、白根禮吉、北川敏男などといった人々の先駆的な業績や、一九七〇年代に学研が出版した『講座情報社会科学』(北川敏男編)などが思い浮かぶ。

(136) 私は、一九七五年の夏、八王子の大学セミナーハウスで糸川英夫が行った講演を、今でも鮮明に記憶している。糸川はそのとき、自分は全力をあげて、アメリカ相手に戦いを挑もうとしている日本のコンピュータ産業を応援するつもりだ。なぜなら、日本にはまったく勝つ見込みなどないからだ、と述べたのである。つまり、それが糸川のいう「男の美学」らしかった。

(137) その間の物語は、たとえば、相田［一九九五‐九六］や、関口［二〇〇〇］の著書に詳しい。

(138) カリフォルニア大学バークレー校のジョン・ザイスマンらが、第二次産業革命の成熟局面での「トヨタイズム」との対比で使い始めた言葉で、ウィンドウズのOSとインテルのCPUの連携体制が世界のコンピュータ産業を主導するようになったことを意味する。

(139) 一九八〇年代の日本の追い上げとその後のアメリカの反撃については、ジョージ・ギルダーの卓抜な分析と予測、ギルダー［一九九二］が興味深い。

(140) 戦後長らく、事実上日本をモデルにして産業化の道を歩んできた韓国でも、一九九七年以降のIMF体制からの脱却過程で第三次産業革命の重要性に注目するようになり、インターネットの普及に全力をあげている。その結果、二〇〇〇年の初頭で、韓国のインターネット人口は全人口の四〇％強にあたる、二〇〇〇万人を突破したといわれる。人口規模が韓国の三倍近い日本のそれが二七〇〇万人にとどまっているところからしても、この普及度は驚異的である。さらに韓国での広帯域インターネット・アクセス（ケーブルモデムやDSL）の家計への普及度は、三〇〇万世帯をすで超えて四〇〇万世帯、つまり全体の三〇％以上に達しつつあるという。米国での普及度は高々五％と見積もられているところからすると、この数字はさらに驚異的である。他方、第一次情報革命の知的エンパワーメントに対しては、アジア諸国の政府は、それを脅威と見なして抑圧しようとする傾向にある。

(141) 公文［一九九八］を参照。

第3章

内からの産業化と情報化

1　第三次産業革命のグローバル・パスとグローカル・パス

前章の終わりで見たように、第三次産業革命は、これからいよいよ「出現」から「突破」の段階に入っていこうとしているのだが、その段階で多少の変調を見せている。気の早い人の間では、「ニュー・エコノミーは幻想にすぎなかった」とか、「IT革命は、産業革命に匹敵する影響力はとうてい持ち得ない」などという声さえあがり始めているようだが、そこまでのことはないにしても、米国の景気が中期循環の下降局面に入りつつあることは、まず間違いなさそうだ。他方、同じく「出現」から「突破」に向かいつつある第一次情報革命は、智民の政治化の動きやP2Pをめぐる熱狂に見られるように、ますますその勢いを強めつつあるとはいうものの、こちらはいささか暴走に近いような面が見えなくもない。もっとも望ましいのは、この二つの社会変化の波が、互いに足を引っぱり合ったり打ち消し合ったりするのでなく、互いに補完し合う中で、全体として相乗効果を発揮してくれることだろう。

そういった問題意識を持って、第三次産業革命の流れにもう一度注目してみると、どうやらそこには二つの異質な流れが生まれていることに気づく。この本では、それらを「グローバル・パス」および「グローカル・パス」と呼んで互いに対比させてみよう。もちろん、この二つの流れは、対立的なもの、二者択一的なものというよりは、同時並行的、相互補完的、さらには相互浸透的なものでさえありうる。

グローバル・パス

まずグローバル・パスの方から見ていこう。一〇〇年前の第二次産業革命（重化学工業革命）の出現から突破にかけての局面を思い起こすならば、そこで生じていたのは、単に一連の新技術や、それを具現した新産業が台頭したという以上の深い変化だった。すなわち、電力・電話網や道路網のような新しい社会的インフラや株式会社のような新しい大規模経営形態の出現も同時に見られた。(1) また、農業や軽工業あるいは政府のような既存の組織が、競って「電化」を推進すると同時に、重化学工業の生み出した新しい製品やサービスをみずからのビジネス・プロセスに導入するための「リエンジニアリング」を行ったのである。

同じことは、現在にも当然あてはまる。つまり、第三次産業革命の突破を成功させるためには、新しいインフラと主導産業、新しい経営および産業組織の形態、そして新しい技術や財・サービスの「ビジネス利用」とが不可欠なのである。

とりわけ重要なのは、新しいインフラの構築である。それに向かう近年の流れは、まず通信幹線の光化、とりわけ波長分割多重（ＷＤＭ）型の光ファイバー幹線の広域的な敷設の形をとって進んできた。そこを流れるトラフィックは、音声からデータへ、それもインターネットの通信プロトコルである「ＩＰ」プロトコルに従ってパケット化されたデータが中心になった。

そして、電話のために開発されたATMやSONETのような高価な交換・伝送システムは次第に廃棄されて、メッシュ状に引かれた光ファイバー上を直接IP化されたパケットが光ルーティングによってスイッチされて流れていく「IP over glass」が通信の主流になり始めた。

第三次産業革命の「突破」段階という観点からすれば、そこでの主導産業は、「出現」段階での「コンピュータ産業（ないし情報処理産業）」に代わって、通信あるいはネットワーク・サービスをも含んだ「情報通信産業」になると予想される。そこでは、パソコンその他の情報通信機器にどのようなOSが使われているかは第二義的な問題にすぎなくなり、むしろその間の相互接続性、相互運用可能性の有無が重要になってくるだろう。ソフトウエアや情報コンテントも、パッケージとして販売されるのではなく、一定額の使用料を払いつつ必要に応じてネットワークからダウンロードしてきて使う、あるいはネットワークから自動的に提供されるようになるだろう。通信ネットワーク自体のあり方は、これまでの音声中心かつ一対一の双方向通信システムとしての電話ネットワークや、動画像中心かつ一対多の一方向通信システムとしての放送ネットワークが、単に部分的に進化したり統合したりするだけでは、とうていすまないはずである。これから急激に進化していくのは、第2章でも述べたように、これまでは小さな脇役にすぎなかった、機械間通信を中心とする多対多常時接続型のデジタル「データ通信」システムであって、いずれはその上に、これまでの電話や放送の機能も、載せようと思えば容易に、またきわめて安い費用で、載せることが可能になるのである。たとえば、あと数年もすれば、企業のＰＢＸ電話のほとんどは、企業内ＬＡＮ（ローカル・エリア・ネットワーク）を通じて受発信する「ＩＰ電話」になってしまうだろう。あるいは放送の世界にも、従来のアナログ放送をデジタル化するのではなくて、放送それ自体をインターネットの仕組みの上に載せた「ＩＰマルチキャスト」が台頭してくるだろう。

新しい経営形態や産業組織とは、自立・分散・協調的（つまりＰ２Ｐ的）な「モジュール・ネットワーク型経営組織」や、オープンな標準とプラットフォームを前提とする、「レヤー別産業組織」であろう。ただし、新たに台頭してくる新型の企業群が、これまでのインターネットの伝統をそのまま継承した、関係者の合意に基づいて形成されるオープンな標準[2]に立脚した相互接続・運用の可能なネットワークを自動的に作り上げていくという保証はない。たとえば、第２章で見たように、インターネット上に生まれつつある新しいレヤーとしての「メタネットワーク」は、「アンレギュレーション」政策の名のもとにそのまま放置されれば、私有型（プロプライアタリー）の標準に立脚した閉鎖的な「インテリジェント・ネットワーク」になっていく可能性が高いというケビン・ワーバックの懸念は、俄に否定し難いものがある。

情報通信技術や財・サービスのビジネス利用の中心は、少なくとも今後当分の間、インターネット・プロトコル（ＩＰ）を企業内の「イントラネット」や企業間の「イクストラネット」として縦横に活用した、「ｅビジネス」ないし「ｉビジネス」なかんずく企業対企業の「Ｂ２Ｂ」に置かれるだろう。[3]もともとグローバル・パスへの流れは、まず広域的な幹線に始まり、次第に大都市の中心部分に及んで行く。いまや世界中の大都市で、それこそ雨後の筍のように、「IDC」（インターネット・データ・センター）がいたるところに生まれ始めている。IDCとは、広帯域の光幹線ネットワークへのアクセスや大容量のストーレッジ（貯域）を持ち、高度なセキュリティやメンテナンス・サービスの質が保証された、多数のサーバーの一括運用センターである。この流れがさらに進めば、光化（あるいは光ファイバー以外の手段による広帯域化）は、「ラストマイル」にまでおよび、オフィスや家庭からでも廉価で安全確実な広帯域通信が可能になっていくだろう。

しかし、この意味でのグローバル・パスの展開は、必ずしもひところ期待されたほどには順調に進んでいない。恐らくその最大の理由は、既存の通信事業者が過去の電話の資産やメンタリティから、なかなか抜け出せないでいるところにあるだろう。そのために、幹線ネットワークの全面的光IP化が遅れる一方で、ラストマイルの広帯域化も遅れに遅れてしまったのである。ようやく昨年来、ケーブルテレビの回線（同軸ケーブル）を利用した「ケーブルモデム」や、銅の電話回線を利用した「DSL（Digital Service Line）」[4]による広帯域通信の試みが本格化し始めたとはいえ、それぞれに少なからぬ問題を抱えているために、ユーザーの不満は絶えない。その結果、第三次産業革命は、「突破」の一歩手前まできて、たたらを踏んでいるといってもいいだろう。

これまでの情報化論議の中では、ここでいう「グローバル・パス」の流れの急激な進展それ自体は不可避だとしつつ、その行き過ぎを警戒する論調が強かった。すなわち、グローバル・パスの展開が、もっぱら私企業によって、市場での自由な競争を通じて試みられる場合には、企業の投資は、現に、あるいはごく近い将来に、大きな需要が見込まれる地域や部門に集中するだろう。その直接の結果は、国の内外での情報力や経済力の格差、すなわち「デジタル・ディバイド」の拡大であろう。たとえば現在の日本は、先にも見たように、第二次産業革命の延長線上での「情報家電」型の機器やサービスの展開はともかくとして、より重要な第三次産業革命の推進という面では、米欧の情報化先進国はもちろん、一部の途上国に対しても、すでに大きな差をつけられている。[5] 同時に、このところようやく本格化しつつある格差解消努力のほとんどは、IDCの構築やインターネット広帯域アクセス・サービス提供の試みなどに見られるように、大都市、とりわけ東京に集中している。つまり、このままで行けば国内の「デジタル・ディバイド」が今後一気に拡大する恐れがある等々。

しかし、どうやら真に懸念すべき問題は、グローバル・パスの行き過ぎによるデジタル・ディバイドの拡大よりはむしろ、グローバル・パスの蹉跌が引き金となりかねない第三次産業革命、あるいは「ニュー・エコノミー」の蹉跌ではないだろうか。その意味では、いま問われているのは、恐らくは第三次産業革命に並行して第一次情報革命が進展していることと密接に関連して生じている、新たな「市場の失敗」なのである。

より詳しくいえば、この新たな市場の失敗を引き起こしているのは、次の五つの事情ではな

いだろうか。すなわち、

1. 長距離電話市場に典型的に見られるような、自由化や規制撤廃に伴う市場での競争の激化。
2. 「ドッグイアー」とか「マウスイアー」と呼ばれるほどの急激な技術進歩。
3. 周波数の競売や、企業への情報開示要求、あるいは特許権や著作権への批判に見られるような、利潤の源泉となる資源や情報の独占的あるいは無償での入手や保有を否定しようとする動き。
4. 第2章で見た「非商品」や「準商品」の互酬や交換の形をとって行われる経済活動の比重の増大。
5. 消費者や市民/智民の企業行動への関与や介入の試み、あるいは従業員の頻繁な企業間移動や内部告発、従業員による企業のネットワークへの不正なアクセス(6)などに見られるような、企業とその外部との間の「境界」の曖昧化。

などがそれである。もちろん、そのためにすぐさま資本主義が全面的に崩壊すると結論するのは、摩擦や景気循環のない「ニュー・エコノミー」が永遠に続くと考えるのと同様に、極端かつ性急な議論にすぎるだろう。しかし、情報化に対して、既存の国家だけでなく資本主義的企業もまた、新たな適応を迫られていることは否定できない。

だからといって、その失敗がすでに歴史の教訓となっている政府主導型、とりわけ中央政府主導型の集権体制に復帰してみたところで、望ましい結果が得られるはずはない。そうだとすれば、いま必要なことは、「第三の道」の可能性を探ることである。すなわち、政府主導の集権体制でも、市場主導の分権体制でもない、ネットワーク（とりわけCAN〈コミュニティ・エリア・ネットワーク〉主導の自立・分散・共働体制、すなわちP2P体制の可能性を探ることである。それは、従来の産業化を超える意味での「知的エンパワーメントとしての情報化」がこれからの社会変化の中心になることを承認しつつ、それと対立・競合するのではなしに、共働・補完する形での産業化の推進を試みることにほかならない。以下、この本では、そのような第三の道のことを「グローカル・パス」と呼ぶことにしよう。

グローカル・パス

ここで、視点を地域コミュニティに移してみよう。個々の地域コミュニティにとって、グローバル・パスが産業化や情報化への外からの道、つまり地域コミュニティの外から始まった変化が、それを通じてその内部にも及んでくる経路であるとすれば、グローカル・パスは、知的エンパワーメントを基盤とする意識や行動様式の変化を経験しつつある智民たちが、同じく知的エンパワーメントを達成しつつある政府（とくに地域の自治体）や企業（とくに地場の企業やSOHO）との共働を通じて構築し利用する、いうならば地域コミュニティの「内からの」情報化や産業化を推進するための経路である。

もちろん、そのことは、個々の地域コミュニティが閉鎖し孤立化することを意味するものではない。むしろ逆である。個々の地域コミュニティは、自分自身の中だけではなく、自分たち自身を互いに結びつけるような、分散協調的な情報や価値の通有と共働のシステムを作り上げるのである。言い換えれば、各地域に構築されるCANは、インターネットのインフラやプロトコルを通有して、相互運用が可能な形で相互に接続され、それを基盤とする活発なコミュニケーションやコラボレーションの展開が試みられるようになっていくのである。

グローカル・パスのための情報通信インフラは、次のようないくつかの特性を持っていることが要求される。

第一に、それは、地域コミュニティのすべてのメンバーのための多対多の双方向通信のニーズを満たすものでなければならない。したがって、ネットワークが常時接続型のものでなければならないことは当然として、通信速度も上り・下りが対称型でなくてはならない。コミュニティのメンバーは、情報の受け手であると同時に、いやそれ以上に、情報の出し手となることを望んでいるからである。(7)

第二に、地域コミュニティの通信（コミュニケーション）需要は、ジョージ・ギルダーのいう「通信の局所性の法則」に従っている。つまり、大まかに見て、コミュニティ内の通信が八、コミュニティ外との通信が二の比重を占める。同じことは、たとえば家庭内や職場内の通信と、その外との通信の比重についても概ね妥当するだろう。(8) そうだとすれば、LANやCANが使用する通信パイプの帯域は、それ自体十分に大きいものでなくてはならない。幹線の太さが最大で、末端にいくほどパイプは細くなるというイメージは、とりわけグローカル・パスについてはそぐわないものになる。

グローカル・パスのための情報通信インフラの具体的な構築は、広域的なネットワーク（WAN〈ワイド・エリア・ネットワーク〉）の中心ではなく、その「縁」から、あるいは家庭やオフィスのLANから出発する形をとる。そして、グローバル・パスの視点からする（ネットワークの中心あるいは幹線部分から最終ユーザーの端末機器にいたる）「ラストマイル（最後の一マイル）」に対して、（LANから外に出ていく）「ファーストマイル（最初の一マイル）」、あるいは「最初の一〇〇フィート」という視点が強調される。

つまり、自宅の、自分の会社のオフィスの、自分の村や町の、さまざまなコンピュータや情報通信デバイスを、とりあえずLANの形で相互につないで局所的なネットワークにしようとするところから出発する。そうするとその中では当然、何十メガとか何ギガといった高速で通信できる。そして次に、それらのLAN同士を、たとえば光ファイバーのメッシュや広帯域の無線（電波もしくは光無線）でつないで、一つの地域コミュニティ全体をカバーするような、あるいは、いくつかのコミュニティをもつなぐようなCANを作る。さらにそれらをお互い同士つないでいって、広域のWANにしていこうとするのである。

しかも、そうするためのLANの線や機器、それからLAN同士をつなぐための、光ファイバーや光通信のデバイス(9)は、誰か通信事業者に敷設してもらうのではなくて、基本的に自前で設置する。自分たちの力だけでは足りないなら、自治体や政府と共働してやろうとする。もちろん共働してくれる企業(とりわけ通信企業や電力、ガス、水道などの公益企業)があればお結構だが、基本的に自前で構築し、所有していようと考えるのである。もちろんその場合でも、そうして作られたシステムの運用や保守、有効に活用するための人員の訓練や各種の助言、あるいはその上で可能になる各種の情報サービスについては、そうしたサービスを専門とする企業(10)にアウトソースすることも十分考えられる。また、どうせ自分たちの資金で線を引くのなら、一度にたくさん引いておいて、あまった分は有料で貸すか、互いに融通しあおうとする。それがグローカル・パスを支える基本的な哲学である(11)。

そして今日では、意欲や経済力だけでなく、こうしたアプローチを支える有力な技術もまた、本格的に展開し始めている。その一つが、構築費用も運用費用もごく低廉な、高速広帯域の「無線LAN」の技術であり、いま一つが「ギガビット・イーサーネット」の技術である。前者は今後、DSLやケーブルモデム、さらにはFTTH(ファイバー・ツー・ザ・ホーム)といった有線での広帯域インターネット・アクセスのシステムや、第三世代の携帯電話による「モバイル・インターネット」をも脅かすほどの強力なLAN間の高速通信網として、発展していく可能性を秘めている。後者は、いまのところ銅線を使って一〇メガから一〇〇メガ、さらには一ギガビット／秒 bps の伝送速度を実現しているが、これがあと二、三年のうちに、光ファイバーで結ばれた一〇ギガビットイーサーネットとして展開できるようになる。この技術のすばらしいところは、LANからCAN、さらにはWANにいたるまで、基本的に同じ技術、同じ標準で構築できる可能性を持っていることである。現在はまだ限られた範囲のネットワークについてしか標準化が進んでいないけれども、やがて、多分直径にして数十キロから数百キロの範囲をカバーする一〇ギガビット・イーサーネットが、容易に展開できるようになるはずである。そうなると、さらにその先に見えてくるのが、ローカルなネットワークから出発したグローカル・パスが、LAN・CAN・WANの間の技術的・構造的な境界のない同質的な情報通信ネットワークを生み出しつつ、全国に広がっていくというビジョンである。

このように、自分たちの身の回りから出発して、遠くまで広げていくという方向を追求するのが、グローカル・パスの王道である。ただし、その場合に必ずしも厳密な意味でのボトム・アップ型のアプローチがとられる必要はないというか、一種のトップダウン型ないしはトップ・ボトム共働型のアプローチもありうるのではないかという議論が各地で見られる。たとえばスウェーデンでは、国や首都（ストックホルム市）の主導で、全国に及ぶ全光ネットワークの建設が計画されている。カナダのCA＊NETプロジェクトは、典型的な官民共働型のアプローチをとっていると同時に、トップダウンでの全国や州の幹線建設とボトムアップでの出資者所有型の地域「コンドミニアム・ファイバー」の構築を並行して進めている。[12]

他方、アメリカにも、最近シカゴ市が始めた市の全域を広帯域ネットワークで覆うことで、一つの地域については高度情報通信の「ユニバーサル・サービス」を実現しようとする「シビック・ネット」に代表されるような、カナダのいくつかの州で行われているのと似たような試みが始まっている。また、それに加えて、電力会社のような公益企業体が積極的な役割を果たすようになることへの期待も、再び高まりつつある。[13]

確かに、どの地域にも電気は電話以上に普及している。コミュニティのほとんど全戸が電力会社の顧客である。つまり、電力会社は、どの家計では誰がどういう職業を持ち、どんな家族構成で、どのくらいの電力をいつ使っているかといった類の個人情報を、比較的容易に入手できる立場にある。そうすると、そこが通信も兼業するとなれば、課金の自動化やメーターの自動読取りから、各種の家電機器や情報通信機器の集中制御や遠隔運用なども含めて、新しくかつ有用なさまざまのサービスが提供可能になるだろうと考えられる。それに電力会社は、すでに大量の光ファイバーを自前で敷設し、通信事業者に貸したりもしている。さらにいえば、既設の電力線、とりわけ家庭やオフィス内に入ってきている部分を、広帯域ないし中帯域の通信回線としても利用できる可能性さえ見えてきている。というわけで、電力会社やその他の公益企業体が、これまでの通信事業者に代わって、グローカル・パス型の地域情報化の一つの主要な担い手になる可能性は大いにあるだろう。とはいえ、私の希望的観測にすぎないかもしれないことを承知でいえば、グローカル・パスの本命は、やはり智業や智民がイニシアティブをとりつつ、自治体や企業に共働を呼びかけ、「通信キャリアー」抜きの自前の情報通信ネットワークを構築・運用していこうとする、P2P型のアプローチである。

だが、それはそれとして、グローカル・パスの発展経路上に考えられるのは、そこに新しいタイプのサービス・プロバイダのビジネスが、あらためて成立するようになる可能性である。ここではそれを、「CANサービス・プロバイダ（CSP）」とひとまず呼んでおくことにしよう。CSPが、一方で地域の情報通信インフラ作りそれ自体にもかかわる可能性を持っているのはいうまでもないとして、ここでとくに強調したいのは、対個人サービスと対コミュニティ・サービスである。そして対個人サービスの中で可能性がとりわけ高いように思われるのが、個人情報の保護と、個人に代わって行う購買代行サービスである。

その意味はこうである。ネットワークの上には近年、さまざまな「ドット・コム」企業が立ち上がって、個人を相手にするいわゆるB2Cビジネスが、さまざまな形で試みられてきた。しかし、期待したほどにそうしたビジネスが伸びていないのは、会社と取引すると個人情報を取られてしまう、悪用されてしまうといった恐れが、原因の一つになっているとみられている。その場合の悪用というのは、個人情報が第三者に転売されるということだけではない。

たとえば、私がひいきにしているオンライン書店は、そこにアクセスするたびに、過去の私の購買行動データに照らして、私が気に入りそうな本を、大幅な割引価格を提示しながら推薦してくれる。私はそれにすっかり満足していたのだが、ある日、ふと妙なことに気がついた。それは、もしもこの書店が、私なら喜んで買うだろうと思う種類の本を知っているという確信があれば、私に対する割引率をそんなに大きくするることはない、ということだった。それどころか、むしろほかの人の平均購入価格の一割や二割位高くしても、私なら喜んで買うだろうとその書店が考えていたとしても、当然といえば当然ではないかということだった。そうだとすれば、私としては、この書店が推薦してくれた本について、ほかのオンライン書店ではいくらで買えるのか調べてみたくなったとしても、これまた当然ではないだろうか。そこからもう一歩進むと、私は、その書店が推薦してくれた本についての情報はありがたく頂戴した上で、ネットワーク上で動く「eボット」のような「エージェント」を使って、もっとも安い値段をオファーしている書店を見つけて、そこからその本を買えばよいということになるだろう。現にアメリカでは、すでにそうしている人がいるという。そうなると、オンライン書店側は対抗上、eボットをシャットアウトする方策を講じるようになる。それに対しては、防壁を乗り越えていけるような、より強力なエージェントを開発しよう、利用しようという試みが生まれる……といった、イタチごっこが発生しかねないのである。

そういった点から考えると、いったんは成立しうるかに見えたオンライン書店とその顧客との間の相互信頼に基づく取引関係も、必ずしも安定的に持続し得ないことがわかる。取引関係の中に無視できない程度の「搾取」が含まれている可能性があることに顧客が気づくからである。多くの顧客がそうした疑念を持ち始めると、このようなビジネス・モデル自体が壊れてしまうだろう。

それでは今後、個人情報の取得と利用を前提とした、個人相手のオンライン商取引はどうなっていくのだろうか。もちろんその答えは、まだ容易には出せない。だが、一つ考えられる可能性は、新しいタイプのサービス・プロバイダが地域に出現してくることである。そこが、個人あるいは消費者の立場に立つビジネスを行うことを宣言して、その人たちの個人情報は集めるけれども、それは直接そのままの形では絶対に外には出さないと約束する。そして私がオンラインで買い物したいと思ったときには、直接売り手のサイトに行くのではなくて、まずこのプロバイダのサイトに行って注文をだす。そうすると、このプロバイダが私の代わりに買い物に行ってくれる。

たとえば、オンライン書店のサイトに行って、適当な個人名を名乗って、あるいは誰か第三者のエージェントであると告げた上で（つまり、クライアントの個人名は明らかにしないで）、かくかくの分野に興味があり、これまでにこんな本を買っているのだが、あなたはどんな本を推薦するか、それをどんな値段で提供してくれるかとか質問する。そこで条件が折り合えば、あるいはほかにもいくつかのサイトをまわって、もっとも良い条件の売り手を見つけたところで、このプロバイダは目的の本を購入し、私にそれを譲り渡すのである。そうすれば、最終の買い手が私だということは、このプロバイダしか知らない、つまり、もとの売り手にはわからないことになる。もとの売り手にわかるのは高々、世の中にはかくかくしかじかの趣味や関心を持ち、過去にこんな購買行動をとった買い手がどこかにいるらしいということだけである。このようなプロバイダが私のエージェントを務めてくれる限り、相互の信頼関係はかなり安定的に築いていけるのではないだろうか。

以上は、このプロバイダが行う個人購買代行業とでも呼ぶべきサービスの一例だが、こうした考え方をさらに発展させれば、新しい福祉社会のビジネス・モデルのようなものを作ることも可能になりはしないかと思えてくる。すなわち、それぞれの地域に足を置いた「顔の見える」プロバイダたちが、その地域のコミュニティのメンバーを自分の会員として持ち、互いにしっかりした信頼関係を築くというか、それこそ一種のコミュニティ自体を自分が世話役になって組織して、「揺り篭から墓場まで」[14]の多種多様なサービスを、しかるべき料金ないし会費をとって提供することにするのである。これがうまくいけば、そのプロバイダの存続と会員の満足が共に達成可能になるだろう。この種のビジネスは、十分に資本主義的なビジネスとは言い難いが、まったくの非営利活動だと見なす必要もないだろう。いずれにせよ、グローカル・パスの展開に伴って、今後この種のビジネスが各地域コミュニティの中に出てくる可能性は十分考えられる。

さらに、より狭い意味での対コミュニティのサービスとしては、たとえば、大都市での上述した「IDC」に対応するような、[15]地域コミュニティにおける「ICC（インターネット・コミュニティ・センター）」の構築と、そこでの各種のサービス提供が考えられる。この「ＩＣＣ」は、ＣＡＮやインターネットへの広帯域アクセス能力を持ち、多数の情報通信機器やアドバイザーを備え、自宅やオフィスに十分な設備や利用能力を持っていない、地域の企業・団体や個人のために、情報通信ネットワークの利用機会を提供したり、その活用のための「情報リテラシー」の習得を支援したりするのである。(16)

また、これまでの通貨とは異なるタイプの「局地的通貨（準貨幣）」を発行することで、コミュニティの中で、自分たちが生産することは可能だが、これまではそれが売れる（つまり他の財やサービスと交換できる）などとは、とうてい考えられていなかったような各種の財やサービスを、そうした通貨を媒介として交換可能なもの（準商品）にして、そのコミュニティの中で、あるいはいくつかのコミュニティの間で生産・流通させることによって、新しい経済発展を図っていくとか、あるいはエネルギーや食料の地域的な自給と流通のシステムを作るための活動を組織するとか、そのために役立つ各種のサービスをも提供するようなプロバイダのあり方も考えられる。だが、それらについては節をあらためて、より詳しく見ていくことにしよう。

2 内からの産業化

(1) 第三次産業革命の特質

情報化は何よりもまず、われわれ自身の内なる変化（知的エンパワーメント）に発し、その影響が外界にも及んでいく過程である。その意味では、情報社会をどのような社会として構築していくかは、われわれ自身の社会設計構想やその実現努力の如何に大きく依存している。情報化を単にわれわれの生活の外部で（とりわけ海外で）発生して、その影響がわれわれの生活に及んでくると捉えて、「変化への対応」を試みるだけでは、不十分というほかない。[17]

そのような観点から、第一次情報革命と同時並行的に進行している第三次産業革命の特質を、まず捉え直してみよう。先に、産業化とは機械化と商品化にほかならないと述べたが、その意味では、第三次産業革命は、情報処理・通信の機械化と商品化の過程なのである。つまり、人々は、情報処理や通信のための機械の生産・販売や、情報処理・通信サービスの提供を、新しい産業として行うようになる。続いて、既存の組織（企業、政府、学校、病院等）や、さらには個人が、それらの機械やサービスを商品として購入して、みずからの業務や日常生活に適用することによって、業務の生産性を引き上げたり、新製品やサービスを生み出したり、新しいライフスタイルを編み出したりするようになる。その過程で、新しい経済発展が、長期的・全面的に起こっていくのである。

しかし、第三次産業革命の過程で生まれてくる「ニュー・エコノミー」は、いくつかの点で過去の経済とは質的に異なっている。[18] なかでも、とりわけ重要な違いは、経済行為一般と営利行為（資本主義的行為）との関係や、経済行為一般と市場での（貨幣を媒介とした）交換行為との関係の変化の中に見出せるように思う。

すなわち、第2章で見たように、実は、すでに二〇世紀の第二次産業革命の成熟局面において、産業化は、乗用車や各種の家電製品のような「耐久消費財」（あるいは、英語から直訳すれば「消費者用耐久財」）を広く普及させていた。より正確にいえば、それらは、「消費財」というよりは「生産財」、すなわち、人々が工場の外、企業の外で、みずから財やサービスの生産を行うための「個人・家計用機械」だったのである。

「新商品」、「準商品」、「準貨幣」、「商品」

とはいえ、これも第2章で述べたように、第二次産業革命の時代にあっては、これらの機械を使用して個人・家計が生産した大量の財やサービスのほとんどは、当の生産主体によって直接消費され、ほとんど市場に出ることはなかった。

これに対し、第三次産業革命に伴って出現してきたパソコンや携帯電話、ゲーム機やカーナビ、あるいはプリンターやデジカメのような情報通信機械は、家計用からさらに進んだ「個人用」の機械であって、これによって個人的な財・サービスの生産規模はますます増大している。[19]

それればかりではない。人々は、インターネットを利用して、自分が個人的に生産した（あるいは保有している）、財やサービスの物々交換や商品としての販売まで行い始めた。[20] さらに、「LETS（Local Exchange Trading System）」や「エコマネー」のような局地的な通貨（「準貨幣」）まで発明して、これまで市場向けに商品として生産・販売されてきたのとは異なる種類の財やサービス（たとえばケアのサービスや、個人相手の情報提供など）の生産や交換を、いわば「準商品」の生産や交換としても行い始めた。[21] 他方では、いわゆるNGOやNPOの活動の形で、そもそも販売を前提としていない、一方的に提供される（個人や家計によって消費される）財やサービスの生産（つまり「非商品」ないし「互酬財・サービス」の生産）や配布にも、大々的に携わり始めた。これらさまざまの財やサービスも、それらが人々によって生産され消費されていることには、在来の資本主義的企業によって商品として生産され販売されている他の財やサービスと変わりはない。つまり、それらもまた「国内総生産」の大きな一部をなしているのである。今後情報化がさらに進むにつれて、国民経済あるいは世界経済に占めるこの種の「非商品」ないし「準商品」の生産や消費の比重は、ますます大きくなっていくだろう。

歴史的には、商品交換は「共同体と共同体との間」で、いってみれば無縁の人々との間に、始まったと考えられている。つまり、もともと知己でもなければ、ましてや信頼関係もない個人や集団の間に、最低限の社会的結びつきを可能にしていったのが、商品交換であって、その意味では、そうした交換を媒介する「貨幣」の最初の形が、多くの人々に共通に欲せられる商品性を、そのもの自体が持っている「商品貨幣」でなくてはならなかったのは当然のことであった。

これに対し、第三次産業革命と第一次情報革命が同時進行する中で起こっている近年の新しい動きは、まず「共同体（コミュニティ）の中」から起こっていると見ることができるのではないだろうか。つまり、最初からお互い同士を熟知していて、その間に取引や商品交換を持ち込むのは水くさいと思われるほどの濃密な間柄や相互の信頼関係がすでに形成されているところに、いってみればそのような濃密な関係をあえて薄めつつ、その中に、独立の個人対個人の関係に基づく計算や交換の要素を持ち込もうとしているのが、今日の「内からの」産業化あるいは商品化とでも呼ぶのがふさわしい新しい動きなのではあるまいか。(22) もちろん、その背景には、知的にエンパワーされた個人や集団が、みずから生産を行うばかりか、複雑な費用計算や価格の比較、あるいは需給のマッチングなどを行う能力を身につけてきた、あるいはそれを支援するためのインフラやアプリケーションが整備されてきた、という事情がある。そうであれば、そこで利用される交換の媒介手段としての「準貨幣」は、もはやそのもの自体として独自の商品価値を持つ必要はなく、それを媒介手段として利用する（つまり、それと引き替えに財やサービスを提供する）という合意が、共同体の内部に形成されてさえいればよいことになる。
もう一つの興味深い動きは、購買者主導型の新しい動きである。たとえば、www.kakaku.com のサイトにアクセスして、自分の買いたい商品を一番安く売っている店やそこでの価格を調べ、そこから購入するか、あるいは別の店での値引き交渉の材料に使う。[23] あるいは、「リバース・オークション」と呼ばれている仕組みを使って、買い手の方が、かくかくの品物を購入したいと呼びかけて、一番好ましい条件を提示してきた売り手から買うことも可能になってきた。また、「グループ・バイ」のように、売り手と買い手の間に双方向のコミュニケーションの場を用意して、かくかくの品物なら、これだけのまとまった数を購入する用意があるから、生産してくれないかとか、これだけの数の買い手がいるなら生産してもいいですよ、と呼びかけるところもある。[24] このような傾向がさらに進めば、買い手のグループが特定企業の株式の過半を直接保有して、自分たちの意向に従った生産を行わせるとか、企業の規模も一定の範囲内に抑えておくといった行動が、一般化するかもしれない。[25]
こうした傾向の行きつくところは、これまでの市場や貨幣が媒介しきれない、さらにはこれまでのような営利追求企業が媒介しきれない、「非商品」や「準商品」の生産や流通が、経済活動の優位に多くの部分を占めるような経済の、いってみれば「ニュー・ニュー・エコノミー」の誕生と成長である。

(2) 共貨と共産

右に見た「準貨幣」は、先の第2章で述べた「共のパラダイム」にいう「共貨」にあたる。共貨は、それぞれの地域が必要とする各種の社会資本、すなわち「共産」の構築・使用と、地域経済の自立的発展を目的として発行され流通する。その発行にさいしては、地域内の共働によって新たに構築（ないし補修）される社会資本（共産）――たとえば地域全体をカバーする広帯域光ＩＰネットワーク――がその引き当てとなる。言い換えれば、地域の中で特定の社会資本の構築が望ましいという合意が形成されると、その構築を賄うために新たな共貨が発行されるのである。地域の住民は、その社会資本の構築に必要な資材（その一部は既存の通貨であってもよい）や労力あるいは知識を提供して、それと引き替えに新発の共貨を受け取る。受け取った共貨は、その地域内で、他の「準商品」――つまりその地域内で生産・交換され消費される財やサービス――の購入にあてることができる。そのようにして、社会資本の構築のために一部の住民が最初に行った貢献の負担は、地域内の他の住民の上に広く配分されていくことになる。しかもそれが呼び水となって、新たな財・サービスの生産や交換が触発されていくならば、その結果は、地域の総生産全体の拡大ということになり、社会資本の構築は、その費用を償ってあまりある経済効果を直接・間接に発揮することができるのである。しかも、この共貨は、加藤敏春その他の人々が提唱しているように、各種の準商品の取引を媒介していく過程で、時間と共にその価値を減少させていくのだが、[26] それは、構築された社会資本自体の、時間の経過に伴う減価に対応している。そのため、新しい社会資本の構築や、減価した社会資本の補修のために新たな共貨が追加発行されても、インフレを引き起こす恐れは少ない。[27]

新納税原則

だが、それぞれの地域の経済活動の中で、上述したような「非商品」の生産と消費や、「準貨幣」が媒介する「準商品」の生産と流通が占める比重が高まってくると、もっぱら在来的な商品の生産や消費を、またそれに伴って発生する所得や利潤を、その課税ベースとしてきた政府の財政は、中央も地方も、税収の相対的な不足に苦しむ傾向が強まるだろう。[28] 資本主義的な商品生産自体が、第2章に述べたような理由で起こる投資不足の結果として停滞するようになると、その傾向はさらに強まるだろう。[29]

しかし、「非商品」であれ「準商品」であれ、それらが最も根源的な意味での「国民総生産」ないし「地域総生産」あるいは総消費の一部をなしていることは否定し難い。[30] そうであるならば、政府としては、当然この部分の活動規模を正確に捕捉した上で、それにも課税することを考えてしかるべきだろう。ただしそうはいっても、この種の活動の規模の捕捉や税率の決定は困難をきわめるばかりでなく、それをあえて強行しようとすれば人々の強い反発を招くだろう。

ではどうすべきか。もちろんこれからの情報社会では、政府の規模や役割、とくにこれまでの「国民国家」のレベルの政府のそれは、どちらかといえば小さくなる方向に変化していくに違いない。だが他方、国民国家レベルの政府に比べて、超国家的なレベルや地方レベルの政府の役割は、むしろ増大していくだろう。いずれにせよ、政府一般が無用になることは考えられない。そうだとすれば、各レベルの政府の活動を支えるための費用の支弁も、やはりなされなくてはならない。では、それを誰がどのような形で行うのが適切だろうか。

もちろん、これまで租税原則とされてきた「能力説」の立場自体を捨て去る必要はないだろう。問題は、能力の指標である。すでに見たところからすれば、貨幣的な所得額は、これからの情報社会では適切な指標とはいえない。情報社会では、商品交換の媒介を経ない直接の生産・消費の比重が、あるいは通常の貨幣を媒介としない交換の比重が、増大することは確実だからである。また、情報化の本質が、人々の「知的能力」の増進にあるとすれば、所得および消費とならんで、課税ベースの三本柱の一つとなる「資産」の重要な要素として、知的能力(ないし人的資本)を加えるのが適当だと思われる。とはいえ、これを客観的な貨幣価値に換算することは、きわめて困難だろう。

他方、先に見た「共貨」の発行による「共産」の構築費用の負担のような可能性を考えれば、「課税」だけを公共的な費用負担の唯一の方式と見なす必要はなくなる。あるいは、「課税」というコンセプトは残すにしても、その納付を、通常の貨幣によるか、共貨によるか、あるいは財やサービスの納付によるかといった広い選択肢の中から選んで行うことを認めることも考えられる。

　だがそこまでいけば、むしろこれまでの「課税」という発想自体の抜本的な転換を行う必要があると思えてくる。すなわち、政府を支えるための費用負担というか貢献は、その種類（たとえば金納だけでなく物納やサービス納も含めて）や、規模、さらには時期にいたるまで、基本的に各人の自由な決定に委ねることにするのである。[31] もちろん、それを実効あるものにするための制度的な仕組み、たとえば何らかのガイドラインないしは先例が作られることは望ましいし、多くの貢献、あるいは創造的な貢献をした人々を表彰・顕彰する仕組みなども考えられよう。[32]

3　内からの情報化

次に、目を第一次情報革命に向けてみよう。そして、各個人がその中に存在している（その個人にとっての）物理空間と対比させて、個人が利用しうるさまざまな情報が含まれている（その個人にとっての）情報空間を考えてみよう（図表3－1）[33]。

左側の図に示されているように、物理空間の中で特定の個人が占める位置は、その中の一点にすぎないといえるほど微少なものである。いってみれば、各人は他の諸個人や集団と、一つの物理空間を共有しているのである。しかし、この微少な点にすぎない個人の「脳」の内部、あるいはその「情報空間」の内部に分け入ってみると、この関係は逆転する。

右側の図は、個人の情報空間の全体を、その個人だけが持っていて、ほかの誰にも開示しない情報、家族あるいは職場の仲間には開示してもよいと考えている情報、地域や国や世界に対して開示してもよいと考えている情報などに区分した図である。その場合には、ちょうど左図とは対照的に、その個人が世界に対して開示してもよいと考えている情報は、その個人が持っている情報の全体と比べると、ごくわずかな一部にとどまっているに違いない。

情報化に伴って、個人は地球の裏側からでも情報をとってこられるようになるとか、世界に対して情報を発信するようになるという言い方がよくなされる。もちろんそれは間違いではな

図表3－1　個人にとっての物理空間と情報空間

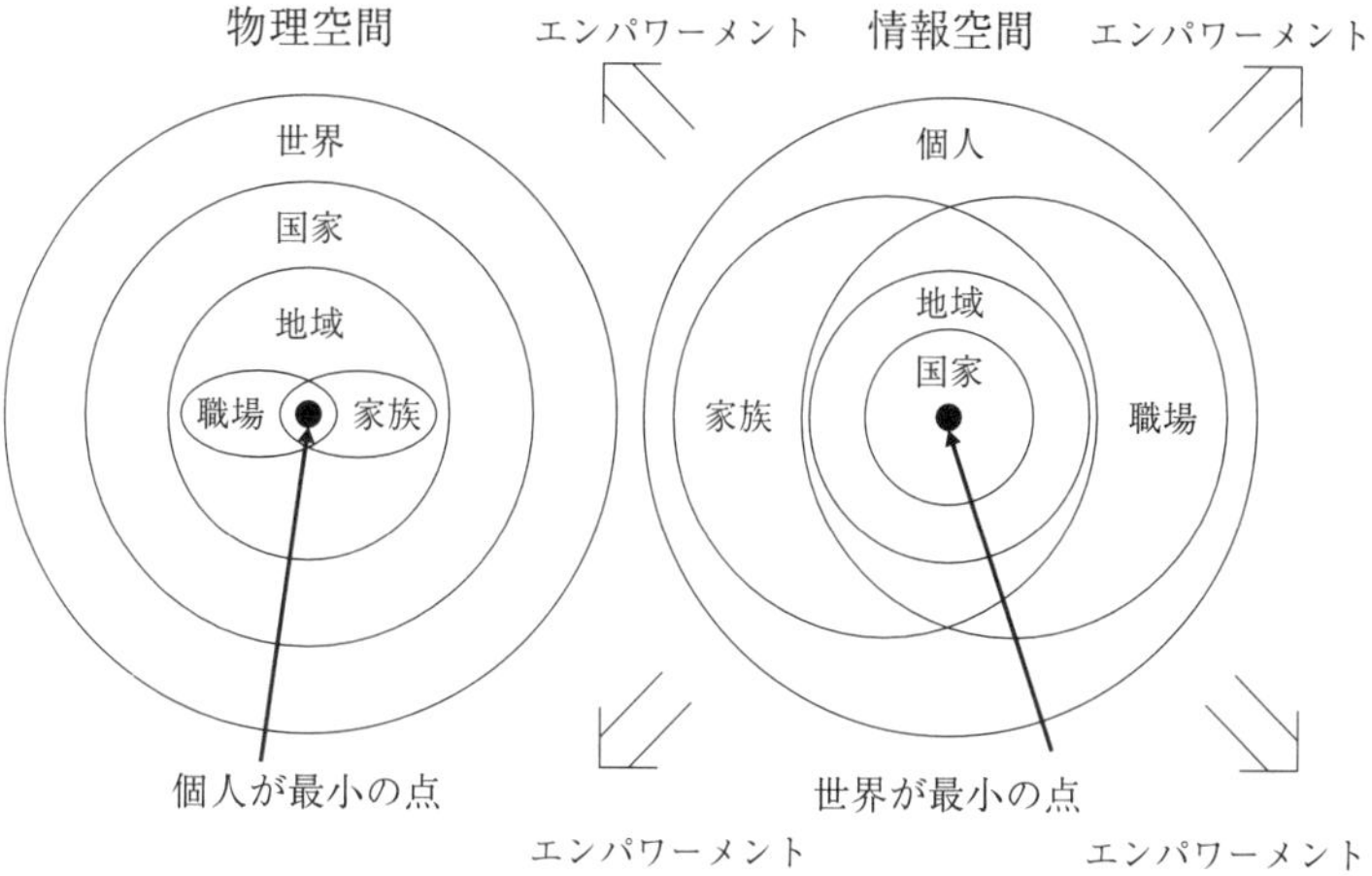

い。しかし、個人の情報空間あるいはその中で個人が行う情報活動の全体からいえば、全国や全世界を相手にしたコミュニケーションの占める割合は微々たるものでしかないのである。(34)

それでは、情報化、すなわち知的エンパワーメントが、個人の情報空間に及ぼす効果はどのようなものだろうか。いうまでもなく、その効果は単に個人が全国に開示したい、全世界と通有したいと思う情報部分の拡大だけでなく、個人の情報空間全体に及ぶはずである。つまり、上右図に示されているような個人の情報空間の全体が外に向かって拡大し始めるのが、知的エンパワーメントにほかならないのである。あるいはまた、情報空間全体の拡大なしには、全国や全世界と通有すべき情報部分の拡大もまた持続させ得ないといってもよいだろう。だとすれば、仮に最初の動機が「世界に対する情報発信」にあったとしても、それを真に効果的に実現していこうと思えば、自分の情報空間全体の拡大、つまり自分自身の知的エンパワーメントに努めなければならないということになる。

同じことは、個人だけでなく企業や国家（政府）についてもいえるはずである。たとえば企業は当初、インターネットをもっぱら消費者に対する宣伝広告・販売の手段としてのみ考えていた。政府は、インターネットを国民に対する情報開示の手っ取り早い手段として考えていた。しかし、おそらく順序は逆であって、企業にしても政府にしても、新情報通信技術の利用は、何よりもまず自分自身の知的エンパワーメントのために、つまり自分自身の部内業務、あるいは部局や取引相手相互間の業務連携を高度化・効率化するために行われて当然である。インターネットは、とりわけいわゆる「ウェブ・コンピューティング」や、さらには最近の「P2Pコンピューティング」は、そのための最強の手段であり、それを日常生活のあらゆる部面で駆使していくところに「ウェブ・ライフスタイル」や「P2Pライフスタイル」が成立していくのである。

そうだとすれば、「世界」を相手にする個人のコミュニケーションや、国民や消費者を対象とする政府や企業のコミュニケーションの部分だけが、さまざまな情報通信機械やサービスによって「情報化」されてみたところで、個人の生活や政府・企業の業務全体が情報化したといぅにはほど遠い。逆にいえば、個人の情報生活の他の部分（とりわけ身のまわりの部分）が情報化されない限り、個人がその外部、とりわけ「世界」との間で行うコミュニケーションの

「情報化」は、ごく限られた程度にとどまらざるを得ない。政府や企業も、とりわけ、「地域情報化」を旗印として近年さまざまな情報化の試みを進めている「地域」の自治体や企業は、そのことを銘記しておかなくてはならない。個々の地域が、「全国」や「世界」に対する情報発信を華々しく行おうとしたところで、その地域自体の情報化がおろそかにされていれば、そうした努力はあだ花に終わってしまいかねないからである。したがって私としては、事実としての「内からの情報化の進展」に注目すると同時に、意図的な努力としての「内からの情報化の促進」の重要性を、ここであらためて強調しておきたい。

だがその上で、視野をもう少し広げてみよう。個人や組織の情報空間や、そこでの情報活動を考える際に注意しなければならないもう一つのポイントは、それがほかの個人や組織の情報空間と少なくとも部分的につながっているという事実である。私は、しかるべき手段や能力を持っている限り、私に対して開示されているほかの個人や組織の情報空間部分にアクセスして情報や知識を入手し、それを利用したり享受・鑑賞したりすることができるのである。

いま、私の情報空間の中に含まれている各種の情報を、情報ファイルの集合としてイメージしてみよう。それらのファイルは、その中の情報が誰に対して開示されているか（つまりその通有を私が許しているか）に応じて、それぞれ別のフォルダーにおさめられているものとすれば、私の情報空間は、開示のレベル[35]を異にする、さまざまな情報フォルダーのラティスとしての構造を持っていることになるだろう。そして、私以外の個人は、それが誰であるかに応じて、ラティスのどこまでならアクセスできるかが（私によって）決められていることになる。もちろん、あるレベルのフォルダー、たとえば私が某同好会のメンバーに対しては開示してよいと考えている情報ファイルをおさめたフォルダーの中のすべての情報ファイルが、実際にその同好会のメンバーによって通有されているとは限らない。まだそれを見にきていない、あるいはダウンロードしにきていないメンバーもいるかもしれないからである。

他方、私が外からダウンロードしてきた情報ファイル、たとえば米国政府が世界に対して公開している情報フォルダーからダウンロードしてきた米国大統領の演説は、とりあえずは私だけが見ることのできる情報フォルダーにおさめられ、その後で、さまざまな事情を考慮しつつ――たとえば第三者に開示しないという条件でその情報の閲覧が許されていたのかとか、開示することは私の自由であっても、私としては外に出したくないとかの事情を考慮しつつ――しかるべきフォルダーに移されることになるだろう。

情報空間の持つこのような構造特性は、ウェブ・サイトの持つ構造特性と比較的よく適合しているが、ヌーテラやモジョ・ネーションのような分散的情報通有システムとは、さらによく適合しているように思われる。また、それほど遠くない将来に、前述したような情報空間の特性をより完璧に具現した情報通有システムが出現してくるかもしれない。

だが、それはそれとして、ここで次に強調したいのは、各主体の情報空間が相互に連結されていることを考えれば、先の図表3‐1右図に示したような情報空間は、各個人の「個別的情報空間」にすぎなくて、実はそのさらに外側に、その個人が入っていくことのできる他者の個別的情報空間の集まりがあって、それらの全体が各人の個別的情報空間を取り巻く「社会的情報空間」とでもいうべきものを構成しているということである。そうだとすれば、情報空間の全体像は、先の図表3－1左図に示した個人の「物理空間」と似た構造を持つと考えなくてはならなくなるだろう。考えてみれば、各個人や組織は孤立して存在しているわけではなく、似たような多数の個人や組織からなる「社会システム」のメンバーである以上、それは当然のことなのである。そしてその意味では、各人が個別的に持っている情報や知識は、社会全体が持っているそれに比べると、やはり微々たるものでしかないのである。

さて、情報化の知的エンパワーメントの効果は、各人の個別的情報空間の拡大をもたらすと同時に、それを取り巻いている社会的情報空間の拡大をもたらす。各個人にとっては、後者の側面は、「外からの情報化」としての効果を持つ。人々が、洪水のように入ってくる無駄な、無用な、あるいはどう処理していいかわからない「情報過多」に圧倒されてしまいがちなのは、もっぱらこの「外からの情報化」が急速に進行し始めたという事情によるだろう。(36)

そうだとすると、ここであらためて注目に値するのは、「個別的情報空間」と「社会的情報空間」とは決して渾然一体となっているのではないという事実である。両者の間には明らかに境界があり、その境界の壁は、それぞれの個人の意欲と努力によって、高くも低くも、厚くも薄くもできる。そして、知的エンパワーメントの効果はそこにも及んでいるはずである。つまり、情報化は、単に各人の情報空間の拡大をもたらしているだけでなく、それと同時に、各人が、自分の必要に応じて、個別的情報空間と社会的情報空間との間を遮断したり、フィルターをかけたり、あるいは逆に社会的情報空間との連絡通路を拡大したりすることを可能にしているのである。言い換えれば、「外からの情報化」は、各人にとっての「環境変化」にすぎない。それをどう利用するか、利用できるかは、「内からの情報化」の力如何にかかっているということができよう。

先に、アンドリュー・シャピロの言説を引き合いに出しながら述べたように、「内からの情報化」がひたすら個人の内にばかり向かっていくと、今度は一種の自閉的な症状、「オタク化現象」が発生したり、気心の知れた仲間だけで自堕落な閉鎖的コミュニティを作ってしまう嫌いもでてくる。現に、シャピロ自身、インターネットにのめり込むために個人の自閉化傾向が強くなり、家族とのコミュニケーションや社会的関心が減る傾向が見られる、という調査結果に言及しつつ、個人自身の身のまわりの情報化を前提として、その次には、個人が自分の内から外に出て改めて社会化していく努力を、意識的に行わなくてはならないと強調していたのである。

シャピロによれば、それには二つの方向がある。一つは「思想の自由と競争」である。自分たちだけが好きなホームページを作り、そこでコミュニケーションを閉じてしまうと、違った考え方が入ってこなくなるので、それでは困る。むしろ違った考え方に積極的に接触し、他流試合をすることで、自分たちの好きな考え方の有効をテストしてみなければならない。もう一つは「新しい社会契約」という考え方を打ち出して、新しいコミュニティ作りをもう一回始めるという方向である。(37) 確かに、そうした試みは、「内からの情報化」を今後さらに推進していく上で、追求すべき有望な方向であろう。

この本を終わるにあたって、ここで述べてきた「内からの情報化」と「内からの産業化」の関係について、あらためて振り返っておこう。

われわれは、日々の生活の中で、多種多様な価値物（財物やサービス）を生み出しては、それらを「消費」している。つまり、それらを特定の目標を実現するための手段として使用したり、それらがさまざまな事物の上に及ぼす作用を享受したりしている。その中には、それを生み出した当人のための直接的な価値物となるものもあれば、他人の生み出した価値物との交換、あるいは互酬の対象とされるものもある。後者はいわば、間接的な価値物だといってもよいだろう。もちろん、どんな価値物でも、他人に対して販売できたり、あるいは贈与できたりするわけではない。売りたいと思っても誰も見向きもしないようなものしか生み出せないかもしれない。あるいは、温泉に入って一日の汗を流し、ストレスを解消する活動のように、それを行う当人にとっては、こたえられない楽しみであるにせよ、それを他人と分け合うことは事実上不可能なサービスもあるだろう。

そこで、各人がある一定の生活期間——たとえば一カ月とか一年とか一生とか——の間に生み出す価値物の全体を、先の図表3‐1右図と同様な形で示してみよう。つまり、この図を、各人の「個別的価値空間」の構造を表している図だと読み替えてみよう。そうすると、この図は次のようなことを示していることになる。すなわち、私がある期間の間に生み出す価値物の非常に多くの部分は、私自身にとってしか価値物としての役割を果たせないものである。残りの部分の中には、家族にとっての価値物たりうるもの——たとえば私の手料理や、家族との団らんなど——や、職場や地域にとっての価値物たりうるもの、さらには全国や全世界に対する価値物たりうるもの（とりわけ販売可能なもの）などが含まれているだろう。先に「内からの産業化」と呼んだ社会変化は、この文脈でいえば、私の「個別的価値空間」の全面的な拡大を可能にする経済的エンパワーメントにほかならない。しかも、「第三次産業革命」がもたらしている経済的エンパワーメントは、「第一次情報革命」がもたらしている知的エンパワーメントと、密接不可分に関係している。言い換えれば、知的エンパワーメントの少なからぬ部分は、同時に経済的エンパワーメントとしての効果を持っている。あるいは、第三次産業革命の経済的エンパワーメントの圧倒的に大きな部分は、実は第一次情報革命の知的エンパワーメントからきている。その意味で、「内からの産業化」は「内からの情報化」と密接不可分な関係にあり、「内からの情報化」によって、大きく支えられているということができるだろう。

情報空間の場合と同様、価値空間についても、ある特定の個人や組織にとっての「個別的価値空間」と「社会的価値空間」のほかに、社会全体としての「総体的価値空間」を想定してみることができるだろう。その場合には、「外からの産業化」は、とりあえずはその意味での「総体的価値空間」の拡大および、それと連動した「社会的価値空間」の拡大を引き起こすということができよう。しかし、情報とは異なる価値物の場合は、一方的な贈与あるいは「分けても減らない形での通有」の果たす役割は小さく、圧倒的に多くの外部の価値物は、自分が生み出した価値物との交換を通じてしか入手できないとすれば、潜在的可能性としての社会的価値空間の拡大がどこまで現実化しうるかどうかは、「内からの産業化」が可能にする個別的価値空間の――その中でもとりわけ他者にとっての価値物たりうる部分の――拡大が、同時にどこまで実現しうるかにかかっている。ただし、その場合の社会的および個別的な価値空間の拡大にさいしては、先に述べたように、これまでは「商品」として交換の対象にしうるとは考えられていなかった価値物が、「非商品」として互酬の対象とされたり、「準商品」として「準貨幣」を媒介とする交換関係の中に組み込まれたりするようになっていく可能性が大きい。そうした工夫も含めて、「内からの産業化」――とりわけ地域経済の活性化という意味での――にとっては、「内からの情報化」が必要不可欠だということをあらためて強調して、この本の結びとしよう。

【注】

（1）第二次産業革命の後発国ロシアでの革命を「共産主義」によって推進しようとしたレーニンが、「共産主義とはソビエト＋電化だ」と規定したことは有名である。これをもじっていえば、「情報文明とは智業＋インターネットだ」ということもできそうである。

（2）国家間の協定によって成立し一般に勧告ないし強制される標準のことをデ・ジューレ（de jure）な標準といい、市場での競争の結果として広く受け入れられるようになっていく標準のことをデ・ファクト（de facto）な標準と呼ぶとすれば、関係者間の討議と合意に基づいて形成される標準のことは、デ・コンセンスー（de consensu）な標準と呼ぶのが適切だろう。

（3）実際、一九八〇年代の情報化論議の中では、情報化の進展は、まず「ビジネスの情報化」から始まり、それに「社会の情報化」（政府、病院、学校等）が続き、「家庭や個人の情報化」はようやくその後になって起こるだろうと見通されていた。それが、一九九〇年代のインターネットの普及拡大過程で、一方ではさまざまな「ハッカー」の活躍と、他方では「ウェブ」が開いたかに見えた対消費者ビジネスの可能性のために、「B2B」（ビジネス・ツー・ビジネス）もしくは「C2C」（コンシューマー・ツー・コンシューマー）型の電子商取引が一気に立ち上がるのではないかとか、二〇世紀の家電がそのまま進化して二一世紀の情報家電にいたるのではないかといった幻想――第二次産業革命の直接の延長線上にIT革命の未来を見ようとする幻想――が、一時期広がっていたように思われる。

（4）ケーブルモデムの場合は、双方向の通信を可能にするためには、既存のシステムの「高度化」のための投資がまず必要とされる。ケーブルモデムはまた、同一の回線を多数の加入者が共同で利用する作りになっているために、適切なセキュリティ措置を講じないと、互いに他人の通信内容が見えてしまうという問題や、共同で利用する加入者の数が増えると、一人あたり利用可能帯域が小さくなり通信速度が落ちるといった問題がある。DSLの場合は、既存の電話回線のどれがそれに適しているかを一本一本調べて確認する必要があるとか、電話局からの距離が遠くなると通信速度が極端に落ちてしまうといった問題があるが、何よりも大きなネックになっているのは、電話会社自身が、これまで展開してきたISDNや専用線のサービスとの競合や、ラストマイルの光化の妨げになることを恐れていて、なかなか本腰が入らないという内部事情である。さりとて、それではいわゆる「ＦＴＴＨ」すなわちオフィスや家庭へまでの光ファイバーの敷設が、既存の通信事業者の手によって急速に進められうるかと考えると、これまた心許ない。そこで期待が高まっているのが無線である。とりわけ携帯電話網を使った「モバイル・インターネット」である。しかし、たかだか数百キロ（第二・五世代）から二メガビット／秒程度の帯域を多数の加入者が共同利用するという携帯電話の仕組みは、これからの広帯域通信のニーズを満たすには不十分だといわざるを得ない。

（5）たとえば、電話の相互接続料金引下げをめぐる日米交渉の米国側の代表者、リチャード・フィッシャーは、ＮＴＴの高い料金のおかげで、日本は「情報時代に歩みいるという面では、米国やヨーロッパ、韓国はもちろん、ラ米諸国からさえも、はるかに遅れている。デジタル・ディバイドはすでに存在し、日本はその底にいるのだ」と述べたという（Peter Landers, "U. S. Says It May Bring WTO Case Against Japan for Telecom Fees," *The Wall Street Journal.* Mar. 24, 2000）。

（6）田尾陽一によれば、企業のネットワークへの不正なアクセスの七割から八割は、その企業自身の従業員によるものだという。これでは、外からの不正なアクセスを防止するためにいかに堅固な「ファイアー・ウォール」を設けようと、あるいは、インターネットの利用を避けて専用線によるイントラネットを構築しようと、ネットワークのセキュリティは確保できない（田尾陽一「インターネットにおけるセキュリティの最新の動向」、第三回次世代電子基礎技術国際シンポジウム、二〇〇一年一月一九日）。

（7）その意味では、上り・下りの速度が非対称で、下りが優先されているケーブルモデムやＡＤＳＬは、視聴者が情報を一方的な受け手にとどまっているマスメディア時代の尻尾を引きずっている。したがって、グローバル・パスのためのインフラとしては不適切といわざるを得ない。

（8）人間同士の会話やテレビの視聴がコミュニケーションの中心になると考えていたのでは、ここでいう「通信の局所性」の法則はいささか誇張にすぎると思われるかもしれない。しかし、たとえば家庭内のＬＡＮには、それぞれが通信機能を持った数十、数百の多種多様なデバイスが接続されていて、それぞれが四六時中情報を送りあっていると想像してみれば、この法則のいわんとするところがより理解しやすくなるだろう。

（9） たとえば、まだ光の通っていない「ダークファイバー」に光を通して通信を行うためのトランシーバーや、CAN同士、あるいはCANとWANとの間の通信をルーティングするための「ギガビットPOP」あるいは「光グリッド」と呼ばれる施設など。

（10） そのような企業としては、第二次産業革命時代の「街の電気屋」にあたる「街のネット屋」の出現が考えられる。

（11） 類似の考え方を表明した米国の文献としては、Hurley／Keller［1999］の序論がある。

（12） そうした試みの現状サーベイとしては、Broadband Project Office, Manitoba Innovation Network, *White Paper: Accelerating the Deployment of Manitoba's Broadband Network Infrastructure.* Jun. 6, 2000 が便利である。そこで、各地の主要都市間を結ぶ全国的な光ファイバー・グリッドのことを「チキン・ワイヤー」（つまり、鶏舎を囲う六角形の目をした金網のイメージ）と呼び、それぞれの地域内の細かなメッシュ上の光ファイバー網のことは、チキン・ワイヤーの上にかぶせる「モスキート・ネット」（つまり蚊屋のイメージ）と呼んでいるのが、興味深い。

　そのほかにも、カナダの官民共働情報通信インフラ構築プロジェクトであるCA＊NET3が、電子メールで配信しているニュースレターが、豊富な情報を伝えてくれる。なお、デービッド・アイゼンバーグによれば、ビルの地下にまで光ファイバーを引き込んだカナダのネットワークの先進性に感動して、オフィスをニューヨークからバンクーバーに移したMiljenko Horvat のような人もでているという。David S. Isenberg, "Smart Remarks From Smart People: Comments on SMART Letters No. 38, No. 39, No. 40 and No. 41," *SMART Letter* No. 43. Jul. 20, 2000.

（13） アメリカでの地域主導型の情報通信インフラ構築状況や、電力業界の動きにについては、Hurley／Keller［1999］が参考になる。

（14） たとえば、このプロバイダを通じていろんな保育園の評判を聞いて、自分の子供のために最適なところを紹介してもらう。あるいは学校や塾、病院などについても同じようなことをしてもらう。さらに、就職について、転職について、結婚について、退職について、生涯学習の仕方について、資産の管理について等々、それこそ私の日々の生活のありとあらゆる面で、私に代わって情報をとったり集めたり、なすべき各種の行為の提案や代行までしてもらうのである。

(15) あるいは、韓国などで最近めざましい勢いでの普及を見せている「PC房」ないし「インターネット・カフェ」のコミュニティ版にあたるようなサービスといってもよい。

(16) ここでいうICCの最も主要な機能が地域住民の学習支援にあるとすれば、それを「地域ラーニング・センター」と呼んでもよいだろう。あるいは、街のゲームセンターが「ゲーセン」と呼ばれることからすれば、「ラーセン」という略称も考えられる。

(17) 欧米の文化とは異なる日本の文化の特質の一つに、第1章で述べたような適応志向がある。すなわち、社会のさまざまな変化も、私が引き起こしているものというよりは、外からやってきたものであって、それ自体はどうにも動かせないものだと考える。私にできることは、それに応じて自分自身を変えていくことだけである。しかし、それさえ、それほど容易なことではない。とくに、過去の成功の記憶が生々しければ生々しいだけ、新しい構造的な変化の発生を看取して、それに対応できるように私自身をも構造的に変革していくことは、それに必要とする心理的エネルギーの大きさを思っただけでも、ため息がでるほど困難である。とりあえずは、がんばって耐えていれば、そのうちに外界の変化がもとに戻ってくれるかもしれない。そうならないのであれば、いっそ、変化が有無をいわさぬ形でくるところまできてくれたら、その時にはその時で腹をくくった対応のしようもあるというものであろう。だがいうまでもなく一番望ましいのは、相手が私の事情をよく「理解」した上で、私に対して及ぼす作用の仕方を配慮し手加減してくれることである。というわけで、日本的な「政治」行為には、「説得」が非常に大きなウェートを占めることになる。その次が「取引」で、「脅迫」に訴えることは嫌われる。「強制」にいたっては「伝家の宝刀」とされる。

日本人の多くが持つこのような文化(世界観や価値観)は、外界を自分の操作・制御や改変努力(つまり「エンジニアリング」)の対象と見る欧米の文化とは対極的である。欧米人の目からすれば、外界の事物の性質は、もっぱら自分が(あるいは誰かが)その操作・制御・改変をしやすいかどうかということを基準にして記述される。だから、私が飲みやすい(私に飲まれやすい)ワインは drinkable であり、だましやすい（私にだまされやすい）相手はgullibleであり、統治しやすい（私に統治されやすい）人民はgovernableであり、命令して使いやすい部下はresponsibleであり、期待や付託にきちんと応えてくれるという意味で期待・付託しやすい組織はaccountableである、ということになる。

もちろん、以上の議論は類型化した一般論であって、欧米人が自己組織の努力をいっさいせず、日本人が他者制御の努力を何らしないということではない。また、一方が正しくて他方が誤っているということでもない。外界の変化を所与として受け入れる傾向が、日本人の場合、欧米人に比べて相対的に強いということをいいたいだけである。その上で、現在起こっている情報革命の波を、単に所与のものとして、まずは無視し、ついで様子を眺め、いよいよ変化が疑いのないもの、後戻りしようのないものとわかったところで、それへの対応を考えようとする姿勢だけでよいものか、と反省してみたいのである。

(18) たとえば、カリフォルニア大学バークレー校のある経済学者は、情報通信革命によって、これまでの市場取引の大前提とされていた三つの条件（排除性、競合性、透明性）が消滅してしまったと指摘している（J. Bradford DeLong, "Speculative Microeconomics for Tomorrow's Economy." Nov. 14, 1999, Version C5 〈http://econ161.berkeley. edu/〉）が、以下の私の議論は、それとはやや異なった観点からのものである。

(19) アンドリュー・オドリズコによれば、一九九七年に世界中の人々が個人的に撮影した写真の総量は（一枚一〇キロバイトに圧縮したとしても）五〇万テラバイトにのぼったという。他方、米国議会図書館に収められている文書の総量は二〇テラバイト、画像と音楽は三〇〇〇テラバイトにすぎない。Andrew Odlyzko, *Content is not King. 2000* (www.research.att/com/~/doc/networks.html).

(20) そのために、ネットワーク上で通用する「電子貨幣」を作ろうとする試みは、これまでのところほとんどが失敗に終わっているが、最近、第2章で紹介したような、情報ファイルの交換媒介に的を絞った「モジョ」と呼ばれる電子貨幣と、その利用のためのサイバーコミュニティ・システムとでもいうべきアプリケーション（モジョ・ネーション）が提案され、関心を集めている（www.mojonation.net）。

(21)「エコマネー」との対比でいえば、この種の「準商品」は、「エコモディティ」と呼ぶのが適切だろう。

(22) そのほかに、たとえば航空会社が行っている「マイル」を疑似通貨として使用する試みや、ソニーが構想している企業連合内通貨としての「ソニー通貨」の試みなどは、物理的な地域の枠には縛られないで、既存の商取引関係を基礎にして、機能的あるいはバーチャルなコミュニティを創り出すと同時に、その内部での疑似商品交換関係を発展させていこうとする試みだと見ることができる。

(23) このサイトは、いまではほとんどの携帯電話からもアクセス可能になっている。しかも、希望すれば、最安値が変動したときにメールで知らせてくれるサービスも受けられる。

(24) たとえば、「たのみこむ」という名前の「グループ・バイ」のサイト www.tanomi.com があるが、ここに行ってみると、さまざまな商品のコーナーがあって、「現在、この商品をお買い上げ予定の方は一〇人です。あと二九〇人必要です」といったアナウンスがなされている。

(25) 日本における智民の代表の一人である伊藤穰一は、「NPOバイアウト」という言葉で、このアイデアを概念化している(www.ibm.co.jp/e-column/itoh/itoh01.html)。また、伊藤穰一・松山大河の「対談:NPOによるインターネット・サービスの可能性」『ホットワイアード』vol. 22、二〇〇〇年五月一六日号(www.hotwired.co.jp/matrix/0005/02/)も面白い。

(26) 加藤[二〇〇二]を参照。

(27) 当該地域内の資源で対応できる以上の過大な社会資本の構築が企てられる場合は、話は別である。

(28) たとえば、テネシー大学のドナルド・ブルース教授の予測では、米国の各州はインターネット販売によって、二〇〇三年には一一〇億ドルの売上税収入を失いそうだという(www.hotwired.co.jp/news/news/Business/story/20000807105.html)。

(29) 一般には、この問題は、インターネット上で行われる商取引の捕捉と課税の問題として議論されることが多い。確かに、通常の意味での商品(ただしその一部は、これまでの分類でいえば個人や家計にあたる主体が生産した商品)がインターネット上で取り引きされる比重も、今後確実に高まっていくだろう。電子商取引の促進のために、あえてその部分には課税しないという政策的選択がありうることは確かだが、その部分をいつまでも非課税のままに置いておくというわけにもいかないだろう。

(30) 例外は、すでに購入ずみの「中古品」を、たとえばネット上でオークションにかけて転売するような場合である。ここにもあえて課税することを正当化するとすれば、その根拠を「キャピタル・ゲイン」の発生に求めるか、あるいは課税原則そのものを付加価値への課税から商取引される価値総額に対する課税に変更するしかないだろう。

(31) 実際、そのような立場からすれば、たとえば法人の「利益」に課税するといった場合の「利益」なるものの算定根拠には、ほとんど客観性がないことにも気づかざるを得ない。その最たるものが、いわゆる「減価償却率」である。今日のパソコンや携帯電話のような情報通信機器は、物理的には大した補修も行わないままで、何年も使用し続けることができる。しかし逆に、その「陳腐化」の度合いはきわめて大きい。となると、それをいつどのような形で更新するかは、経営者がみずからの責任と決断において判断すべき問題だといってよいだろう。政府が勝手に「正当な」償却年数を定めるなど、出すぎた真似もよいところではないだろうか。同じことは、「利益」そのものの算出についてもいえるはずである。そのような主観的な量を根拠にした税額の計算には、合理性はない——少なくともこれからの智民を納得させせられるだけの合理性はない——というべきだろう。

(32) 将来、「智民革命」が達成された暁には、智民の「権利宣言」の主要な柱の一つに、政府活動の支弁費用負担の、智民自身による決定権が加えられるのではないか、と私は想像している。

(33) 「空間」とその中に含まれている「存在」という言い方をすると、両者をきちんと区別せよといわれそうだが、ここではそれにこだわらずに、どちらともとれるような曖昧な言い方を通すことをお許しいただきたい。

(34) ジョージ・ギルダーは、この関係をコミュニケーションの「局所性の法則」という言葉で表現している。すなわち、ネットワークのトラフィックの少なくとも八〇%はローカルで、九五%もしくはそれ以上は、一大陸の中で動き、大陸間を横断するトラフィックは全体の五%にすぎない、としている (George Gilder, "Nine Companies Poised to Change the World." *Gilder Technology Report, Special Report*, Sep. 1999)。

（35）　ここで「開示のレベル」といっているのは、さしあたり、アクセスを許されている個人や組織の範囲をさしているが、それに加えて、アクセスのレベルの違い、たとえば閲覧のみ許可、ダウンロードも許可、アップロードも許可といったようなレベルの違いや、利用の仕方の違い、たとえば第三者への開示は認めないとか、内容の変更を許さない等々も考えられる。もちろん、ここでいう開示やアクセスのレベルや開示された情報の利用の仕方を指定したいという意図の有無と、そうした意図がどこまで技術的に実現可能かということとは、別の話である。

（36）　さらにいえば、社会全体の「総体的情報空間」を、そのさらに外側に想定してみることも可能である。社会の総体的情報空間とは、ここでいうある特定の個人にとっての「社会的情報空間」つまり、その個人がアクセスし通有することのできる情報や知識を含む空間に加えて、その個人にはアクセスが許されていない他人の「個別的情報空間」をも、すべてあわせたものである。実際にどこまで定量化できるかどうかはともかく、この意味での「総体的情報空間」と、それぞれの個人や組織にとっての「社会的情報空間」の大きさの比率は、「デジタル・ディバイド」の一つの指標としての意味を持つということができよう。

（37）　シャピロのこうした考え方は、今日のアメリカの若い世代の一部に、とりわけシャピロ自身もその一人である「テクノリアリスト」たちの間に、非常に成熟した思想が通有されていることを示すもののように思われる。実際、シャピロに限らず、今日の若いアメリカ人たちの間には、謙虚で、相手のいうことによく耳を傾け、他人との共働を重視する人々が、明らかに増えてきた。

あとがき

晩年の村上泰亮を最後まで悩ませていた問題があった。「情報化」を、どう見るかという問題である。

村上のさしあたりの答えは、それは「スーパー産業化」だというものだった。すなわち、産業化の歴史は強力な機械の使用（一七七〇年代後半以来の第一次産業革命と一九世紀の産業化）に始まり、巨大なエネルギーの消費（一八七〇年代後半以来の第二次産業革命と二〇世紀の産業化）をもたらしてきたのだが、近年では、厖大な情報の高速処理（一九七〇年代後半以来の第三次産業革命と二一世紀の産業化）がこれに加わることによって、人間の生活は少なくともそのある一つの側面（手段の利用という側面）において、質的に変貌し始めたというのである。(1)

しかし、村上は、「スーパー産業化」の未来に対しては、二つの意味で懐疑的だった。

第一に、産業化の流れが質的に変化したとはいえ、世界六〇億の人々の間に産業化が今後量的にも拡大していくならば、それがエネルギー消費や環境汚染にもたらす影響には、戦慄すべきものがある。「スーパー産業化の彼方にあるものは、必ずしも明るい未来ではない(2)」。

第二に、仮に情報化を中核とするスーパー産業化が、ぶざまな機械をなくし、エネルギー使用を大幅に節約できたとしても、「現在の情報化が、人間中心主義という産業化の基本の論理を克服する決定的武器となることはないだろう」。「有限の能力をもつにすぎない人類が、無限に発展することはありえない」からである。[3]

つまり、村上は、技術オプティミズムに立脚する（と彼が考えた）「情報化＝スーパー産業化」論に対して、技術ペシミズムに立脚する反産業化論の立場に部分的な理解を示しつつ、全体としては、産業化対反産業化の対立そのものを超える「トランス産業化」論を対置させ、「スーパー産業主義対トランス産業主義」を、二一世紀の主要な思想的対立軸の一つに置いた。[4]そして村上自身は後者の立場に立って、近代文明の核心にある「人間中心主義」と、それを構成している「進歩主義」や「手段主義」を、乗り越えようとしたのである。[5]

もともと村上は、「近代化＝産業化」とする立場に立っていた。[6]したがって、ここでいう「トランス産業化」とは、当然のことながら、「ポスト近代化」にほかならない。しかし、はたして「近代化＝産業化」という定義は、十分に妥当なものであろうか。また、近年の「情報化」の本質は、「情報化＝スーパー産業化」という定義だけで十分に尽くせるものだろうか。私はそういった疑問を村上にぶっつけてみたのだが、徹底的な議論をするいとまがないままに、村上は天に召されてしまった。

残された私は、次のような観点から、情報化論を再構成してみようとした。すなわち、

1. 「近代化」を、人間にとっての手段の利用力が不断に増進する過程（「近代化＝エンパワ

ーメント」）だと見なすならば、「情報化＝トランス産業化」は、「産業化」とならぶ近代化の一局面だと見なせる。さらにいえば、「情報化（知力の増進）」は、「軍事化（軍事力の増進）」と「産業化（経済力の増進）」に続く、近代化の第三局面にあたると解釈できる。言い換えれば、近代文明は、（近代）軍事文明に始まり、（近代）産業文明を経て、（近代）情報文明へと進化していくという解釈をとってみることができる。

2．しかし、「情報化」には、村上が考えたような意味での産業化そのものの一つの局面（第三次産業革命）としての側面もまた存在する。すなわち「情報化＝スーパー産業化」という定義も、まったく排除してしまう必要はない。

3．他方、「情報化」には、手段のエンパワーメントという意味での「近代化」をも超える側面、すなわち人生の目的や意味、あるいは価値に関する知識の増進という意味も、確かにありうる。あるいは、村上のいう「人間中心主義」や「手段主義」に立脚する近代文明そのものを超える新文明（「智識文明」）の出現の第一局面としての側面もまた、含まれているように思われる。これは、村上のいう「トランス産業化」の本来の観点により近い観点であって、ここでは「情報化＝トランス近代化」という特徴づけを与えておこう。

つまり、いわゆる「情報化」には、「スーパー産業化」、「トランス産業化」、および「トランス近代化」という三つの異なる側面が同時に存在している。あるいは、性格を異にする三つの社会進化過程が同時並行的に進行しているのが、今日の情報化の特徴だということができる。しかし、それらのいくつかの側面の間でいえば、決定的に重要なのは、トランス産業化としての側面、つまり、近代化過程の中での産業化に続く第三の（そして恐らくは最後の）局面が始まっているという側面であって、ここに情報化の本質があると思われる。私は、そのような観点に立って、『情報文明論』（一九九四年）を書いてみた。

それからもう六年が経過した。情報化の時間は、人間の通常の生活時間よりもはるかに早いといわれる。それならば、この六年は、通常の何十年にもあたることになる。『情報文明論』での議論の大きな枠組みや方向はほぼ妥当だったにしても、具体的な内容の面ではどんどん陳腐化が進んでいく。続編あるいは新版を書きたいと思いながら、その準備をしている間にも状況は変化していく。議論の枠組み自体にも、修正あるいは改善したいところもでてくる。[7]

などといっていると、結局何もできないままに日を過ごしてしまうことになりかねない。そこで、上記の枠組みの若干の改訂をもとにしつつ、情報文明に向かう近代化の流れについて、現時点での私なりの見方を単刀直入に整理してみることだけを心がけ、小著をまとめてみることにした。それが本書『文明の進化と情報化』である。細部は別にして、議論の基本的な構造に関する限り、村上の疑問に対する私なりの回答は、これでほぼ十分に提示できたと思う。

本書の執筆にあたっては、その初稿をグローコムの月刊ニュースレター『智場』に掲載すると共に、現在一二〇人ほどの方の参加を得ているメーリング・リスト「i-civil」と、ほぼ月一回開催してきた情報文明論研究会で、さまざまな観点からの検討やコメントをいただき、大いに参考になった。『智場』の編集を担当してくれた小島安紀子さんほかの広報チームの方々と、メーリング・リスト参加者の方々に、また、とくに、海外情報の入手に関して、私の目となり耳となってくれた、グローコムのアダム・ピーク研究員と、本書の図版原稿の作成にあたってくれた田熊啓研究員に、厚くお礼を申し上げたい。

この数年、私の秘書業務を勤めてくれている佐護千草さんには、徹底的なスケジュール管理を行って、私の執筆時間を強引に確保していただいた。そのためにご不便をおかけした方々へのお詫びを申し上げつつ、あらためて佐護さんの労を謝したい。

『情報文明論』同様、本書の出版も、NTT出版の島崎勁一出版本部長の強い慫慂をいただいたおかげで可能になった。また、グローコムが存続し発展を続けていられるのは、所員全員の努力のたまものであるが、何と言っても、陰になり日向になってしっかりとグローコムを支えてきてくださった中山素平特別顧問のお力によるところが甚大である。本書のインキュベーターの役割を果たしていただいたお二人に、衷心からの感謝をささげる。

二〇〇一年二月

著　者

(1) 村上［一九九二］(上五二 - 五三頁)。しかし、一九九〇年代の初頭にあっては、「変貌」といっても、今から思えば多寡がしれていた。なるほど、コンピュータ産業はすでに一九五〇年代から出現し大きく発展していたとはいえ、大型機中心のコンピュータ産業は、二〇世紀の産業化の掉尾を飾るもののように見えた。一九八〇年代のダウンサイジングが生み出したパソコンやワークステーションは、価格も機能も、新時代の主導産業というにはほど遠かった。一九九一年に発足した村上を所長とするグローコム（学校法人国際大学グローバル・コミュニケーション・センター）が最初に手がけたプロジェクトの一つに、パソコン通信の電子会議システムと日英自動翻訳ソフトウエアを利用した、二カ国語による同時並行型の国際電子会議があったが、商品化が始まったばかりの自動翻訳ソフトウエアはほとんど使い物にならず、電子会議も使いやすいとは、とうていい得ないシステムで、無惨な失敗に終わった。ようやく一九九二年の半ばになって、インターネットの存在を知ったのだが、当時のインターネット利用のほとんどは、ＴＥＬＮＥＴによる他のコンピュータの利用、ＵＵＣＰによる電子メールのやりとり、あるいはＦＴＰによるファイル交換にとどまっていた。村上は、ついにワールド・ワイド・ウェブを見ることなくこの世を去った。一九九三年七月のことであった。

（2）同五七頁。

（3）同六八頁。なお、村上はここで、私をも含めた「楽観論者」に対して、「一部には、スーパー産業化のもたらすいわゆる『情報化現象』が、産業化を超える世界に人類を軟着陸させるという楽観論もある。先駆者としての増田米二、早くから『致知社会』を唱えた公文俊平、『知価社会』という普及版を広めた堺屋太一などにもその兆しがみられる」とコメントしている。

（4）同四四頁。

（5）遺作となった村上［一九九三］の中で、村上は、反進歩主義の立場をさらに明確にしている。

（6）村上・公文・佐藤［一九七九］（二二九頁）の近代化の定義を参照。私も当時は、共著者の一人として、村上のこの定義を採用していた。

（7）たとえば、この本で述べてきたように、スーパー産業化には、第三次産業革命の出現としての側面に加えて、第二次産業革命のいっそうの成熟という二つの側面があるとすれば、情報化には、合計四つの側面があるという言い方も可能になる。ただし私は、『情報文明論』を書いた時点では、スーパー産業化自体に二つの側面があるという視点は、まだ持っていなかった。そうした視点は、この本で示した「S字波」の重複的継起という枠組みを採用することによって初めて明確な形で持ちうるようになった。なお、『情報文明論』と、今回の本の中間に位置している公文［一九九九］第三章では、S字波の観点は採用されているものの、波の全体を、出現→突破→成熟の三つの局面に分けるという観点には、まだいたっていない。

参考文献

相田　洋［一九九五‐九六］、『電子立国日本の自叙伝』（一‐八）、ＮＨＫライブラリー、一九九五‐九六年。

秋元勇巳［一九九五］、『しなやかな世紀』、日本電気協会、一九九五年。

Ackoff, Russell L. and Fred E. Emery [1972], *On Purposeful Systems : An Interdisciplinary Analysis of Individual and Social Behavior as a System of Purposeful Events*. London : Tavistock Publications, 1972.

伊東俊太郎［一九八八］、『文明の誕生』、講談社学術文庫、一九八八年。

梅棹忠夫［一九五七］、「文明の生態史観序説」、『中央公論』一九五七年二月号三二〜四九頁。

梅棹忠夫［一九八九］、『梅棹忠夫著作集　第五巻　比較文明学研究』、中央公論新社、一九八九年。

梅棹忠夫［二〇〇〇‐1］、『近代世界における日本文明　比較文明学序説』、中央公論新社、二〇〇〇年。

梅棹忠夫（編著）［二〇〇〇‐2］、『日本の未来へ――司馬遼太郎との対話』、ＮＨＫ出版、二〇〇〇年。

呉　善花［一九九五］、『ワサビと唐辛子―恨の国・韓国から見た「受け身文化」の国・日本』、祥伝社、一九九五年。

加藤敏春［二〇〇一］、『エコマネー新世紀――進化する二一世紀の経済と社会』、勁草書房、二〇〇一年。

Katz, Jon [2000], Geeks: How Two Lost Boys Rode the Internet our of Idaho. New York: Villard, 2000.

上村圭介［二〇〇〇］、「ファイル交換ソフトウェアの行方」、*GLOCOM Review*, Vol. 5, No. 10, Oct. 2000.

川勝平太［一九九一］、『日本文明と近代西洋――鎖国再考』、ＮＨＫブックス、一九九一年。

川勝平太［一九九五］、『富国有徳論』、紀伊国屋書店、一九九五年。

川勝平太［一九九七］、『文明の海洋史観』、中央公論社、一九九七年。

ギルダー・G［一九九二］、牧野昇訳、『未来の覇者――マイクロコズムの世紀』、ＮＴＴ出版、一九九二年。

Gilder, George [2000], *Telecosm : How Infinite Bandwidth Will Revolutionize Our World*. The Free Press, 2000.

Kleiner, Art [1996], *The Age of Heretics : Heroes, Outlaws, and the Forerunners of Corporate Change*,

Bantam Doubleday Dell Books, 1996.

公文俊平［一九九四］、『情報文明論』、NTT出版、一九九四年。

公文俊平（編著）［一九九六］『ネティズンの時代』、NTT出版、一九九六年。

公文俊平（編著）［一九九八］、『二〇〇五年日本浮上――長期波動で読む再生のダイナミズム』、NTT出版、一九九八年。

公文俊平［一九九九］、『緊急提言：コンピューター二〇〇〇年問題』、NTT出版、一九九九年。

クリステンセン・C［二〇〇〇］、伊豆原弓ほか訳、『イノベーションのジレンマ――技術革新が巨大企業を滅ぼすとき』、翔泳社、二〇〇〇年。

ゲイツ・B［一九九九］、大原進訳、『思考スピードの経営――デジタル経営教本』、日本経済新聞社、一九九九年。

Shapiro, Andrew L. [1999], Control Revolution: How the Internet Is Putting Individuals in Charge and Changing the World We Know. New York: Public Affairs, 1999.

鈴木真哉［一九九七］、『鉄砲と日本人――「鉄砲神話」が隠してきたこと』、洋泉社、一九九七年。

関口和一［二〇〇〇］、『パソコン革命の旗手たち』、日本経済新聞社、二〇〇〇年。

ソーカル・A／J・ブリクモン［二〇〇〇］、田崎春明・大野克嗣・堀茂樹訳、『「知」の欺瞞――ポストモダン思想における科学の濫用』、岩波書店、二〇〇〇年。

トフラー・A［一九八二］、徳岡孝夫訳、『第三の波』、中央公論新社（中公文庫）一九八二年。

Deborah Hurley and James H. Keller, eds. [1999], *The First 100 Feet: Options for Internet and Broadband Access.* The MIT Press, 1999.

長坂寿久［二〇〇〇］、『オランダモデル――制度疲労なき成熟社会』、日本経済新聞社、二〇〇〇年。

納家政嗣（編著）［一九九七］、『ガバナンスと日本――共治の模索』、勁草書房、一九九七年。

ハンチントン・S［二〇〇〇］、鈴木主税訳、『文明の衝突と二一世紀の日本』、集英社新書、二〇〇〇年。

広松　渉［一九八九］、『「近代の超克」論――昭和思想史への一視角』、講談社学術文庫、一九八九年。

ファーガスン・M［一九八一］、堺屋太一監訳、松尾弌之訳、『アクエリアン革命』、実業之日本社、一九八一年（原著の刊行は一九八〇年）。

Fransman, Martin [1995], Japan's Computer and Communications Industry : The Evolution of Industrial Giants and Global Competitiveness. Oxford : Oxford University Press, 1995.

Fransman, Martin [2000], "Evolution Of The Telecommunications Industry Into The Internet Age", (www.TelecomVisions.com/experts/4060.shtml), July 2000.

ペリン・N［一九九一］、川勝平太訳、『鉄砲を捨てた日本人――日本史に学ぶ軍縮』中公文庫、一九九一年。

ベル・D［一九七五］、内田忠夫ほか訳、『脱工業社会の到来――社会予測の一つの試み』（上・下）、ダイヤモンド社、一九七五年（原著の刊行は一九七三年）。

マハループ・F［一九六二］、高橋達男・木田宏共訳、『知識産業』、産業能率短大出版部、一九六九年（原著の刊行は一九六二年）。

村上泰亮・公文俊平・佐藤誠三郎［一九七九］、『文明としてのイエ社会』、中央公論社、一九七九年。

村上泰亮［一九九二］、『反古典の政治経済学』（上、下）、中央公論社、一九九二年。

村上泰亮［一九九三］、『反古典の政治経済学要綱』、中央公論社、一九九三年。

村上泰亮［一九九七］、「二十一世紀システムの中の時間」、『村上泰亮著作集　五』、四〇五 - 四三六頁、中央公論社、一九九七年。

ラインゴールド・H［一九九五］、会津泉訳、『バーチャル・コミュニティ』、三田出版会、一九九五年。

リエター・B［二〇〇〇］、加藤敏春他訳、『マネー崩壊――新しいコミュニティ通貨の誕生』日本経済新聞社、二〇〇〇年。

リプナック・J／J・スタンプス［一九八四］、正村公宏監修、社会開発統計研究所訳、『ネットワーキング――ヨコ型情報社会への潮流』、プレジデント社、一九八四年（原著の刊行は一九八二年）。

Lipnack, Jessica and Jeffrey Stamps [1986], *The Networking Book : People Connecting with People, Linking Ideas and Resources.* New York : Routledge & Kegan Paul, 1986.

著者略歴

公文俊平（くもん　しゅんぺい）

国際大学教授、同大学グローバル・コミュニケーションセンター所長。1935年生まれ。東京大学経済学部卒。同大学教養学部助教授、教授を経て、現職。主な著書に、『経済体制』（共著、岩波書店）、『社会システム論』（日本経済新聞社）、『文明としてのイエ社会』（共著、中央公論社）、『ネットワーク社会』（中央公論社）、『情報文明論』（NTT 出版）、『アメリカの情報革命』（NEC クリエイティブ）、『ネティズンの時代』（NTT 出版）、『2005年日本浮上』（編著、NTT 出版）。

文明の進化と情報化――ＩＴ革命の世界史的意味

2001年３月27日　初版第１刷発行

定価はカバーに
表示してあります

著　者　公文　俊平
発行者　吉田　肇
発行所　ＮＴＴ出版株式会社

〒153-8928　東京都目黒区下目黒１-８-１　アルコタワー
営業本部　TEL03（5434）1010　FAX03（5434）1008
出版本部　TEL03（5434）1001
http://www.nttpub.co.jp
印刷製本　中央精版印刷株式会社

ISBN4-7571-0047-7　C0036　〈検印省略〉